藤原道長「御堂関白記」を読む

倉本一宏

JN049430

講談社学術文庫

学術文庫版まえがき

二〇一二年七月六日と九月七日、私は陽明文庫で文庫長の名和修氏のご指導とご協力の下、『御堂関白記』の撮影を行なった。エアコンのない撮影室で、一巻ごとに私の指定する日付まで名和氏に『御堂関白記』の自筆本や古写本を巻いていただき、一枚ごとに私が手動でピントを合わせては何カットかレリーズする、また名和氏に巻き戻していただくという、気の遠くなるような作業を続けた。今さらながら、名和氏にはいくら感謝してもしきれない。

また、写真と『御堂関白記』原文と現代語訳と解説によるこの本は、レイアウトが大変で、講談社学芸局の所澤淳氏の超人的な能力と努力によって、見事なレイアウトが完成した。

このように、きわめて思い入れの深いこの本であったが、残念ながら品切れとなってしまい、所澤氏とともに悔しがっていたところ、学術文庫で復刊してくださることになった。また学芸部の青山遊氏が文庫用に一からレイアウトし直してくださり、まことにありがたいことである。

今回、久々に読み返してみたが、こんなに面白い本だったのかとあらためて驚いた次第である。願わくはこの本が今度は末長く読まれ、古記録と『御堂関白記』、そして藤原道長の魅力が広く伝えられればと祈念してやまない。

はじめに

『御堂関白記《みどうかんぱくき》』は日本政府からはじめて国際連合教育科学文化機関（ユネスコ）の三大遺産事業の一つである記憶遺産（英語名 Memory of the World なので、「世界の記憶」と訳す方が正しい）に推薦され、二〇一三年六月十八日に開かれたユネスコの国際諮問委員会において、正式に「世界の記憶」に登録された。私は推薦に関わる仕事に携わっていたが、まずはひと安心といったところであった。

文部科学省日本ユネスコ国内委員会ユネスコ記憶遺産推薦書作成ワーキンググループ（陽《よう》明文庫《めいぶんこ》の名和修氏、明治大学の加藤友康氏、東京国立博物館の島谷弘幸氏、それに私）による「世界の記憶」の推薦書作成は、けっこう難儀な仕事であった。

ここに推薦書のうち、『御堂関白記』の特徴を述べた部分のみを抜粋して掲げておく。なお、全体ではA４で十六枚の推薦書が作られ、それを英訳したものが提出された。我々がヨーロッパ中心主義のユネスコの委員に対して、彼らにしてみれば極東の大臣の日記に過ぎない『御堂関白記』の価値を理解させるのに、いかに苦労したかを知っていただきたいためである。どうか笑わないでお読みいただきたい。

1　（記主《きしゅ》の道長《みちなが》）　省略

2（記述時期）　省略

3（形状と員数）　省略

4（諸本の系統）　省略

5（特徴1）『御堂関白記』には八九四年の遣唐使《けんとうし》廃止以降の日中交流の具体相が記されている。例えば、中国商船来航時の日本政府の対応、すなわち来航と交易とを認めるか否か、また天皇をはじめとする日本側が中国製品やシルクロード渡来品の内、どのような品をどのように求めたかを、詳細に記録している。

6（特徴2）日本の入宋僧《にっそうそう》に託した書状や『往生要集《おうじょうようしゅう》』などの書籍をはじめ、宋へ送られた土産品からは両国の交流の実態が明らかになる。このように『御堂関白記』は、閉鎖的であると考えられてきた平安時代中期の国際交流のイメージを覆す日中関係の具体的な様相を知ることのできるきわめて貴重な資料である。

7（特徴3）『御堂関白記』には、道長の仏教・神祇《じんぎ》信仰・陰陽道《おんみょうどう》の信仰生活がきわめて具体的に記されている。特に、奈良時代以来の鎮護《ちんご》国家《こっか》仏教、現世《げんせ》利益《りやく》の密教《みっきょう》、来世《らいせ》利益《りやく》の浄土《じょうど》信仰とを、自己と国家とのなかに見事に融合させる仏教政策を打ち立てたことが明らかになる。

8（特徴4）『御堂関白記』は、暦道《れきどう》や陰陽道・天文道《てんもんどう》の博士《はかせ》が作成した具注暦《ぐちゅうれき》に記録したものであるが、その具注暦には年月日それぞれの吉凶が詳細に記されている。『御堂関白記』は暦であり、また占書《せんしょ》であるともいえる。さらに驚くべきは、その天文学の知識である。前年の内に、日蝕《にっしょく》や月蝕《げっしょく》の生起する月日はもちろんのこと、欠け始めの時剋《じこく》、最も欠ける時剋、欠ける割合、復元し始める時剋、復元し終わる時剋が正確に計算されて記録されている。

9　（特徴5）日本古代の史料には、日本列島に頻繁に起こった災害に関する記述が、精確に記録されている。『御堂関白記』にも頻出する地震、台風、洪水、旱魃《かんばつ》等に関する記録は、世界規模における天候や災害の史料としてきわめて有益なものである。

10　（特徴6）世界に冠たる『源氏物語《げんじものがたり》』をはじめとする女流文学を支えていたのは、『御堂関白記』の記主である道長であった。道長の長女である彰子《しょうし》に仕えた女房《にょうぼう》たちが、『源氏物語』などの作り物語、『和泉式部《いずみしきぶ》日記《にっき》』などの歌日記、『赤染衛門集《あかぞめえもんしゅう》』『和泉式部集《いずみしきぶしゅう》』『紫式部集《むらさきしきぶしゅう》』などの私家集《しかしゅう》を作ってきた。これらすべての経済的・政治的・文化的な支援者となったのが、道長だったのである。『御堂関白記』を解明することによって、女流文学が栄えた王朝貴族社会の基盤を知るための手がかりを得ることができる。

11　（特徴7）道長自身が、漢詩を作る作文会《さくもんかい》を頻繁に主催し、この時期の漢文学の隆盛を支えていた。『御堂関白記』には、その作文会の詳細な様子が記録されており、当時の文化の実態を直接的に知るための貴重な資料となっている。

12　（まとめ）特に自筆本《じひつぼん》は、世界最古の自筆本日記であることに加え、歴史的にも著名な人物の日記であり、日本においてもっとも文化の栄えたこの時代の政権中枢における政治・経済・社会・文化・宗教の様相が、ありありと記述されていることは、世界史上にも稀有な価値を有している。

返す返すも、こんな推薦書まで作ったうえからは、無事に登録されてやれやれといったところである（後で知ったのだが、じつはユネスコでは随分と高い評価を受けていたらしい）。

ところが驚いたことに、平安時代史を専門に研究している立場からは第一級の基本史料である『御堂関白記』が、世間一般の方々はもちろん、平安時代史研究者ではない研究者には、ほとんど認知されていないのである。古代史研究者にしても、活字版やデータベースばかり使って、現物はもちろん、写真版を見て研究している人はほとんどいない。「世界の記憶」登録のニュースも、関西では大きく取り上げられて連日取材を受けたものの、東京のマスコミではきわめて小さな扱いしか受けず、しかも一週間後に世界文化遺産に登録された富士山にすっかり話題を持って行かれてしまった。

自分が三十五年にわたっておこなってきたことは何だったんだろうかという脱力感（長年、一生懸命に関わってきた『御堂関白記全註釈』や、死ぬ気で訳した『藤原道長「御堂関白記」全現代語訳』は、ほとんど世間に広まっていなかったんだなあ）よりも先に、何とかしてこの世界最古の自筆本日記の価値を世の中に広めなければという思いが、体中に充満してきた。

どうしたら『御堂関白記』の原文に触れる機会のない方にも、その魅力とすごさを、わかりやすく、しかも学問的な意義も持たせて伝えられるのか。思いついた方法が、『御堂関白記』の原本写真を撮影して、翻刻文（原文）と現代語訳、そして解説を並べてみたらどうかという試みであった。

記主本人が日記を記録した具注暦そのものが残されている『御堂関白記』には、『御堂関白記』独特の面白さがある。また、『御堂関白記』を記した藤原道長自体、日本史上でめったにいないほど、面白い人物である。それらの楽しみを、原本の写真とともにたどることは、他の史料ではちょっと味わえない面白さがある。

この本では、その日の記事に何が記されているかに加えて、その日の記事がどのように記されたのか、また、どのように書写されたのかに視座を据えて、記述の顚末《てんまつ》、また書写の顚末を明らかにしたい。本来、歴史学というのは、史料を読み込んでいき、それを読み解くというのが基本的な姿勢である。世間では古代史というと、好き勝手な推論を積み重ねているものと思われているかもしれないが（実際、『御堂関白記』や道長についてもトンデモ本が流布しているらしいのは嘆かわしいかぎりである）、史料にどう向き合うかという姿勢を伝えることこそ、歴史学者の本来の使命であると考える。

結果的には、自分が楽しんだだけではなかったかと恐れているが、自分が楽しいことはきっと楽しんでくれる人もいるはずであるという思い込みに支えられて、この本を世に出す。

最後になったが、『御堂関白記』原本の調査と撮影に指導と便宜を賜わった陽明文庫の名和修氏と名和知彦氏、国際日本文化研究センター（日文研）共同研究「日記の総合的研究」

で数々のご教示をいただいた共同研究員の方々、また、この困難をきわめた出版を引き受けていただいた講談社と学芸局の所澤淳氏、『御堂関白記』自筆本の複製と活字本全刷とフルサイズのデジタル一眼レフカメラとマクロ付きのLレンズを購入してくれた日文研には、いくら感謝してもしきれない。

目次

藤原道長「御堂関白記」を読む

序章　『御堂関白記』とは何か

彰子立后勘申記事の抹消

まずはじめに、印象的な抹消のある『御堂関白記』長保《ちょうほう》二年（一〇〇〇）正月十日条の自《じ》筆本《ひっぽん》と古写本《こしゃほん》を、並べて掲げてみることにする。

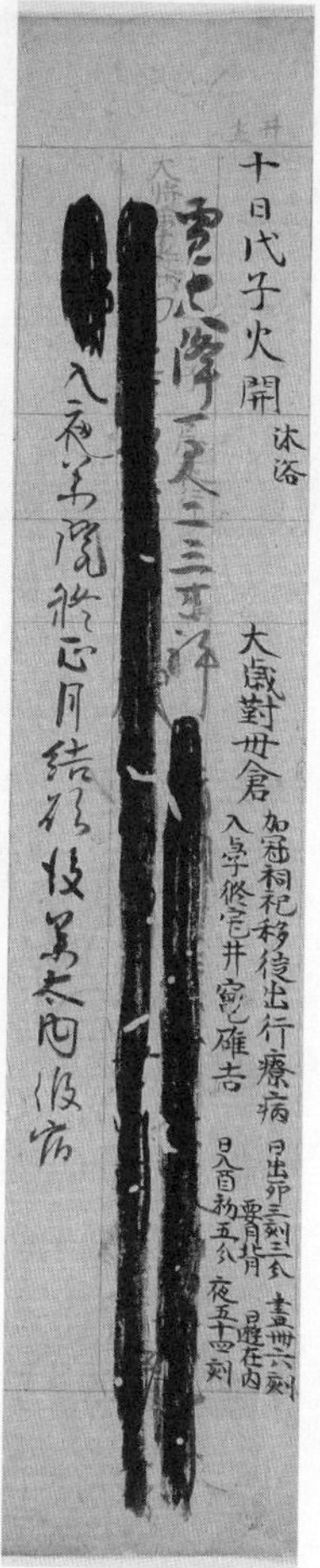

自筆本

古写本（平定家筆）

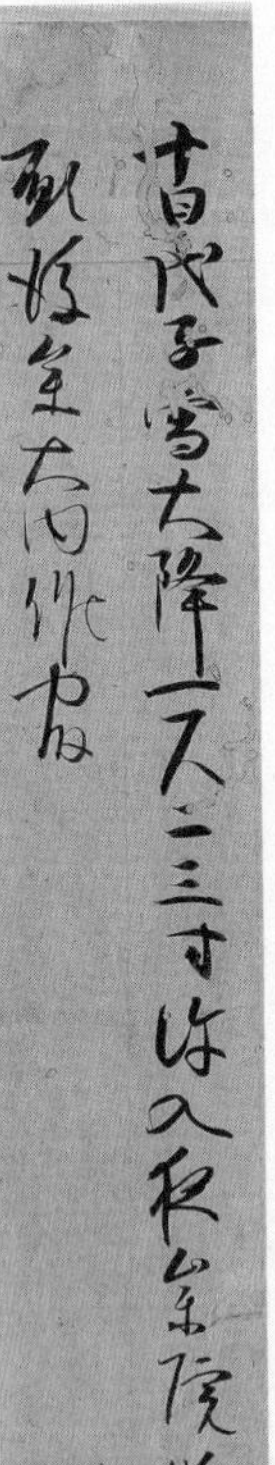

自筆本の方の翻刻文と現代語訳を、上下二段に示すと、次のようになる。

十日、戊子、雪大降、一尺
二三寸許（晴明）[redacted]（事）（初）
（献晴明）[redacted]（無）
（廿）[redacted]入夜参院、修正月結
願、後参太内、候宿、

十日、戊子。雪が大いに降った。一尺二、三寸ほど積もった。［（安《あ》倍《べの》）晴明《はるあきら》を召して、立后《りつごう》の雑事《ぞうじ》等を勘申《かんじん》させた。初め、□に献じた。晴明が申して云ったことには、「□にはございません」と。そこで二十］夜に入って、東三条院《ひがしさんじょういん》（藤原詮子《せんし》）の許《もと》に参った。修正月会《しゅしょうがつえ》が結願《けちがん》した。後に内裏《だいり》（一条院《いちじょういん》）に参った。候宿《こうしゅく》した。　（［　］内抹消）

当時、道長《みちなが》は一条《いちじょう》天皇の後宮《こうきゅう》に入内《じゅだい》（内裏に参入《さんにゅう》し、天皇の配侍者になること）させた長女の彰子《しょうし》を中宮《ちゅうぐう》に立てようとしていた。前年の十二月初旬、同母姉で一条生母の東三条院詮

子に一条を説得させるよう、側近の行成《ゆきなり》に依頼していたのである。一条は行成に、「然《しか》るべし」と勅答《ちょくとう》したが（『権記《ごんき》』）、じつはこれは全面的な許諾というわけではなく、一条は彰子立后をためらっていたのである。

行成は、まず詮子、ついで道長を訪れ、一条の勅答を伝えた。道長は彰子の立后は決定したものと早合点し、行成に最大限の謝意を述べている。十二月二十四日に参内《さんだい》した詮子も、「立后については、許すようにという天皇の意向が有った」と行成に告げている（『権記』）。

ところが、行成は一条から、「立后については、先日、院（詮子）に申したが、しばらく披露《ひろう》してはならない」との命を受けた。慌てた行成は、この時以降、彰子立后を正当化する理屈をたびたび一条に説いている（『権記』）。一方、道長の方は、彰子立后に対して一条の勅許《ちょっきょ》が下ったと思い込み、年明け早々の長保二年正月十日、安倍「晴明」を召して立后の雑「事」を勘申（儀式などに必要な先例や典故を調べたり、行事の日時などを占い定めて報告すること）させた。そして、「廿□」日という日付が宜しき日と出て、その結果を詮子、ついで一条に「献」じた。というのが、この『御堂関白記』の抹消部分に記されていた内容である。

いまだ彰子の立后に逡巡《しゅんじゅん》していた一条（か、もしかしたら一条の逡巡を知った詮子）は、道長に対してストップをかけたのであろう。『御堂関白記』の長保二年正月十日条を記しはじめた道長は、彰子立后勘申に関する部分のみを、慌てて、しかも一生懸命に抹消している。

じつはこれほどの抹消は『御堂関白記』自筆本を通じてこの箇所のみであり（墨を磨り直した形跡さえある）、いかに道長が気合いを入れてこの部分を消そうとしたかがわかる。しかし、さすがは道長、濃い墨の五本の抹消線で消そうとしてはいるものの、右側は墨がかすれて抹消がいい加減になっており、原本に裏から透過光を当てたところ、九文字が判読できたのである。最初の「晴明」の右側の旁《つくり》の「青月」の右端と「晴」の左側の偏《へん》の「日」の左端、二度目の「晴明」の左側の偏の「日日」の左端は肉眼でも見える。右側の旁の「青月」も、抹消の墨の下にうっすらと見えるであろう。

一方、古写本では、抹消された部分を飛ばして、「一尺二三寸許」から「入夜参院、」につなげており、何の変哲もない記事になっている。古写本の書写者である平定家《さだいえ》は、この抹消について何か考えるところがなかったのであろうか。

なお、私が陽明文庫《ようめいぶんこ》において『御堂関白記』自筆本当該箇所に関する原本調査をおこなったのは、一九九七年七月二十八日、道長がこの箇所を抹消してから、一千年を目前にした頃のことであった。

藤原道長と『御堂関白記』

というような楽しい顚末《てんまつ》が、『御堂関白記』の現物を手にすると、どんどんわかってくるのである。次章以降、年代順に『御堂関白記』の写真と翻刻文（読点を付けただけで、校訂を加えることなく、原文そのままを掲げた。したがって、誤字や脱字、書き込みも道長の記したとおりにしてある。文字の抹消はいわゆる「見せ消ち」も含めて、二重線で消すこととする）、それに現代語訳を掲げ、解説を加えていくが、その前に、『御堂関白記』と道長について、簡単に説明するとしよう。

『御堂関白記』は、平安時代中期、いわゆる摂関期《せっかんき》に栄華を誇った藤原道長の日記である。道長は、兼家《かねいえ》の五男として康保《こうほう》三年（九六六）に生まれた。母は藤原中正《なかまさ》の女《むすめ》の時姫《ときひめ》。父の摂政《せっしょう》就任後に急速に昇進し、長徳《ちょうとく》元年（九九五）、三十歳の時に、兄である道隆《みちたか》・道兼《みちかね》の薨《こう》

『御堂関白記』寛弘元年　自筆本・古写本（平定家筆）・予楽院本

去《きょ》により、一条天皇の内覧《ないらん》（関白《かんぱく》に准じる職。奏《そう》上《じょう》・宣下《せんげ》の太政官文書《だいじょうかんもんじょ》を内見する）となって、いきなり政権の座に就いた。右大臣《うだいじん》、ついで左大臣《さだいじん》にも任じられ、内覧と太政官一上《だいじょうかんいちのかみ》（首班）の地位を長く維持した。

長徳二年に道隆嫡男《ちゃくなん》の伊周《これちか》を退けた後は政敵もなく、一条天皇の後継者問題をめぐる微妙な関係や、三条《さんじょう》天皇との確執も存在したが、女の彰子・妍子《けんし》・威子《いし》を一条・三条・後一条《ごいちじょう》天皇の中宮として立て、「一家三后《いっかさんごう》」を実現するなど、摂関政治《せっかんせいじ》の最盛期を現出させた。

長和《ちょうわ》五年（一〇一六）には、外孫《がいそん》である後一条天皇の摂政となり、翌年にはこの職を嫡男の頼通《よりみち》に譲った。その後も「大殿《おおとの》」と呼ばれて権力を振るったが、寛仁《かんにん》三年（一〇一九）に出家《しゅっけ》、法成寺《ほうじょうじ》を建立し、その阿弥陀堂《あみだどう》において万寿《まんじゅ》四年（一〇二七）、六十二歳で薨去した。

『御堂関白記』は、はじめは『入道殿御暦《にゅうどうどのごりゃく》』『入《にゅう》

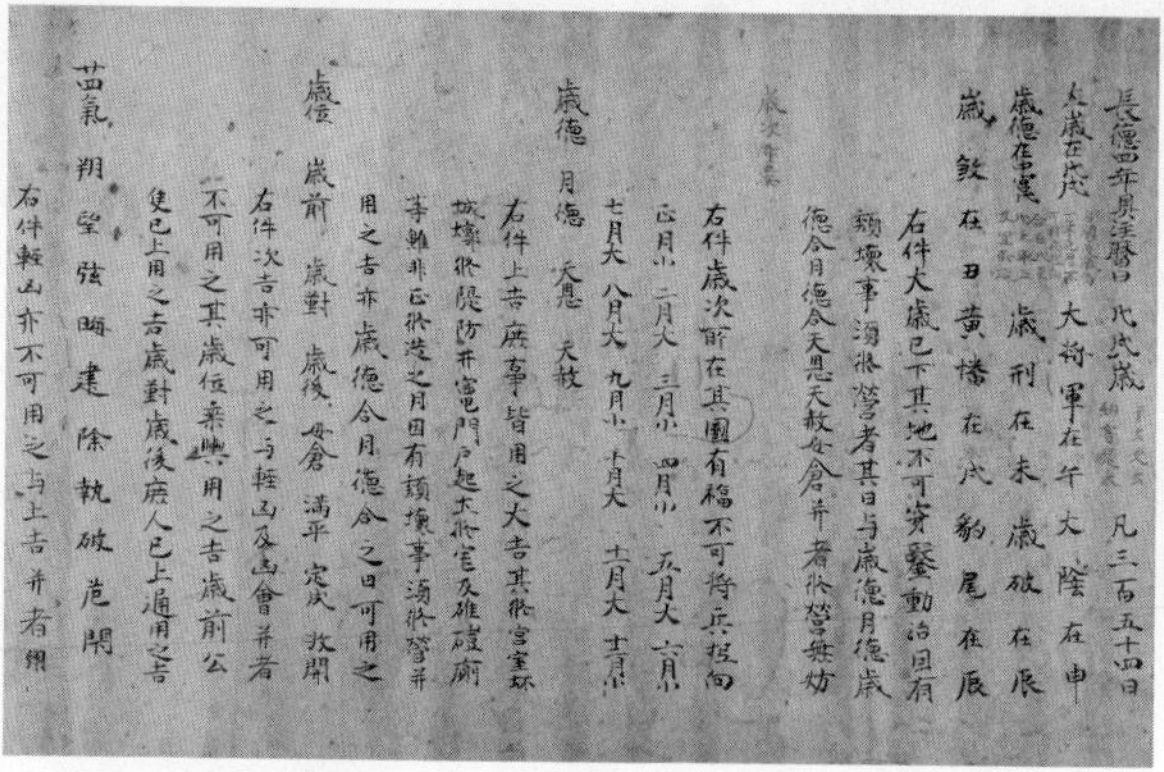

長徳四年具注暦日 戊戌歳　凡三百五十四日
大歳在戊戌　大将軍在午　大陰在申
歳徳在甲寅　歳刑在未　歳破在辰
歳殺在丑　黄幡在戌　豹尾在辰
右件大歳已下其地不可穿鑿動治因有
頽壊事須修營者其日与歳徳月徳歳
徳合月徳合天恩天赦母倉并者修營無妨
歳次所在
右件歳次所在其國有福不可將兵抵向
正月小　二月大　三月小　四月小　五月大　六月小
七月大　八月大　九月小　十月大　十一月大　十二月小
歳徳　月徳　天恩　天赦
右件上吉所在之事皆用之大吉其修宮室
城壊修隄防并當門戸起土修宮及碓磑廁
等雖非正修造之月因有頽壊事須修營并
用之吉亦歳徳合月徳合之日可用之
歳位　歳前　歳對　歳後　母倉　満平　定成　収開
右件次吉亦可用之与軽凶及凶會并者
不可用之其歳位蠶官用之吉歳前公
使已上用之吉歳對歳後庶人已上通用之吉
血忌　翔　望　弦　晦　建　除　執　破　危　閉
右件軽凶亦不可用之与上吉并者用

長徳四年暦巻下　長徳四年暦例

道殿御日記《どうどのごにっき》』『御堂御日記《みどうごにっき》』『御堂御暦《みどうごりやく》』『法成寺入道左大臣記《ほうじょうじにゅうどうさだいじんき》』などと称され、後には『御堂御記《みどうぎょき》』という呼称が固定していた。道長は関白に就いたことはないので、これが相応《ふさわ》しかったのであるが、予楽院本《よらくいんぼん》など江戸時代の写本に『御堂関白記』という呼称が現われ、これが流布して公刊本にも用いられたため、現在も通用している。

道長は、政権を獲得した長徳元年から日記を記しはじめ（長徳元年については、「文殿記《ふどのき》」と呼ばれる日記を抄出《しょうしゅつ》したものとする考えもある。「文殿記」が、道長自身が具注暦《ぐちゅうれき》以外に記した日記なのか、側近が記録した日記かは不明であるが、政権獲得前の正暦《しょうりゃく》五年〈九九四〉に具注暦を注文することはなかったであろう）、何回かの中断を経た後、寛弘《かんこう》元年（一〇〇四）からは継続的に書きつづけている。

現存する『御堂関白記』は、長徳四年（九九

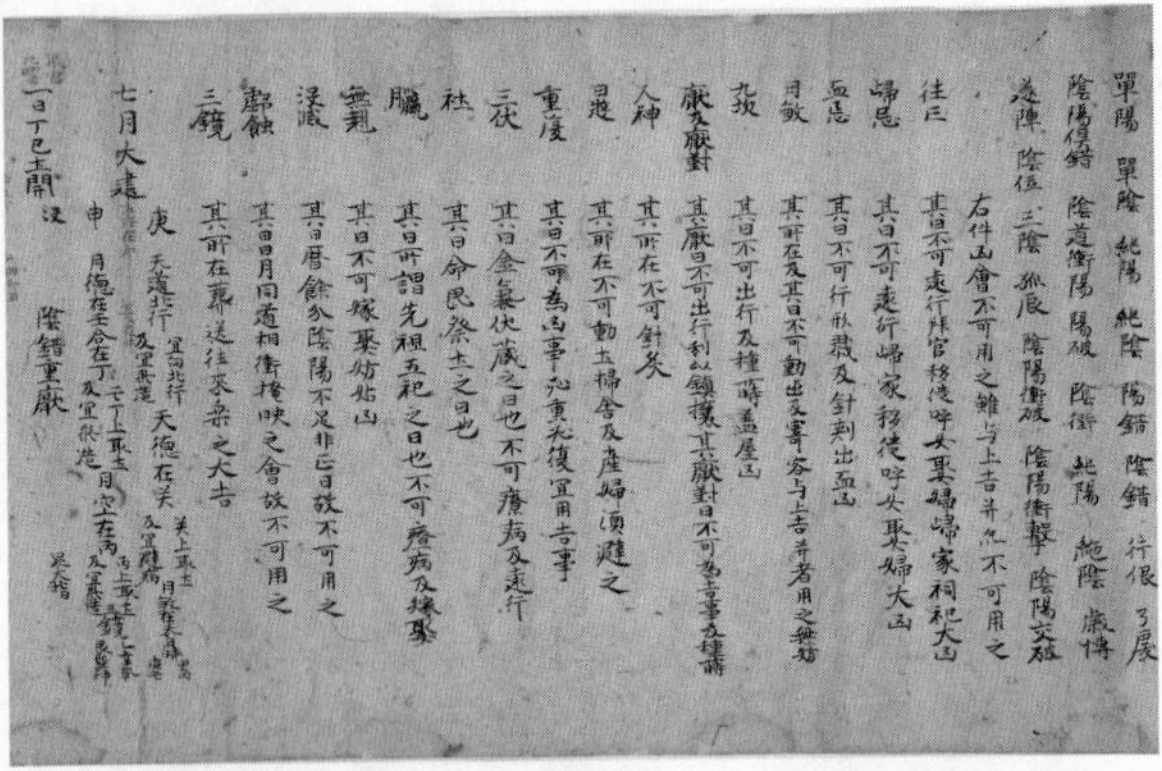

長徳四年暦巻下　長徳四年暦例・具注暦

八）から治安《じあん》元年（一〇二一）に至る、道長三十三歳から五十六歳までの記事を収めている。摂関政治全盛期の政治・社会・文化・宗教を、豪放磊落《ごうほうらいらく》な筆致《ひっち》と独自の文体で描いている。

罫線《けいせん》（界線《かいせん》）を引き、暦博士《れきはかせ》や陰陽師《おんみょうじ》・宿曜《すくよう》師《じ》、それに道長家の家司《けいし》が干支《かんし》や日の吉凶などの暦注《れきちゅう》を注記した具注暦の日付の間の二行の空白部（「間明《まあ》き」）に、日記を記している。表に書ききれなかった場合、また特に和歌や儀式への出席者や賜禄《しろく》の明細などを別に記したかった場合には、紙背《しはい》に記載した裏書《うらがき》も八十一ヵ所を数える。

十世紀前半からは朝廷が廷臣に暦を賜う頒暦《はんれき》がおこなわれなくなったため、暦博士や陰陽師に料紙《りょうし》を渡して、間明き二行がある特注の具注暦を造らせたと言われている（頒暦は一日一行で、間明きはなかったとされる）。料紙は、多い巻では三十二紙、少ない巻では二十三紙を貼り継いだものである。一紙あたりの行数は、二十二行から二十六行と、まちまちである。現存する自筆本の具注暦巻末には、すべて前年の十一月一日という日付が記されている。

元々は、一年分を春夏を上、秋冬を下とした二巻からなる具注暦に記した暦記《れきき》が三十六巻存在したと考えられる（『摂関家旧記目録《せっかんけきゅうきもくろく》』『御堂御暦記目録《みどうごりゃくきもくろく》』による）。後に掲げる「『御堂関白記』現存状況」という表の「自筆本」の項目のうち、「元巻」として示したものが、陽明文庫文庫長の名和修氏が推定された、元あった三十六巻である。

『御堂関白記』自筆本の伝来

これら三十六巻の自筆本暦記は鎌倉時代初期に摂関家《せっかんけ》が近衛《このえ》家と九条《くじょう》家に分立した際に分割され、現在、近衛家の陽明文庫に所蔵されている自筆本は十四巻である。上下巻とも（つまり一年分）残っている年はない。ということは、二家で半年ずつ取り合ったのであろう。

想像をたくましくすれば、近衛家は三十六巻のうちの半分、十八巻を九条家と分け合ったものの、四巻を近衛家から分立した鷹司《たかつかさ》家に譲った結果、現在は十四巻が残されているのであろうか。鷹司家に譲ったのはおそらく、自筆本が上下ともに残っていない寛弘三年・長和二年・長和四年・長和五年・寛仁元年の上下いずれかの五巻のうち、四巻分であったものと考えられる（後述するが、長和三年は当初から残されていなかったものと思われる）。たぶん、自筆本を書写した江戸時代の写本である平松本《ひらまつぼん》が残っている長和二年をのぞいた四巻だったであろうか（平松本あるいはその祖本が書写された時点で、長和二年の自筆本が九条家にあったのか、それとも別の場所にあったのかは、興味深いところである）。

道長―頼通―師実―師通―忠実―忠通
忠通―基実（近衛）―基通―家実
家実―兼経（近衛）
家実―兼平（鷹司）
忠通―兼実（九条）―良経―道家
道家―教実（九条）
道家―良実（二条）
道家―実経（一条）

『御堂関白記』現存状況

		自筆本	古写本			平松本		『御堂御記抄』
		現巻	元巻	現巻	書写者	元巻		
長徳元年（九九五）	上	現存せず		現存せず			なし	一（八条）
	下	現存せず		現存せず			なし	一（九条）
長徳二年（九九六）	上	なし		なし			なし	
	下	なし		なし			なし	
長徳三年（九九七）	上	なし		なし			なし	
	下	なし		なし			なし	
長徳四年（九九八）	上	なし		なし			なし	
	下	1あり（四条）	1	1あり（四条）	平定家	1	なし	二（三条）
長保元年（九九九）	上	現存せず	2	1あり（四六条）	平定家	1	なし	二（一一条）
	下	2あり（五一条）	3	1あり（四九条）	平定家	1	なし	二（七条）

長保二年　上	3あり(八三条)	4	1あり(八三条)	平定家	1	なし	二(一三条)・三(一条)・四(一六条)
(一〇〇〇)下	なし		なし			なし	
長保三年　上	なし		なし			なし	
(一〇〇一)下	なし		なし			なし	
長保四年　上	なし		なし			なし	
(一〇〇二)下	なし		なし			なし	
長保五年　上	なし		なし			なし	
(一〇〇三)下	なし		なし			なし	
寛弘元年　上	4あり(一四七条)	5	2あり(一四六条)	平定家	2	なし	二(二一条)・五(一条)
(一〇〇四)下	現存せず	6	2あり(一八八条)	平定家	2	なし	五(二条)
寛弘二年　上	5あり(一三〇条)	7	現存せず		3	あり(一二八条)	三(一条)・五(四条)
(一〇〇五)下	現存せず	8	現存せず		3	あり(一三四条)	五(五条)
寛弘三年　上	現存せず	9	現存せず		4	あり(九二条)	三(一条)・五(一条)
(一〇〇六)下	現存せず	10	現存せず		4	あり(一二一条)	五(五条)
寛弘四年　上	現存せず	11	現存せず		5	あり(一二八条)	五(四条)
(一〇〇七)下	6あり(六九条)	12	現存せず		5	あり(六九条)	五(一条)
寛弘五年　上	現存せず	13	現存せず		6	あり(一一七条)	
(一〇〇八)下	7あり(三八条)	14	現存せず		6	あり(三八条)	五(二条)
寛弘六年　上	現存せず	15	3あり(三八条)	平定家	7	なし	五(一条)
(一〇〇九)下	8あり(一二六条)	16	3あり(一二五条)	師実	7	なし	五(一条)

寛弘七年　上	9あり(一〇二条)	17	4あり(一〇一条)	平定家	8	なし	五(二条)
(一〇一〇)下	現存せず	18	4あり(一四二条)	平定家	8	なし	五(六条)
寛弘八年　上	10あり(一二三条)	19	5あり(一二三条)	師実	9	なし	五(二条)
(一〇一一)下	現存せず	20	5あり(一一五条)	師実	9	なし	
長和元年　上	11あり(一二〇条)	21	6あり(一一九条)	平定家	10	なし	五(三条)
(一〇一二)下	現存せず	22	6あり(一七五条)	平定家	10	なし	五(三条)
長和二年　上	現存せず	23	7あり(一七四条)	平定家	11	あり(一七五条)	五(六条)
(一〇一三)下	現存せず	24	7あり(一五八条)	平定家	11	なし	五(二条)
長和三年　上	現存せず		なし			なし	
(一〇一四)下	現存せず		なし			なし	
長和四年　上	現存せず	25	8あり(一三〇条)	平定家	12	なし	
(一〇一五)下	現存せず	26	8あり(一三四条)	師実	12	なし	五(四条)・六(一条)
長和五年　上	現存せず	27	9あり(一五一条)	師実	13	なし	五(二条)
(一〇一六)下	現存せず	28	9あり(一三九条)	平定家	13	なし	五(一条)
寛仁元年　上	現存せず	29	10あり(一五九条)	師実	14	なし	一(二条)・七(一条)
(一〇一七)下	現存せず	30	10あり(一四〇条)	平定家	14	なし	一(五条)・五(六条)
寛仁二年　上	12あり(一四四条)	31	11あり(一四三条)	平定家	15	なし	五(二条)
(一〇一八)下	現存せず	32	11あり(一一七条)	平定家	15	なし	五(一条)
寛仁三年　上	現存せず	33	12あり(六四条)	平定家	16	なし	五(四条)
(一〇一九)下	13あり(一一〇条)	34	12あり(一一〇条)	平定家	16	なし	

寛仁四年　上	14あり(三条)	35	12あり(三条)	平定家	16	なし	五(一条)
(一〇二〇)下	なし		なし			なし	
治安元年　上	なし		なし			なし	
(一〇二一)下	現存せず	36	12あり(五条)	平定家	16	なし	

ここで近衛家がどのような基準で十八巻を取り分けたかを推定すると、女《むすめ》の地位や所生の皇子に関わる巻を取り分けていたようである。鷹司家に譲る前に近衛家にあったのも、寛弘三年は土御門第行幸《つちみかどていぎょうこう》のあった下巻、長和四年は道長が准摂政《じゅんせっしょう》となった下巻、長和五年は道長が摂政となった上巻、寛仁元年は敦良《あつなが》立太子のあった下巻であったことが推測できる。

道長のおこなった儀礼は、「寛弘の佳《か》例《れい》」という言葉が象徴するように、摂関家にとってはもっとも輝かしい先例であった。摂関家嫡流である近衛家としても、将来における立后や皇子誕生、立太子、摂政就任などの際の先例とするために、それらが記録されている『御堂関白記』の自筆本を自家に残しておきたかったのであろう。

古写本と『御堂御記抄』

さて、平安時代後期、孫の藤原師実《もろざね》の時に、一年分一巻からなる古写本十六巻が書写された（長徳・長保年間、および寛仁三年から治安元年までは記事が少ないため、三年分をまとめて一巻としている）。自筆本の破格な漢文を普通の漢文に直そうとしたり、文字の誤りを正そうとしたりする意識が見られるが、自筆本の記載を尊重している箇所も多い（自筆本の記載を書き落としている場合も九ヵ所あるが）。一部（合わせて三年分）は師実自身の筆（「大殿御筆」）、他は家司の平定家の筆によるものである。

現在、陽明文庫に十二巻が所蔵されている。この古写本でさえ、同時代の『小右記《しょうゆうき》』や『権記』の最古の写本よりも古く、しかも書写の来歴がはっきりしているのだから、すごいものである。

自筆本三十六巻 ─┬─ 自筆本十八巻 ── 自筆本十四巻（現存）
　　　　　　　　└─ 古写本十六巻 ── 古写本十二巻（現存）

また、平安時代後期に、おそらくは師実の手によって抄出された『御堂御記抄《みどうぎょきしょう》』七種もある。第一種から第五種までは古写本からの抄出、第六種と第七種は自筆本からの抄出とされている。特に道長が日記を記しはじめた長徳元年の記事については、『御堂御記抄』第一種しか現存せず（長徳元年については、道長自身の記した日記からではなく、先ほど述べた「文殿記」の抄出の可能性もある）、貴重な史料となっている。これも陽明文庫に所蔵されている。

陽明文庫外観

『御堂関白記』の保存

これらの『御堂関白記』は、奇跡的に今日まで残ったとよく言われるが、「残った」のではない。近衛家の人びとが「残した」のである。自筆本はその後の摂関家最高の重宝とされ、（一説には宇治《うじ》の平等院《びょうどういん》の）経蔵《きょうぞう》、あるいは近衛家の文庫の奥深くに厳重に秘蔵され、現役の摂関でさえも容易に見ることができなかったほどであった（『兵範記《へいはんき》』）。また、日常的な閲覧に供された古写本は、車倉《くるまぐら》（文車《ふぐるま》）に載せられて（『殿暦《でんりゃく》』）、火災の際には真っ先に運び出せるようにしてきたとも推定されている。

『御堂関白記』が厳重に扱われていたことは、たとえば『御堂関白記』には師実の時代の古写本以外には、江戸時代以前に書写された古写本がまったく存在しないことからも明らかである。江戸時代よりも前に

陽明文庫内部

は、『御堂関白記』は公卿《くぎょう》社会に出まわるような性格のものではなかったのである。

また、中世の日記などでは、記事がなかったり記事が少なかったりした巻は、解体されて反故《ほご》紙として再利用される例が多いのであるが（近衛家実《いえざね》の『猪隈関白記《いのくまかんぱくき》』や近衛道嗣《みちつぐ》の『後深心院関白記《ごしんじんいんかんぱくき》』など、摂関の日記でも、これは免れなかった）、道長の『御堂関白記』は、まったく記事のない月でも、再利用されることなく大切に保存されている（治安元年の具注暦断簡は『御堂関白記』とは断定できない）。

現在でも、『御堂関白記』は陽明文庫の蔵のもっとも奥深くに厳重に収蔵されて……いない。じつは「記録第一函」という一個の箱の中にまとめて収められ、扉を入った左側の一番手前の机の上に置かれている（もちろん、何重もの扉で守られているが）。万一の際には、これだけ手で持って運び出すためである。陽明文庫を訪れたことのある方は、名和氏がいつも緊急用のトランシーバーを手許に置き、消防の緊急無線を聞いておられるのに驚いたことであろう。

さて、『御堂関白記』の最大の特色は、記主《きしゅ》本人の記録した自筆の暦記が残っているという点にある。道長はどのようにしてこの日の記事を書いたのか、また書き替えたり抹消したりしたのか、誤記や紙背に記した裏書も含めて、筆記の顚末がありのままにわかるのである。また、書き方の特徴からは、道長の心性《しんせい》がうかがえることも、しばしば経験する。千年も前のあんな偉い人と心が通じる瞬間があるというのも、自筆本の日記を読む醍醐味《だいごみ》であろう。

それではこれから、それらを撮影したものを提示し、できるかぎり丁寧に解説していくとしよう。なお、年によっては自筆本が残っていない場合も多い。それらの年については古写本や江戸時代の転写本《てんしゃぼん》を使用せざるをえないことをお許しいただきたい。

また、ページ数の関係で、この本では翻刻文と現代語訳しか載せることができず、訓読文は提示することができなかった。全文の翻刻文については大日本古記録、写真版については陽明叢書、註釈については全註釈、現代語訳については講談社学術文庫『藤原道長「御堂関白記」全現代語訳』をご覧いただくこととして、訓読文については国際日本文化研究センターのウェブサイト（https://rakusai.nichibun.ac.jp/kokiroku/）に「摂関期古記録データベース」として公開しているので、是非ご利用いただきたい。

第一章　権力への道

長徳元年（九九五）　政権獲得

正暦《しょうりゃく》五年（九九四）八月二十八日、関白道隆《かんぱくみちたか》は嫡男《ちゃくなん》の伊周《これちか》を、三人を超越《ちょうおつ》（官人の序列で上位者を追い越すこと）させて、わずか二十一歳で内大臣《ないだいじん》に任じた（『権記《ごんき》』）。これで道隆の後継者が定まったことになる。ただし、道隆の強引な「引き」によって異数の昇進をつづける若い伊周に対する不満は、公卿《くぎょう》社会に充満していたことであろう。この年、道長《みちなが》は権《ごん》大納言《だいなごん》、二十九歳であった。

道長の転機は、突然に訪れた。前年からの疫病《えきびょう》が蔓延《まんえん》していた翌長徳元年、道隆が病に倒れた。道隆は三月に伊周への政権交代を画策したものの、一条《いちじょう》天皇の拒絶にあって果たせず、四月六日に出家《しゅっけ》を遂げ、十日に薨去《こうきょ》した。そして関白を継いだ右大臣道兼《うだいじんみちかね》も五月八日に薨去した後を承けて、五月十一日に、一条は道長に内覧宣旨《ないらんせんじ》を賜わった。

権大納言に過ぎなかった道長を執政者とするには、関白に任じるわけにはいかず、そこに内覧という地位が二十三年ぶりに復活したのである。こうして道長は、幸運にもいきなり政権の座に就いたのである。道長の同母姉で一条生母（国母《こくも》）である詮子《せんし》の意向が強くはたらいたとされる。

伊周より下位の権大納言のままでは都合が悪かろうということで、道長は六月十九日には右大臣に任じられ、太政官一上《だいじょうかんいちのかみ》（首班）となった。右大臣となった道長が改めて関白にならなかったのは、一条の意志なのか、それとも道長の謙譲なのかはわからないが、結果的には道長は関白の地位に就かなかったことによって、伊周を抑えて公卿議定《ぎじょう》を主宰でき、その権力を万全にしたのである。

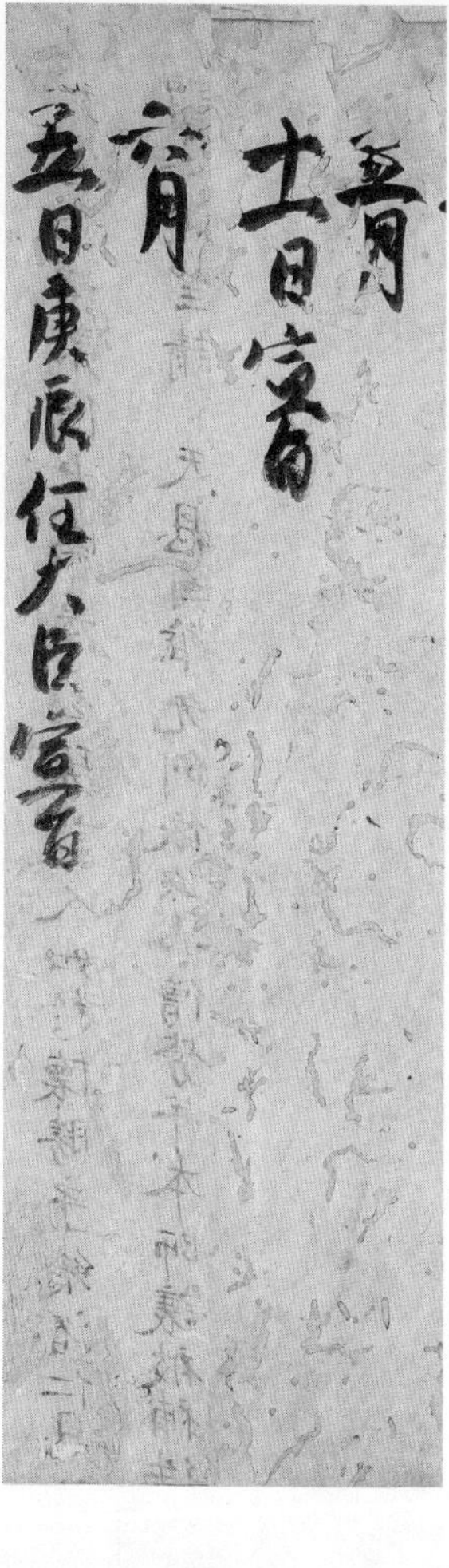

五月十一日条、六月五日条（『御堂御記抄』第一種〈師実筆〉）　内覧宣旨・任大臣宣旨

五月
十一日、宣旨、
六月
五日、庚辰、任大臣宣旨、

五月
十一日。内覧宣旨を賜わった。
六月
五日、庚辰。任大臣宣旨《にんだいじんせんじ》を賜わった。

『御堂御記抄《みどうぎょきしょう》』のこの部分が道長自身の日記を抄出《しょうしゅつ》したものか、あるいは「文殿記《ふどのき》」と呼ばれる記録を抄出したものかはわからないが、藤原師実《もろざね》は道長の政権獲得に関わる記事を第一種前半にまとめている（第一種後半には寛仁元年〈一〇一七〉の太政大臣《だいじょうだいじん》任官の記事を抄出している）。

五月十一日、道長は内覧宣旨を蒙《こうむ》った。『公卿補任《くぎょうぶにん》』によると、「太政官《だいじょうかん》中の雑事《ぞうじ》を、権大納言道長卿に触れて奉り行なうように」という宣旨であった。「内覧宣旨」と記さずに「宣旨」としか記さないところが、いかにも、といった感じである。

そして六月五日に任大臣の兼宣旨《けんせんじ》を賜わった。内覧宣旨を蒙った道長が、内大臣藤原伊周より下位の権大納言のままでは都合が悪かったからであろう。兼宣旨とは、はじめて大臣・大将に任じられる人を宮中に召し、蔵人頭《くろうどのとう》から天皇の仰詞《おおせことば》を伝えるというものである。道長は十九日に正式に右大臣に任じられている。こちらは「宣旨」だけだと五月の「内覧宣旨」と区別がつかないので、「任大臣宣旨」と記している。

ここに道長政権が誕生したのではあるが、詮子も一条も、それに道長自身も、この時点では、あれほどの長期政権になるとは考えていなかったと思われる。道長自身は病弱であり、加えて長女の彰子《しょうし》は幼少（長徳元年で八歳）、嫡男の頼通《よりみち》はさらに年少（同じく四歳）となると、道長が次の世代にまで政権を伝えられると考えた者もいなかったであろう。

道長の次に、一条が道隆嫡男で中宮定子《ちゅうぐうていし》の兄の伊周を政権の座に就けるということも、じゅうぶんに想定できたのである。一条と定子・伊周との親密な関係は、『枕草子《まくらのそうし》』に余すことなく描かれるところである。

長徳四年（九九八）　大病

この年、道長は腰病《ようびょう》を発《おこ》し、三月三日に出家《しゅつけ》の意を奏した。一条《いちじょう》天皇は、「病体は邪気《じゃけ》（物怪《もののけ》）の行なった所である」として、これを許さず、「外戚《がいせき》の親舅《しんきゅう》にして、朝家《ちょうか》（朝廷）の重臣《じゅうしん》であり、天下を爕理《しょうり》（国を治めること）し、私の身を輔《ほ》導《どう》する事は、現在、丞相《じょうしょう》（道長）でなくては、誰がいるであろうか。今、丞相の重病を聞き、嘆息《たんそく》は極まり無い」という恩詔《おんしょう》を伝えた（『権記』）。

ただし、出家について一条は、「丞相が出家を申請させた事については、功徳《くどく》は極まり無い。これを妨げたりすれば、その罪報《ざいほう》を畏《おそ》れるべきであろう。ところが、『病体は邪気の行なったものである』と云うことだ。道心《どうしん》が堅固《けんご》であって必ず志を遂げたいというのならば、病悩《びょうのう》が平癒《へいゆ》してから心閑《しず》かに入道《にゅうどう》してては如何《いかが》であろう」と答えてしまった（『権記』）。

道長が快復後に出家を申し出たとしたら、それを許して次の執政者を任命する心積もりが一条にはあったということである。道長と一条との間の微妙な関係は、この頃からはじまることになる。道長は除目《じもく》（官人を官職《かんしょく》に補任《ぶにん》する儀）の際に、その執筆《しゅひつ》（除目の上卿）の奉仕を辞退することを、しばしば申請している。一条の自分への信任を再確認しているのである。

なお、この時の道長の辞表《じひょう》（『本朝文粋《ほんちょうもんずい》』）に、「私は声望が浅薄であって、才能も荒蕪《こうぶ》（いい加減）である。ひたすら母后《ぼこう》（詮子《せんし》）の兄弟であるので、序列を超えて昇進してしまった。また、父祖《ふそ》の余慶《よけい》によって、徳もないのに登用された」とあるのは、道長の偽らざる本音であろう。

七月五日条（自筆本・古写本〈平定家筆〉）　相撲停止／仁王経転読／三所大祓

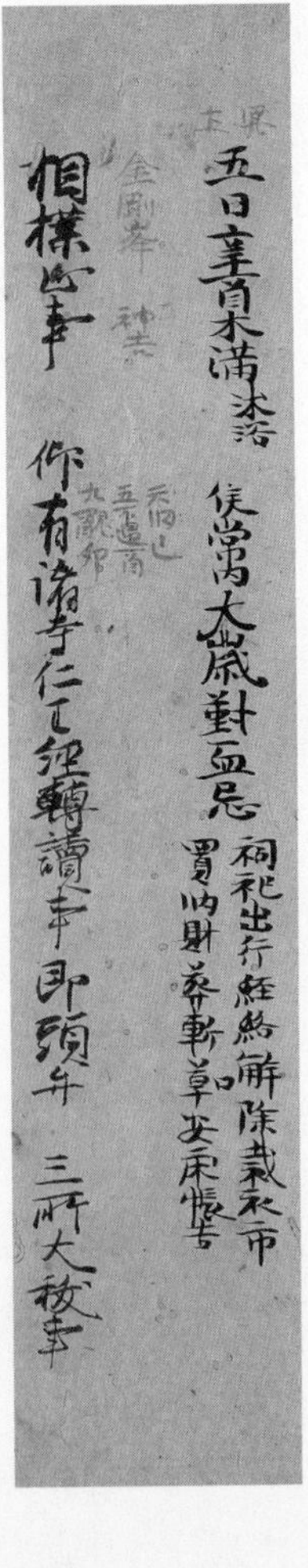

自筆本

古写本

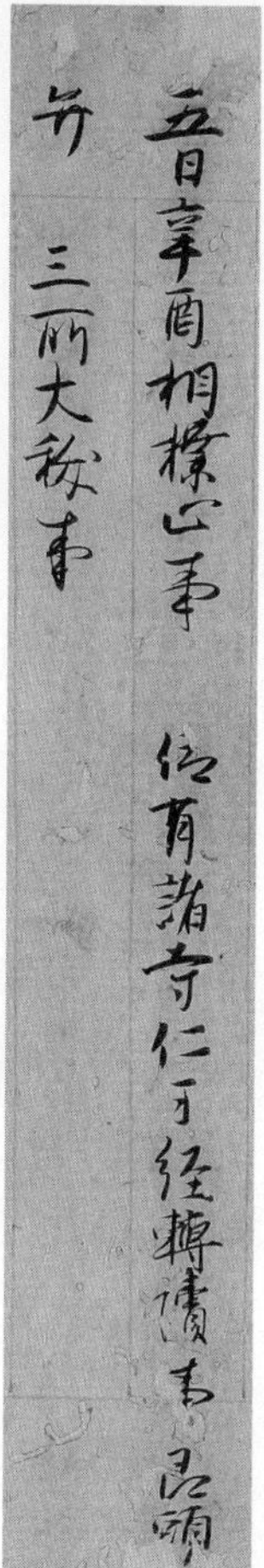

五日、辛酉、相撲止事、
仰有諸寺仁王経転読事、
即頭弁、　三所大祓事、

五日、辛酉。相撲節会《すまいのせちえ》を停止《ちょうじ》する事。諸寺に仁王経《にんのうきょう》の転読《てんどく》を命じる事。すぐに頭弁《とうのべん》（藤原行成《ゆきなり》）に命じた。三所（紫宸殿《ししんでん》・建《けん》礼門《れいもん》・朱雀門《すざくもん》）の大祓《おおはらえ》の事。

これが巻子本《かんすぼん》（巻物）として残っている『御堂関白記』の最初の記事である。長徳四年（九九八）の秋冬巻の具注暦《ぐちゅうれき》は、先に挙げた長い暦例《れきれい》の後、七月一日からはじまるのであるが、道長は五日に至って、日記を記しはじめている。なお、自筆本《じひつぼん》のうち、長徳四年秋冬巻のみは罫線《けいせん》が見づらいが、実物をよく観察すると、かすかに墨界《ぼっかい》ではない罫線が確認できる（八月三日条など）。

七月五日から日記を記しはじめた道長であったが、七日、九日、十日と記したところで中断し、次に日記を記すのは、翌長保元年（九九九）二月のことである。

自筆本は、前年の十一月までに造られた具注暦に記されているため、七月十一日以降、年末まで延々と空白の暦がつづくが（暦の研究者にとっては、これも貴重な史料である）、記事のある日だけを書写した古写本《こしゃほん》は、この年は七月五日から十日までの四日分、わずか十一行で長徳四年を終えている。もちろん、これだけで一巻にするわけにはいかず、記事の少ない長徳・長保年間をまとめて一巻としている。古写本はいつも、天地の界線《かいせん》から上にも下にもはみ出して記事を記すのであるが、師実《もろざね》と平定家《さだいえ》では、はみ出し方が微妙に異なる。概して師実の方が上に高くはみ出すようである。

この七月五日の記事は、一条も罹病《りびょう》するなど（『日本紀略《にほんきりやく》』）、六、七月に猖獗《しょうけつ》をきわめた疫病《えきびょう》（赤疱瘡《あかもがさ》〈稲目瘡《いなめがさ》・豌豆瘡《えんどうがさ》とも。麻疹《ましん》〈はしか〉のこと〉）の流行に際して、数々の措置をおこなうよう、蔵人頭《くろうどのとう》の行成に命じたというもの。「……事」を並べただけであるなど、きわめて破格の文体で（目録の首書《しゅしょ》のようである）、きちんとした語順の漢文にはなっていない。まだ道長が漢文にそれほど習熟していないことが読み取れるのである。

なお、『御堂関白記』の文体は、当て字・借音・省略・顚倒・独特の用語が頻出し、主語・述語・目的語の順がめちゃくちゃな場合が多いなど、「変体漢文」と称される和風の漢文のなかでも、また峰岸明氏の言われる「漢文体から隔たり日常実用文に徹した摂関系」の文体としても、特異なものである。しかしこれも、他人の目に触れることを想定しておらず、自分の備忘録《びぼうろく》のようなつもりで記したとすれば、当然のことである。

また、蔵人頭を長く勤めた実資《さねすけ》や、それに加えて弁官《べんかん》を歴任した行成とは異なり、道長は実務官人や参議《さんぎ》としての経験を積まないうちに納言《なごん》になり、政権の座に就いてしまった。当然、上級貴族は大学に通ったりはしない。漢文に習練する機会もなかったことが、その独特の文体を形成したということにもなろう。それでも段々と漢文に習熟していっているということは、『御堂関白記』を通して読んでみると、容易に読み取ることができる。

同様、『御堂関白記』では、その日の出来事が時間順に記されない場合が多い。これも道長が儀式の式次第《しきしだい》を記したメモ（懐紙《かいし》や笏紙《しゃくし》）を基に日記を記すのではなく、記憶を頼りに記しているために起こることである。おそらくは、その日に起こった重要な出来事から順に記し、全部書いた後で、また最初の出来事に関する詳細な記事、あるいは思い出した記事を記しているのであろう。

長保元年（九九九）　彰子入内

長保元年に至り、二月九日の彰子着裳《しょうしちゃくも》（成人式）の記事から日記が復活し、十一月一日の一条《いちじょう》天皇後宮《こうきゅう》への入内《じゅだい》、七日の女御宣旨《にょうごせんじ》までは、比較的毎日、日記を記している。その後は記事も少なくなり、十二月の記事は一日分のみとなる。

彰子は数え年で十二歳に過ぎず、一条には中宮定子《ちゅうぐうていし》が寄り添っていた。道長としては、定子から皇子が生まれる前に、形だけでも彰子を一条のキサキとし、一条にプレッシャーをかけたのであろう。二女の妍子《けんし》以降とは異なり、幼少の頃には天皇への入内などまったく考えていなかったであろう彰子の心中も、察するに余りある。

　しかし定子はこの年も懐妊《かいにん》し、彰子が女御となったのと同じ十一月七日に第一皇子敦康《あつやす》を産む。一条の喜びや道長の対応は後に述べることとして、『小右記《しょうゆうき》』は、彰子の女御宣旨については詳しく記しているのに、皇子誕生については、「卯《う》剋、中宮が男子を産んだ〈前但馬《さきのたじまの》守《かみ》（平）生昌《なりまさ》の三条《さんじょう》宅。〉。世に『横川《よかわ》の皮仙《かわひじり》』と云う」とだけしか記していない。「横川の皮仙」とは行円《ぎょうえん》のことであるが、「出家《しゅっけ》らしからぬ出家」という意味で、落飾《らくしょく》しながら子を儲けた中宮に対する蔭口に転用されたものとのことである。これが敦康誕生に対する公卿《くぎょう》社会の反応だったのである。

　この頃、道長は行成《ゆきなり》を介して、彰子を中宮に立てるという秘密交渉を、詮子《せんし》と一条の間で進めていた。

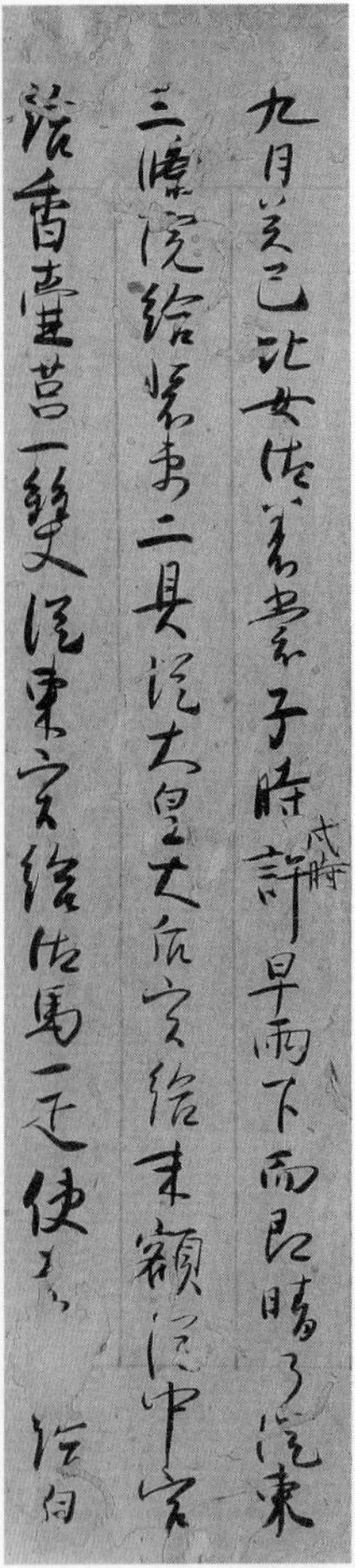

二月九日条（古写本〈平定家筆〉）　藤原彰子、着裳

重袴申時許諸卿来問右府内府着給

九日、癸巳、比女御着裳、子時《戌時》許早雨下、而即晴了、従東三条院給装束二具、従大皇大后宮給末・額、従中宮給香壺筥一双、従東宮給御馬一疋、使者□給白重褂・一重袴、申時許諸卿来問、右府・内府着給、

九日、癸巳。姫（藤原彰子）の御着裳の儀があった。子《ね》剋〈戌《いぬ》剋。〉の頃早く、雨が降っていた。ところがすぐに晴れた。東三条《ひがしさんじょう》院《いん》（藤原詮子）から装束《しょうぞく》二具《よろい》を賜わった。太皇太后宮《たいこうたいごうぐう》（昌子《しょうし》内親王）から、仮髻《すえ》と御額髪《ひたいがみ》の装飾具を賜わった。中宮（藤原定子）から香壺《こうご》の筥《はこ》一双《そう》を賜わった。東宮《とうぐう》（居貞《おきさだ》親王）から御馬一疋を賜わった。それらの使者に皆、白い重《かさね》の褂《うちき》と一重袴《ひとえばかま》を下賜《かし》した。申《さる》剋の頃、諸卿がやって来た。右大臣《うだいじん》（藤原顕光《あきみつ》）と内大臣《ないだいじん》（藤原公季《きんすえ》）が参着《さんちゃく》された。

彰子は、二月九日、着裳（著裳《もぎ》とも）の儀を迎えた。いまだ数えで十二歳ながら、これで大人ということになったわけである。東三条院詮子から装束が届いているのは、国母《こくも》が道長の女《むすめ》を一条のキサキとして期待していることを示すものである。香壺の筥を贈った中宮定子の心情は、いかなるものだったことか。十一日、勅使《ちょくし》が訪れ、彰子を従三位《じゅさんみ》に叙すという一条の仰せを伝えた。一条や、むしろ詮子の、彰子入内に対する期待がうかがえる。

この九日の着裳の儀に、右大臣顕光と内大臣公季以下の諸卿が参列しているというのも、道長の女が入内することによる宮廷の安定を期待してのものであろう。ただし、すでに顕光の女である元子《がんし》と公季の女である義子《ぎし》は長徳二年（九九六）に入内して女御となっており、この両大臣の心中は、なかなかに複雑であったはずである。

詮子や道長は、定子が一条の寵愛《ちょうあい》を受けつづけて皇子を産み、伊周《これちか》が復権するという事態を、もっとも恐れていたはずである。一条に元子や義子をあてがって定子から目をそらし、その間に彰子を形だけでも大人ということにして入内させるという戦略だったのであろう。自分の女の着裳であるのに「御着裳」と「御」字を付しているのも、入内を前提とした思いによるものであろう。

文頭の「比女」というのは「姫」の草仮名《そうがな》表記であるが、おそらくは自筆本《じひつぼん》にもこのように記されていたのであろう。『御堂関白記』にはこの表記は五回、見える。彰子が二例、二女の妍子が一例、三条皇女《さんじょうこうじょ》の禎子《ていし》内親王（「比女宮」と記されている）が二例である。

三月十六日条（古写本〈平定家筆〉）　一条院行幸／道長の随身、復活／一条天皇と彰子、対面か

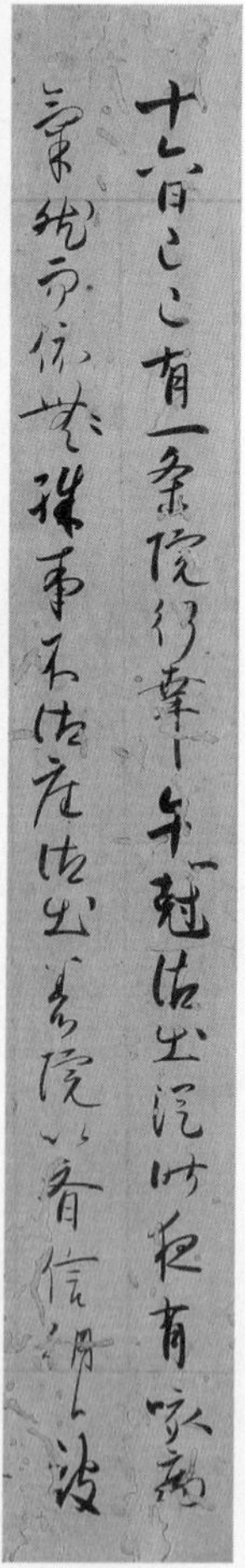

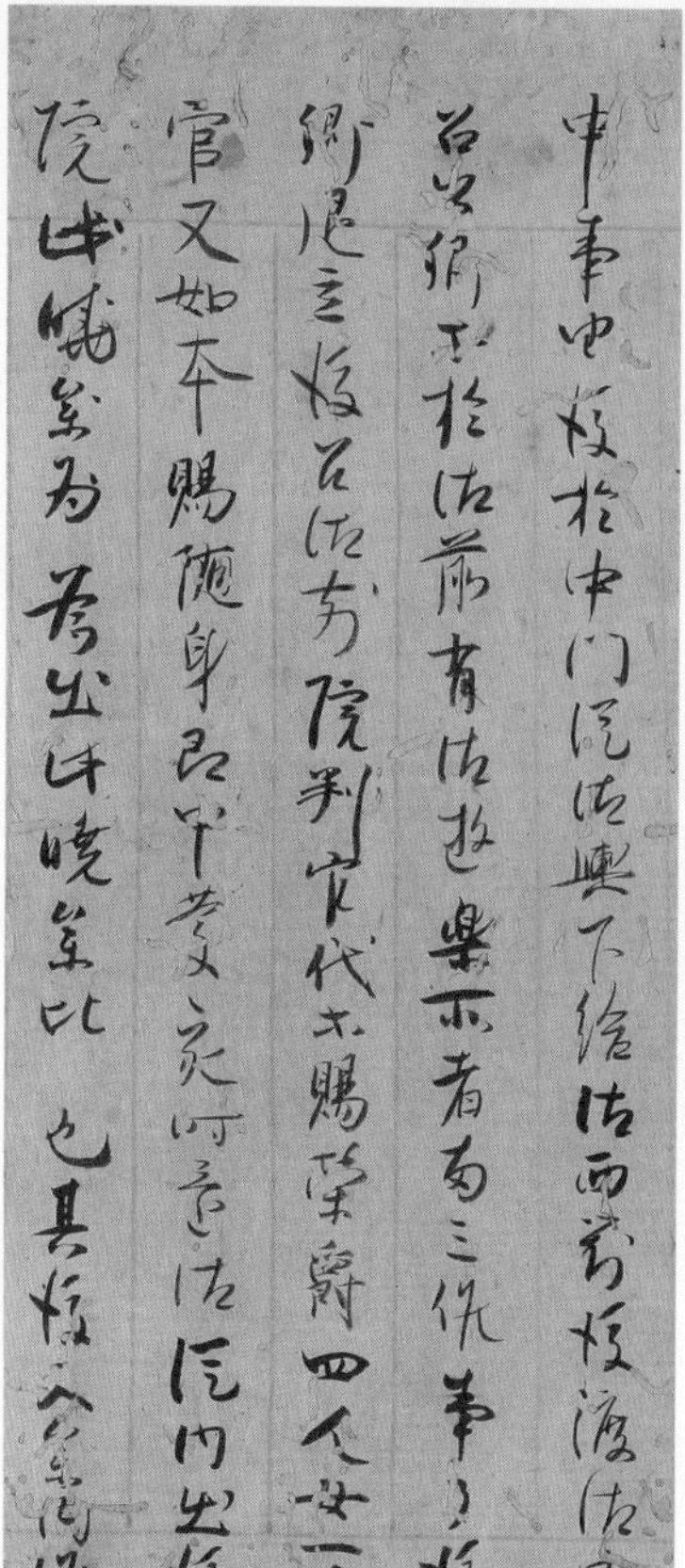

十六日、己巳、有一条院行幸、午一剋御出、従昨夜有咳病気、然而依無殊事不御座御出、着院、以斉信朝臣被中事由後、於中門従御輿下給、御西対後渡御、申時召

十六日、己巳。東三条院（藤原詮子）御所《ごしょ》である一条院《いちじょういん》に行幸《ぎょうこう》が有った。午《うま》一剋に、一条天皇は内裏《だいり》を御出《ぎょしゅつ》された。天皇は昨夜から咳《がい》病《びょう》の気が有った。ところが大した事は無くいらっしゃったので御出された。一条院に到着された。（藤原）斉信朝臣《ただのぶあそん》を遣わして、到着された事を東三条院に申された後、中門《ちゅうもん》において御輿《みこし》からお下りになった。まず西対《にしのたい》にお入りになった後に、東三条院の許《もと》に渡御《とぎょ》され

公卿等、於御前有御遊、楽所者両三候、事了後諸卿退立、後召御前院判官代等賜栄爵、四人、女一人、下官又如本賜随身、即申慶、亥時還御、従内出後参院、此暁参為出此暁参比　也、其後又参内、候宿、

た。申剋に公卿《くぎよう》たちを召して、天皇の御前《ごぜん》において御楽遊《がくゆう》を行なった。楽所《がくしよ》の者、二、三人が伺候《しこう》した。御楽遊が終わった後、諸卿は退き立った。後に天皇の御前に東三条院の判官代《はんがんだい》を召して、栄爵《えいしやく》を賜わった。四人であった。その内、女が一人であった。下官《げかん》（道長）は、また元どおりに随身《ずいじん》を賜わった。すぐに慶賀《けいが》を申した。亥《い》剋に天皇は還御《かんぎよ》された。私は内裏から退出《たいしゆつ》した後、再び東三条院の許に参上した。天皇の御前に出すために、この暁方、姫（藤原彰子）が参ったのである。その後、また内裏に参った。候宿《こうしゆく》した。

詮子の病悩《びようのう》を見舞うため、一条は昨夜からの咳病（しわぶきやみ。風邪、気管支炎、喘息など咳きこむ病）をおして、一条院への行幸をおこなった。もしかするとこの時、一条と彰子は、何らかのかたちで対面した可能性はないだろうか。道長が『御堂関白記』にわざわざ、「為出此暁参比□也（出さんが為、此の暁、比□、参るなり）」と記している（七行目）のが気になるのである。この古写本《こしやほん》の「□」が「女」とすると、「比女」とは姫、つまり彰子のことになる。

なお、長徳四年（九九八）に停止《ちようじ》された道長の内覧《ないらん》が復活されたという史料は存在しない。この行幸の際に随身（摂関《せつかん》、近衛将《このえのしよう》などの身辺警護にあたる武官）を元のごとく賜わっているが、あるいはこの時に内覧も復活されたのであろうか。それとも特に復活されないま

ま、政権を担当しつづけたのであろうか。

じつはこれは、道長の権力の根拠が官職にあったのか、それとも何か別のところ（たとえば天皇家とのミウチ的結合）にあったのかという、その本質を見極めるうえでは、重大な問題なのである。

実際、道長は内覧が停止された後も『権記』によると、文書《もんじょ》の内覧という政務をつづけている。長徳四年三月十八日の仁王会《にんのうえ》の際にも、「贈太政大臣《だいじょうだいじん》（道兼《みちかね》）がおられなくなった後は、万事、左大臣《さだいじん》（道長）の指揮に随ってきた」と記されている（『権記』）。

長徳四年七月十五日に、「左府《さふ》（道長）は甚だ重く病悩しておられた。存生《ぞんじょう》されることは難しいだろう」と言われたように、たいへんな病悩に陥った道長であるが、驚くべきことに、すでにこの頃、彰子の入内に関して動きはじめている。八月十四日、行成に自分の辞表を奏上《そうじょう》させた際に、何事かの「秘事《ひじ》」を一条に奏上させたのである（『権記』）。この「秘事」は彰子の入内に関わることと考えるのが穏当であろう。

大病のなかにあっても権力構築には余念のない道長、この点はさすがである。

十一月七日条（自筆本）　藤原彰子に女御宣旨（敦康親王誕生は書かず）

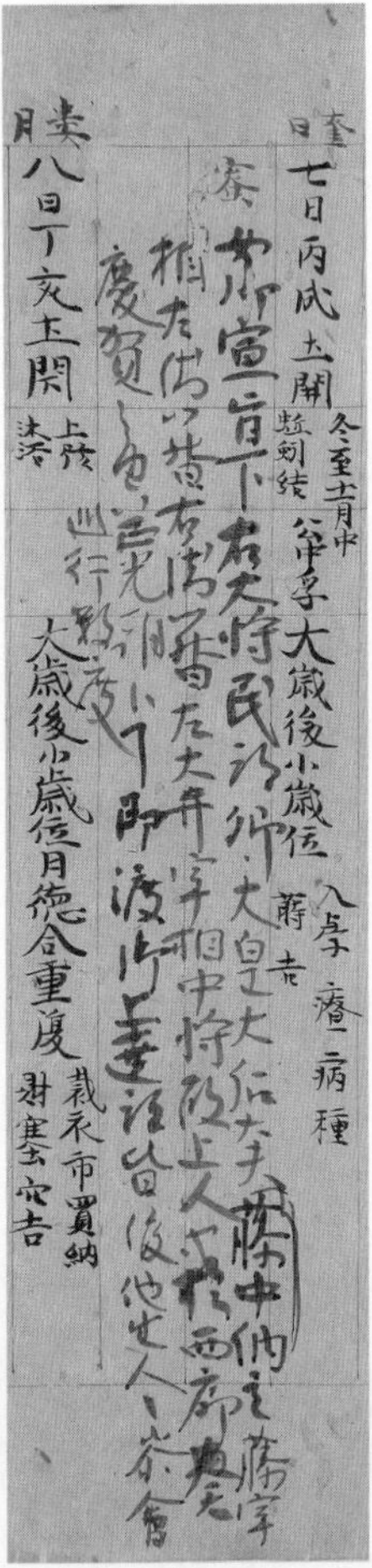

七日、丙戌、女御宣旨下、右大将・民部卿・大皇大后大夫・藤中納言・藤宰相・左衛門督・右衛門督・左大弁・宰相中将・殿上人等於西廊奏慶賀之由、以正光朝臣、了即渡御、上達部皆候、他生人々参会、巡行数

七日、丙戌。姫（藤原彰子）に女御宣旨が下った。右大将《うだいしょう》（藤原道《みち》綱《つな》）・民部卿《みんぶきょう》（藤原懐忠《かねただ》）・太皇太后宮大夫《たいこうたいごうぐうだいぶ》（藤原実資《さねすけ》）・藤中納言《とうちゅうなごん》（藤原時光《ときみつ》）・藤宰相《とうさいしょう》（藤原懐平《かねひら》）・左衛門督《さえもんのかみ》（藤原誠信《さねのぶ》）・右衛門督《えもんのかみ》（藤原公任《きんとう》）・左大弁《さだいべん》（藤原忠輔《ただすけ》）・宰相中将《さいしょうちゅうじょう》（藤原斉信）・殿上人《てんじょうびと》たちが、西廊《にしろう》において慶賀を奏上した。（藤原）正光《まさみつ》朝臣を介して奏上した。それが終わってすぐに、一条天皇は渡御してこられた。公卿は皆、伺候《しこう》した。他姓の人々も参会《さんかい》した。盃を巡行《じゅんこう》すること数度であった。

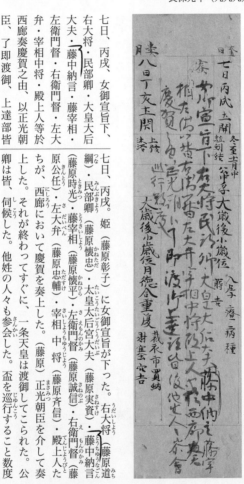

度、——

十一月一日、彰子は入内した。公卿の多くが入内の行列に付き従ったというのも、彰子の入内が宮廷に安定をもたらす要因として、公卿社会から歓迎された結果によるものであろう。彰子と一条との間に懐妊《かいにん》の「可能性」がなかったことは、誰の目にも明らかであったが、定子から皇子が生まれる前に、何とか形だけでも自分の女を一条のキサキとし、一条にプレッシャーをかける必要を、道長は感じたのであろう。

一条は、彰子を女御とするという宣旨を七日に下した。公卿たちは、「左府の気色《けしき》」によって彰子の直廬《じきろ》（宮廷内に与えられた個室）に詣で、一条ははじめて彰子の直廬を訪れたものの、すぐに還ってしまった。

ところが、何という偶然か、彰子が女御となったのと同じ七日の早朝、定子は待望の第一皇子敦康を出産していた（『権記』『小右記』）。一条は側近の行成に、「中宮が男子を誕《う》んだ。天気《てんき》（私の機嫌）は快然《かいぜん》としている。七夜の産 養《うぶやしない》に物を遣わす事は、先例によって奉仕させるように」と語ったように、その喜びを隠そうとはしなかった。また、詮子からも御釼《みはかし》が奉献されており（『権記』）、円融皇統《えんゆうこうとう》の存続に対する国母の期待のほどがうかがえる。

一方、『御堂関白記』は彰子を女御とする旨の記事ばかりで占められ、皇子誕生については何も語っていない。都合の悪いこと、関心のないことは、道長はいつも書かないのである。

なお、一行目の「藤中納言」の箇所に勾点《こうてん》が施されている。じつは時光は奏慶《そうけい》の儀に欠席している（『小右記』『権記』）。後でそれがわかって、道長は印を付けたのであろう。また、「他姓人々」は、自筆本では三行目に「他生人々」と記されている。音通というので偏《へん》を省略したものか。

また、ご覧になればおわかりになると思うが、よく道長の字は汚いと言われる。名和修氏は「格調高い字」と言われるが、いずれにせよ、個性的な字であることには違いない（自分でも「本より能書《のうしょ》に非ず」と書いている記事がある）。しかし、記主《きしゅ》の存生中から他の公卿の求めに応じて書写し、回覧されるなど、公卿社会の共有財産とされてきた『小右記』などとは違って、道長は自己の日記を他人に見せることを想定して記しているわけではない。

寛弘四年（一〇〇七）に金峯山《きんぷせん》に埋納《まいのう》した経典の字もまた、道長の書いたものと想定されているが、それはたしかに達筆と称することができる字である。つまり、道長は本気で綺麗な字を書こうと思えば書けたのであり、『御堂関白記』のみを以て字が汚い人と断じては気の毒ということになる（ほとんどの大学教員の板書の字を想定してみればよい）。それに、毎日眺めていると、なるほど「格調高い字」に見えてくるものである。

なお、平安中期の醍醐《だいご》から後朱雀《ごすざく》までの十人の天皇のキサキのうち、初産年齢がわかる十四名について調べると、彼女たちの入内年齢は、平均して十六・四歳、最低では十二歳（彰子）という若さであるのに、はじめて皇子女を出産した時の年齢は、平均すると二十一・四歳であり、最低でも十九歳に達しないと出産し得ていない。

女御とはいっても、彰子は当分は「雛遊《ひいな》び」のキサキに過ぎないのであり、いまだ道長の権力基盤は万全とは言い難かったのである。

長保二年（一〇〇〇）　彰子立后

道長としては、第一皇子を産んだ定子《ていし》に対して、彰子《しょうし》の後宮《こうきゅう》における存在意義を低下させないために、その立后《りっこう》を急がなければならなかった。長保元年（九九九）の十二月から、行成《ゆきなり》を介した秘密交渉をおこない、この長保二年の正月に一条《いちじょう》天皇にそれを認めさせることに成功した。

二月十八日、定子所生の敦康《あつやす》の百日《ももか》の儀（誕生から百日目の祝宴）が催され、一条は中宮《ちゅうぐう》定子の御在所《ございしょ》に渡御《とぎょ》した（『権記』）。これも第一皇子がすでに存在することのアピールであろうか。道長はこの件に関して、自己の日記に何も記していない。

二月二十五日、彰子立后の儀がおこなわれた（『御堂関白記』『権記』）。「女御従三位《にょうごじゅさんみ》藤原朝臣《あそん》彰子を以て、皇后《こうごう》と為《な》すべし」という宣命《せんみょう》が読み上げられ、皇后宮《こうごうぐう》（遵子《じゅんし》）職《しき》を皇太后《こうたいごう》宮職《ぐうしき》とし、中宮《ちゅうぐう》（定子）職《しき》を皇后宮職とし、新后宮《しんきさいのみや》（彰子）を中宮職とするという宮司《みやづかさ》が定められた（『権記』）。

一方、十二月十五日、定子は皇女媄子《こうじょびし》を出産したものの後産《のちざん》が下りず、翌十六日の早朝に崩じてしまう。一条は参内《さんだい》した行成に、「皇后宮《きさいのみや》はすでに頓逝《とんせい》した。甚だ悲しい」と語って悲しみを隠そうとはせず、道長の参内を命じたが、道長は土御門第《つちみかどてい》の詮子《せんし》の許《もと》に参上してしまった。しかし、じつは詮子の病は、それほど重くはなかったのである（『権記』）。

その時、前典侍《さきのないしのすけ》（女御藤原尊子《そんし》の母、つまり藤原道兼《みちかね》の元妻の藤原繁子《はんし》）という女官《にょうかん》が邪霊のために狂い、詮子の床席《しょうせき》に候じていた道長に襲いかかるという事件が起こった。その叫ぶ声は、道隆《みちたか》、あるいは道兼に似ていたという。道長は心神を失ない、「甚だ怖畏《ふい》されている様子が有った」ということであった（『権記』）。

『御堂関白記』は、長保二年は七月以降は残っておらず（四月から大病を患《わずら》い、書いていなかった）、当然ながら、定子の崩御《ほうぎょ》について、何も語っていない。もしも道長が長保二年後半にも日記を付けていたとしても、定子崩御を記してはいなかったであろうが。

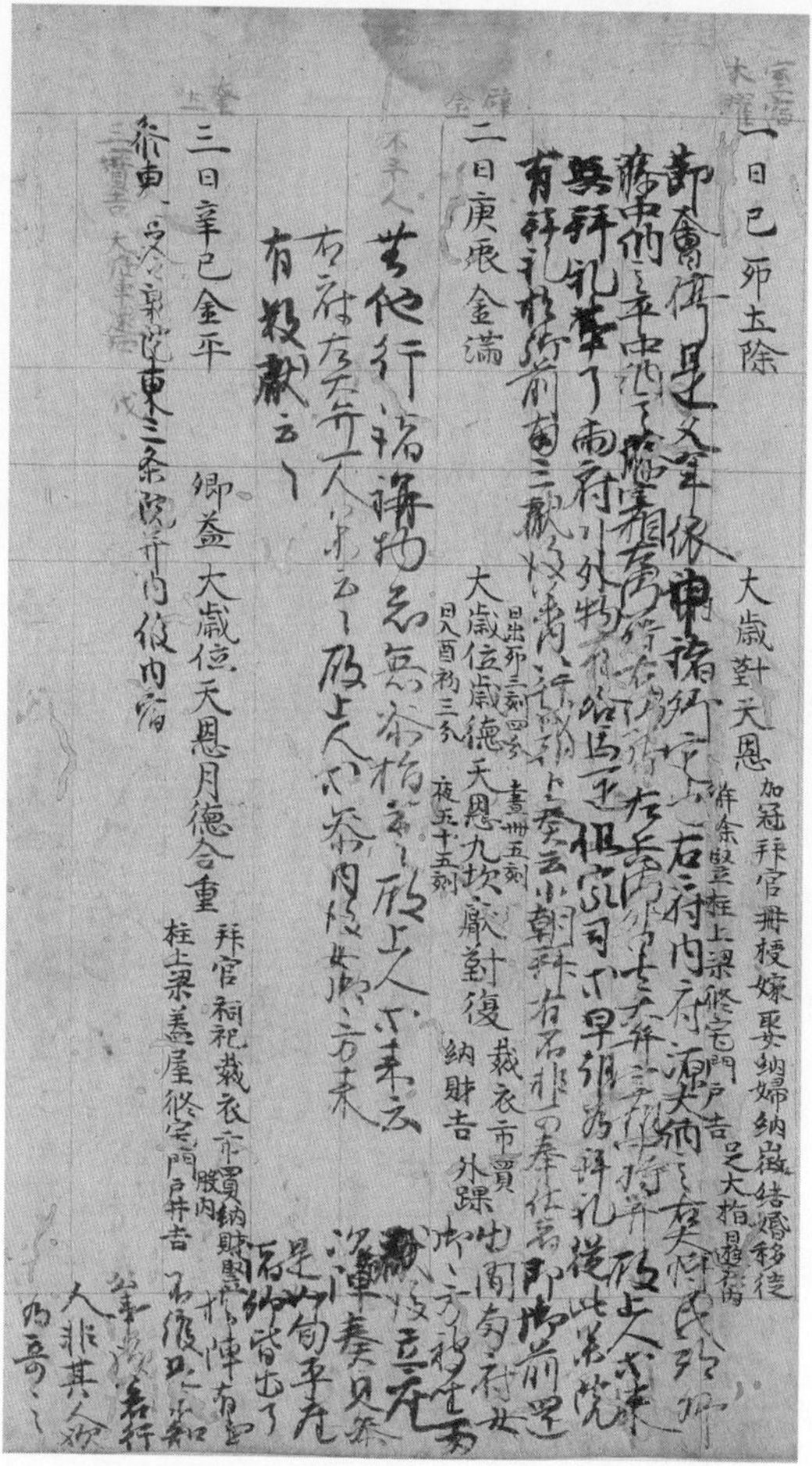

正月一日条（自筆本）　節会を停む。諸卿、見参以前に退出

一日、己卯、節会停、是久年依申諸卿定也、右府・内府・源大納言・右大将・民部卿・藤中納言・平中納言・藤宰相・左衛門督・右衛門督・左兵衛督・左大弁・宰相中将并殿上人等来、無拝礼、事了両府引外物有、各馬一疋、但家司等早朝為拝礼、従此参院、有拝礼、於御前両三献、後参内、以行成朝臣奏云、小朝拝有不、非可奉仕者、即御前還出間、両府女御々方被坐〔着〕、両献後立座、次陣、奏見参、是如旬平座、諸卿皆出了、於陣有事不候、是不

一日、己卯。元日節会《がんじつのせちえ》を停止《ちょうじ》とした。これは旧年《きゅうねん》中に諸卿が定め申したことによるものである。右大臣《うだいじん》(藤原顕光《あきみつ》)・内大臣《ないだいじん》(藤原公《きん》季《すえ》)・源大納言《げんだいなごん》(源時中《ときなか》)・右大将《うだいしょう》(藤原道綱《みちつな》)・民部卿《みんぶきょう》(藤原懐《かね》忠《ただ》)・藤中納言《とうちゅうなごん》(藤原時光《ときみつ》)・平中納言《へいちゅうなごん》(平惟仲《これなか》)・藤宰相《とうさいしょう》(藤原懐《かね》平《ひら》)・左衛門督《さえもんのかみ》(藤原誠信《さねのぶ》)・右衛門督《えもんのかみ》(藤原公任《きんとう》)・左兵衛督《さひょうえのかみ》(藤原高遠《たかとお》)・左大弁《さだいべん》(藤原忠輔《ただすけ》)・宰相中将《さいしょうちゅうじょう》(藤原斉信《ただのぶ》)、および殿《てん》上人《じょうびと》たちが、臨時客《りんじきゃく》として土御門第《つちみかどてい》にやって来た。土御門第の拝礼《はいらい》は無かった。臨時客の儀が終わって、両大臣(顕光・公季)に引出《ひきで》物《もの》が有った。各々、馬一疋であった。ただし家司《けいし》たちは、早朝、拝礼を行なった。それから東三条院《ひがしさんじょういん》(藤原詮子)の許《もと》(土御門第西《にしの》対《たい》)に参った。拝礼が有った。東三条院の御前《ごぜん》において、二、三献《こん》の宴飲《えんいん》があった。後に内裏《だいり》(一条院《いちじょういん》)に参った。(藤原)行成朝臣を介して、一条天皇に奏上《そうじょう》して云ったことには、「小朝拝《こちょうはい》は行なわれますか、どうでしょうか。私が奉仕すべきことではありません」と。すぐに天皇の御前から退出《たいしゅつ》しようとすると、両大臣が、女御(藤原彰子)の上御局《うえのみつぼね》にいらっしゃった。二、三献の宴飲の後、座を立った。次に陣座《じんのざ》に着し、見参簿《げんざんぼ》を奏上した。これは旬政《しゅんせい》の平座《ひらざ》

知公事歟、若行人非其人
歟、為奇々、

と同じであった。諸卿は、皆、退出した。陣座において見参簿の奏上が有ったのに、諸卿は伺候《しこう》しなかった。これは諸卿が儀式《ぎしき》を知らなかったのであろうか。もしかしたら、儀式を主宰する私が、それに相応《ふさわ》しくはないのであろうか。不審に思った、不審に思った。

この年、道長は三十五歳。政権を獲得してから五年目の元日であった。恒例《ごうれい》の元日節会は取りやめとなったのだが、参入《さんにゅう》した公卿《くぎょう》の見参簿（出席簿）を一条に奏上しようとしたところ、公卿たちは道長を残して退出してしまったというのである。明らかに公卿たちの失態なのであるが、道長は、これは儀式を主宰する自分が、それに相応しい人間ではないからであろうかと、不審に思っている。この弱気な態度もまた、道長の本質の一端を表わすものである。こういった心の動きは、誰しもあることではあるが、日本史上最高の権力を手に入れた道長にしてこうであるかと思うと、人間というものの本質を考えさせられてしまう。

それはさておき、この日の記事で特徴的なことが三つある。

一つには、当て字である。一行目で「旧年」を「久年」と書いたり、三行目で「引出物」を「引外物」と記したりしている。前者は音通によるもの、後者は意味から誤記してしまったものか。ただ、道長は「出る」という意味の動詞として「外」という字を使うことはよくある。

二つ目には、文字の抹消についてである。実務官人のことを「刀筆《とうひつ》の吏《り》」というが、これは間違えた文字を摺り削るための小刀を持ち歩いていたことによるものである。ところが『御堂関白記』の場合、間違えた文字の上から、正しい文字を記してしまうこと（塗抹《とまつ》と言うらしい）が多いので、元の字も新たな字もよく読めないということも起こってくる。時には間違えた文字のまわりを丸く囲み、その横に新たな字を書いたり、また数本の線で間違えた文字を抹消し、その後に新たな字を書いたりすることもあるが、基本的には元の字の上に書くことが多い。

この日の記事では、一行目の八文字目は「諸」と書いて、その上から「申」と書いているのは、まだわかりやすいが、三行目の四文字目（「事」）などは、下に何と書いてあったのか、判読し難い。

そうなると、先に挙げた彰子立后の雑事《ぞうじ》を安倍晴明《あべのはるあきら》に勘申《かんじん》させたものの、その部分を慌てて抹消した長保二年（一〇〇〇）正月十日条の抹消の特異性が浮かび上がるのである。

三つ目に指摘したいのは、五行目以降である。通常、日付と日付の間の二行の間明《まあ》きに四行にわたって記事を書くことの多い道長であるが、当然ながら、それではスペースが足りない場合が出てくる。後に述べるように、寛弘元年（一〇〇四）二月五日条からは紙背《しはい》に記事を記す裏書《うらがき》が見られるが、まだこの長保二年の段階では、紙背に裏書というものを書くという発想がなかったのであろうか、一日条のスペースを使いきった道長は、二日条の下部と三日条の下部になだれ込んで、つづきを書いている。

二日条と三日条は記述が少なかったから、これで助かったと考えるべきか、スペースが少ないので二日条と三日条は少ししか書かなかったと考えるべきか、はたまた、一日条、二日条、三日条は同じ日につづけて記したと考えるべきか、さまざま考えさせられる例である。

なお、裏書を記すようになった寛弘元年以降も、このような例は何度も出てくる。裏書というのは、表に書ききれなかったからつづきを紙背に書くというものばかりとは限らず、表に書きたい事柄は何としても表に書き、裏に書きたい事柄は何としても裏に書くという傾向が見られるのである。

二月十一日条（自筆本）　藤原定子、内裏参入

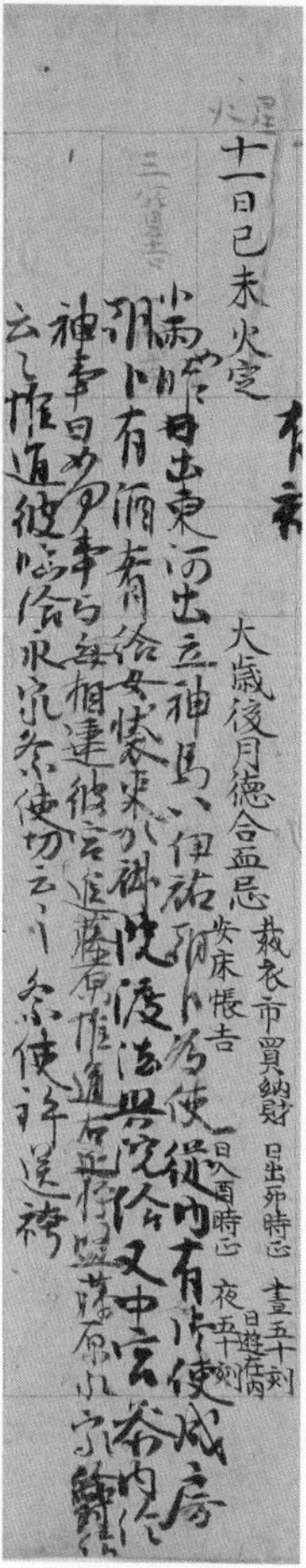
十一日己未火定
大歳後月徳合盃忌
裁衣市買納財
安床帳吉
日出卯時正
日入酉時正
晝五十刻
夜五十刻
日遊在内

十一日、己未、小雨如昨日、出東河出立神馬、以伊祐朝臣

十一日、己未。小雨は昨日と同じであった。鴨川《かもがわ》に出て、春日社《かすがしや》に神馬《じんめ》使《し》を出立《しゅったつ》させた。（藤原）伊祐《これすけ》朝臣を使者とした。内《うち》（一条天

臣為使、従内有御使、成房朝臣、有酒肴、給女装束、加掛、院渡法興院給、又中宮参内給、神事日如何、事与毎相違、彼宮進藤原惟通・右近将監藤原永家爵給云々、惟通彼臨給、永家祭使功云々、祭使許送袴、

皇）から御使が有った。（藤原）成房《なりふさ》朝臣であった。酒肴《しゅこう》を賜わった。女装束《おんなしょうぞく》を下賜《かし》した。袿《うちき》を添えた。東三条院（藤原詮子）は、法興院《ほこいん》に渡られた。また、中宮（藤原定子）が内裏（一条院）に参入された。神事《しんじ》の日に参入されるというのは、如何《いかが》なものであろうか。春日祭《かすがのまつり》の神事は、通常と相違してしまった。「天皇は、あの宮（定子）の進《しん》の藤原惟通《これみち》と右近将監《うこんのしょうげん》藤原永家《ながいえ》に爵《しゃく》を賜わった」ということだ。「惟通は中宮の臨時給《りんじきゅう》、永家は祭使《さいし》の功であった」ということだ。春日祭使《かすがさいし》（源頼定《よりさだ》）の許《もと》に袴《はかま》を送った。

彰子の立后は正月二十八日に正式に決定し（正月十日条の抹消部分と同じく、雑事を定め、晴明を召して日時を勘申させている）、彰子は立后宣命《せんみょう》を聞くために、二月十日に一条院内裏から退出することになった（二月二十五日に立后の儀がおこなわれた）。

ところが、一条の方は、驚くべき行動に出た。彰子の内裏退出を見越して、九日、定子に十一日に参内するよう伝えたのである（『権記』）。十日、彰子がいったん二条第《にじょうてい》に退出すると、十一日、一条は彰子の許に勅使《ちょくし》を遣わしておいたうえで、定子を内裏に参入させた。

この十一日の『御堂関白記』の記述は、定子が春日祭の日に内裏に参入したことによって、神事が違例《いれい》（先例と異なること）となってしまったということ、また一条が定子の宮司に叙位《じょい》をおこなったことを非難したものである。

そこからは道長の露《あら》わな不快感が読み取れるが、それは定子が三たび懐妊《かいにん》することへの恐怖感の裏返しであった。一条としては、最愛の定子を内裏に参入させて「寵愛《ちょうあい》」することが、せめてもの道長への抵抗だったのであろう。一条は十四日に定子の許に渡御しているが、彰子立后のことを定子にどのように語ったのであろうか。

この日の記事の冒頭、道長は、いったん「小雨昨如」と書いて、これでは漢文として意味が通らないと思ったのか、「如」の上に「日」を重ねて書き、「雨」と「昨」の間に「如」と傍書《ぼうしょ》して、「小雨如昨日」としている。これが『御堂関白記』の通常の文字の訂正方法である。

二月十八日、敦康の百日の儀が催され、一条は定子の御在所に渡御した（『権記』）。道長はこの件に関しても、『御堂関白記』に何も記していない。

二月十四日――十六日条（自筆本・古写本〈平定家筆〉）　月蝕／法興院行幸召仰

自筆本

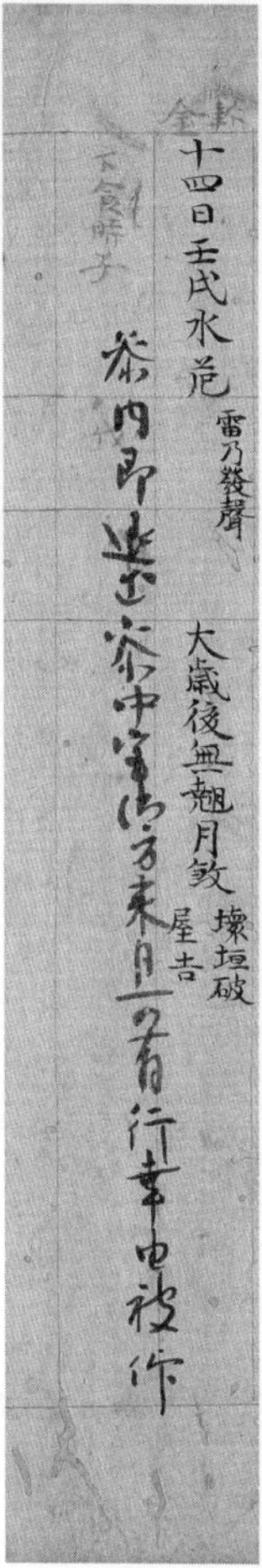

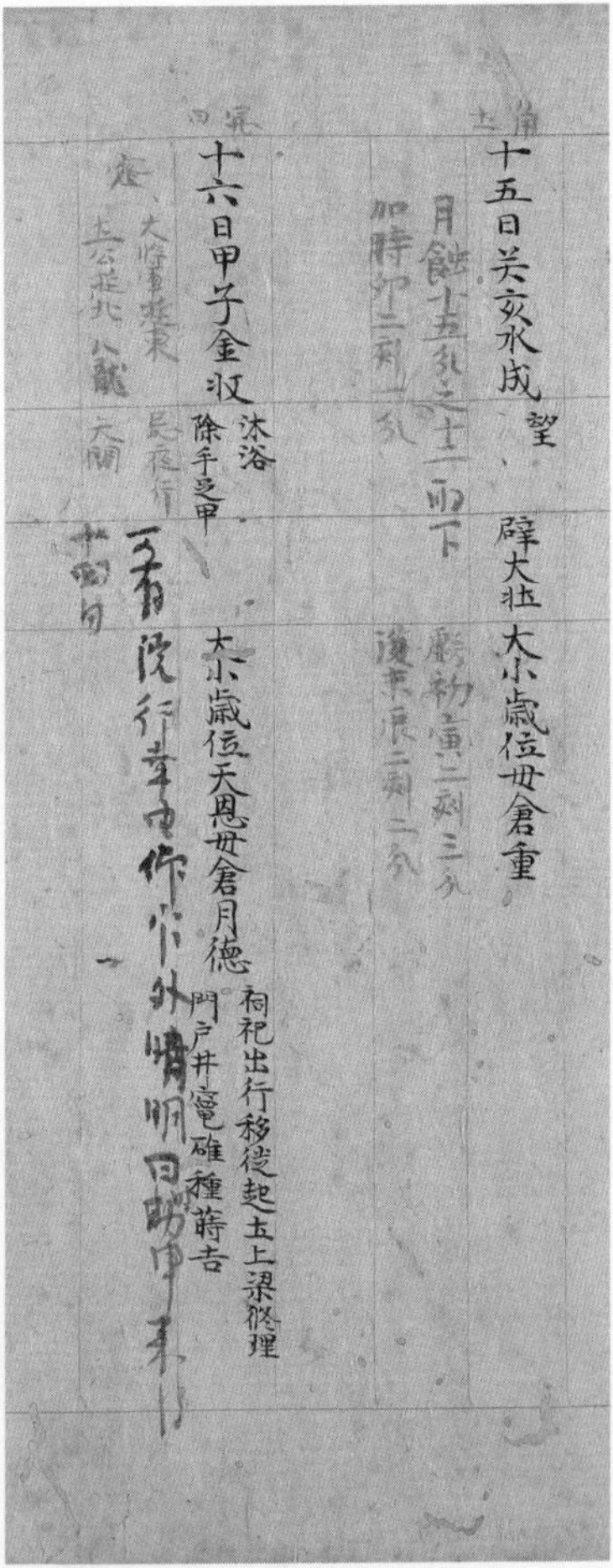
十五日癸亥水成　望　辟大壮　大小歳位母倉重
月蝕十五分之十一　雨下　虧初寅二刻三分
加時卯二刻一分　復末辰二刻二分
十六日甲子金収　沐浴　除手足甲　大小歳位天恩母倉月徳　祠祀出行移徙起土上梁修理　門戸井竈碓種蒔吉

古写本

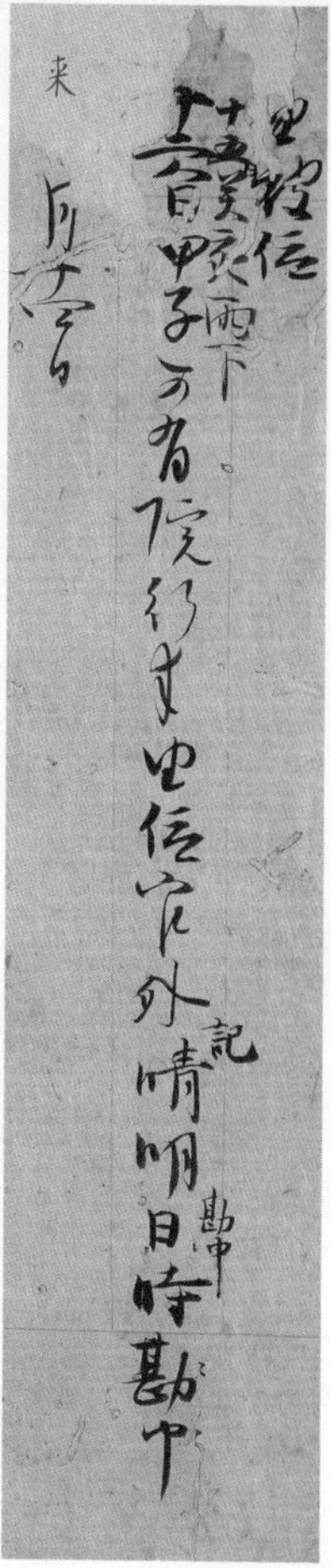

十四日、壬戌、参内、即退出、参中宮御方、来月可有行幸由被仰、
十五日、癸亥、「月蝕十五分之十二、欠初寅二刻三分、加時卯二刻一分、復末辰二刻二分、」雨下、
十六日、甲子、可有院行幸由仰官外、晴明日〔時〕勘申来月十四日、

十四日、壬戌。内裏に参った。すぐに退出した。中宮の御在所（一条院北二対《きたのにたい》）に参った。そこで一条天皇は、来月、法興院に行幸《ぎょうこう》を行なわれるということを仰せられた。

十五日、癸亥。「月蝕《げっしょく》は十五分の十二。欠け始めは寅《とら》二剋三分、戻り始めは卯《う》二剋一分、末に復するのは辰《たつ》二剋二分。」雨が降った。

十六日、甲子。法興院に天皇の行幸が有るということを、太政官《だいじょうかん》の外記《げき》に命じた。（安倍）晴明が、日時を来月十四日と勘申した。


東三条院詮子が御在所としている法興院に一条天皇が行幸することが十四日に決められ、

十六日に晴明に日時を勘申させたという記事である（結局は停止となったが）。

それよりも、ここで注目したいのは、十五日条の月蝕についてと、古写本《こしゃほん》の書写についてである。

先に述べたが、道長が日記を記している具注暦《ぐちゅうれき》は、前年の十一月までに造られたものであるる。月蝕の詳細は、すでに前年に具注暦に記されていたものであり、当時の天文学のレベルの高さがわかる。自筆本《じひつぼん》の十五日条では、天文博士《てんもんはかせ》が記した月蝕に関する朱書《しゅしょ》が確認できる。道長は朱書の上に重ねて自分の日記を記すことが多いため、朱書が見づらくなることが多いのであるが、この日は月蝕の朱書を尊重したためか朱書の間に記事を記しているので、朱書がはっきりと見える。

「雨下、」という記事は、よく見ると墨が薄い。もしかしたら十六日の記事を書いた後で、思い出して書いたのであろうか。

むしろそれよりも、古写本だけを見ると、月蝕については読み取れない点が重要なのである。

古写本の書写者である平定家は、十四日、十六日の記事を記した後、具注暦の十五日の箇所にある月蝕に関する朱書の間にある記事に気づいたようである。古写本では、自筆本で記事のある日だけを書写するので、十五日に記事がないと思ってしまい、十四日の記事から十六日の記事まで飛んでしまった。

しかし、十五日の朱書と、その間の記事に注目した結果、十四日と十六日の行間に、十五日の日付（「十五日」の「日」を抜かして、後で補っている）と干支《かんし》、そして記事を差し込んでいる。それは、「雨下、」というものであったが、普通の日であれば、雨が降ったというだけの記事だったのである。しかし、この日に限っては、意味が違う。「雨が降ったことによって、月蝕が正現《せいげん》しなかった」という意味だったのである。

月蝕は天文変異《てんもんへんい》とされ、正現すれば天文密奏《てんもんみっそう》という儀式が必要となってくる。道長が月蝕や日蝕《にっしょく》に強い関心を示すのも、一つには儀式の主宰者としての使命感によるものである。

さすがに長い朱書を書写するのは面倒だったのであろう。古写本では、間にあった「雨下、」という記事だけを書写している。それにしても、長保二年の春夏は自筆本も古写本も残っていたので、以上のことがわかるのであるが、もしも古写本しか残っていなかったならば、我々は、ただ十五日に雨が降ったんだなあ、としかわからなかったのである。古写本が自筆本の記事を一日分まるまる写し忘れ、慌てて行間に差し込むことは、よくあることなのである（現に二月二十二日の記事を書写するのを忘れて、慌てて二十一日と二十五日の行間に差し込んでいる）。

また、古写本の二月十六日条をご覧いただきたい。道長の記した自筆本では、「官外記」の「記」を書き忘れていたが、古写本では「外」と「晴明」の間に傍書《ぼうしょ》している。同様、「勘申」という動詞は主語の次に来るのが正しい漢文であるが、自筆本では「日時」の次に記してしまった。古写本では自筆本と同じ位置に「勘申」を記したうえで、傍に「〻」を付して「見せ消ち」とし、正しい位置に「勘申」を傍書している。こういう例はよくあることで、自筆本が残っていなくて古写本だけの年であっても、こういう記述を見つけると、自筆本の誤りを訂正したのだなと推定できるのである。

なお、自筆本では道長は「晴明」と書こうとして、先に「明」と書いてしまい、その上に「晴」を書いている。「晴」を書く際に頭の中で次の「明」がよぎってしまったのであろう。

三月二十日―二十七日条（自筆本）　石清水八幡宮・住吉社・四天王寺参詣／墨継ぎ

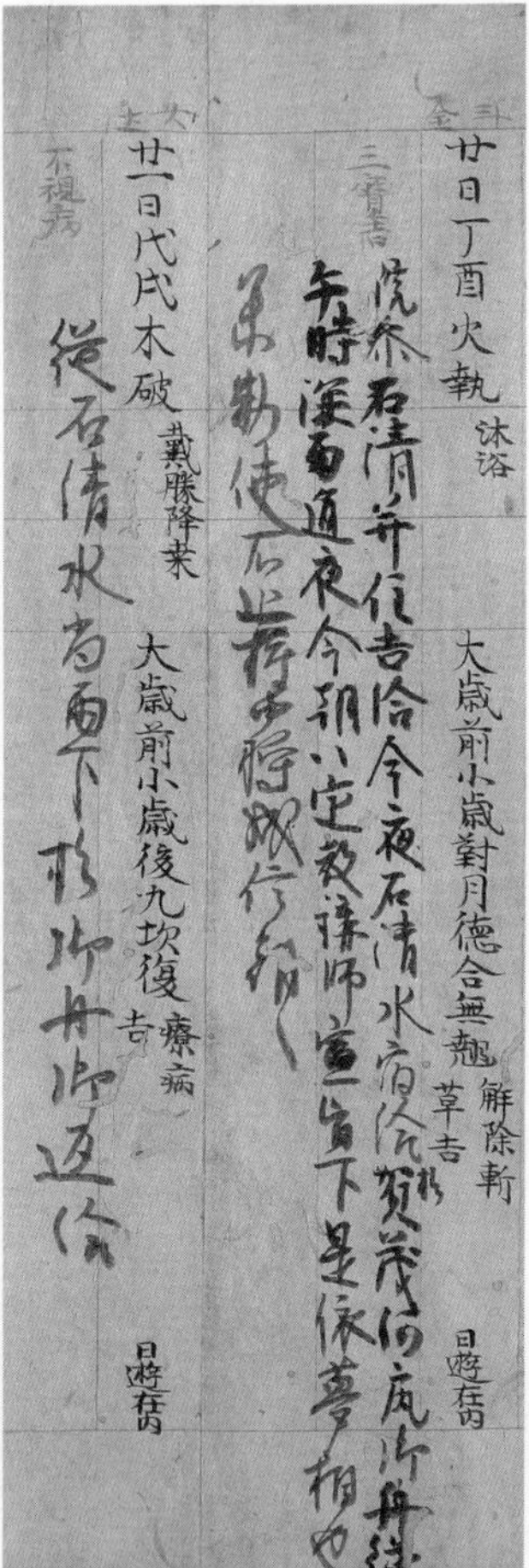

廿二日己亥木尅　沐浴

橋康

大歳前重後　嫁娶納婦裁衣
市買納財吉

日出卯初三刻　晝五十五刻
日遊在内
日入酉三刻四乳　夜卅五刻

廿三日庚子土成　下弦　沐浴
後攘内　大歳前歳徳婦忌　祠祀謝土修理
斬草吉

第位吉修同日向天王寺一門ー音樂又役供

發後葦程

廿四日辛丑土坼　除手甲

大歳前　市買納財
種蒔吉

日遊在内

所舟有動决左正申得復定祁ヽ

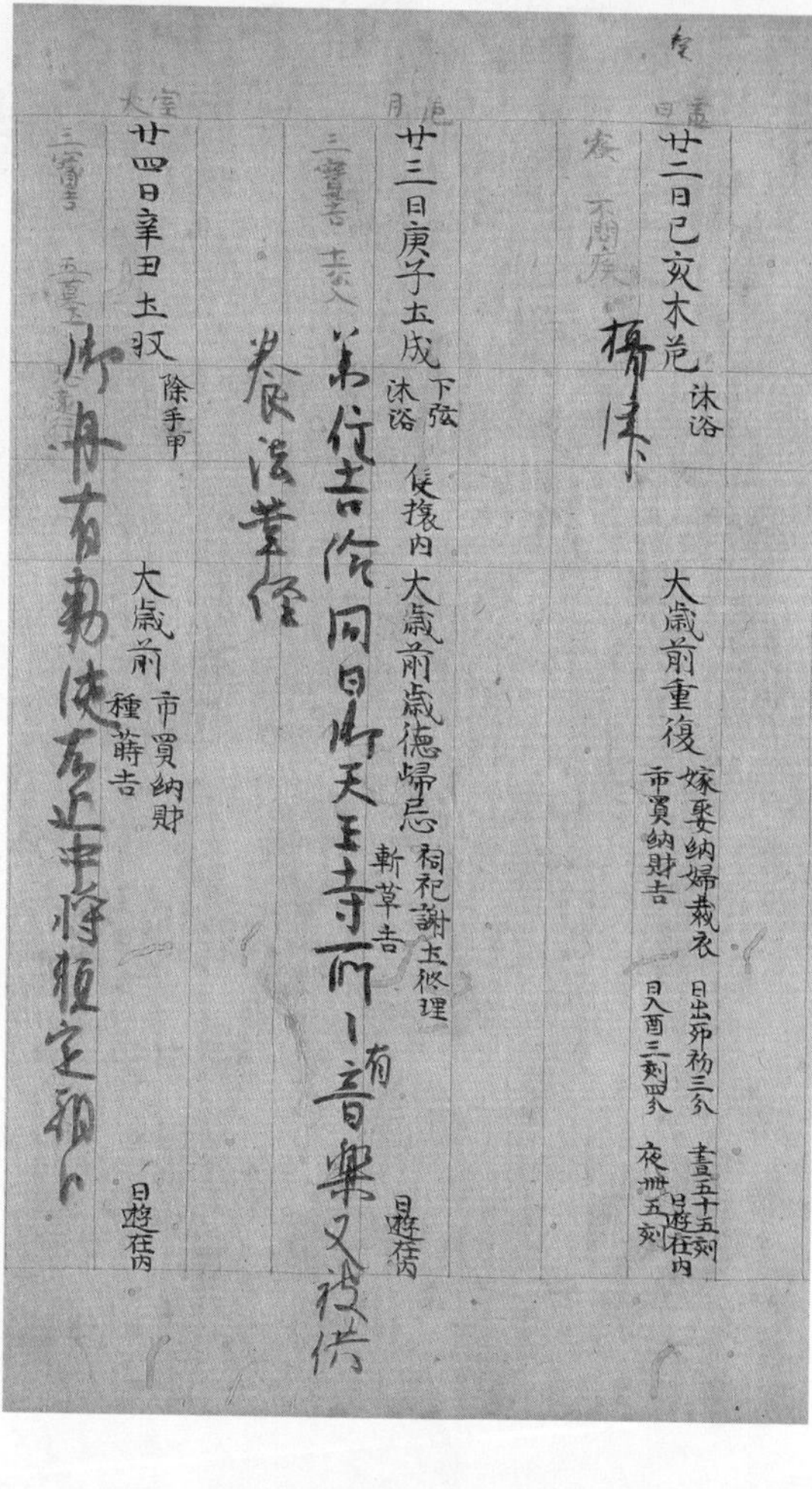

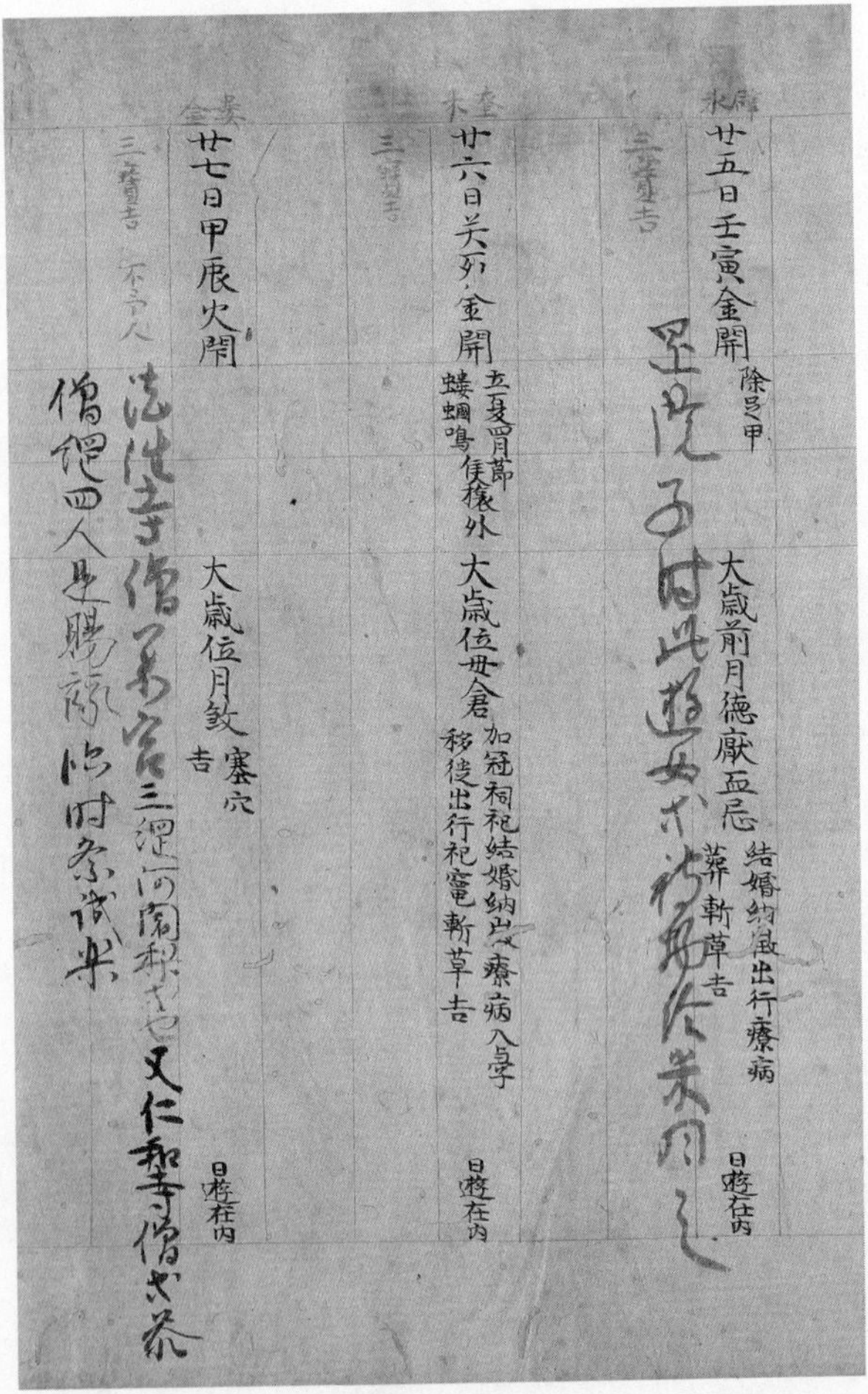

廿五日壬寅金開　除手甲
大歳前月徳厭血忌　結婚納徴出行療病　葬斬草吉
日遊在内

廿六日癸卯金開　土王用事　螻蟈鳴　侯豫外
大歳位母倉　加冠祠祀結婚納徴療病入學　移徙出行祀竈斬草吉
日遊在内

廿七日甲辰火閉
大歳位月殺　塞穴吉
日遊在内

廿日、丁酉、院参石清幷住吉給、今夜石清水宿給、《於》賀茂河尻御舟、従午時深雨通夜、今朝以定教講師宣旨下、是依夢相也、参勅使右近権中将成信朝臣、
廿一日、戊戌、従石清水、尚雨下、於御舟御返給、
廿二日、己亥、摂津、
廿三日、庚子、参住吉給、同日御天王寺、所々《有》音楽、又被供養法華経、
廿四日、辛丑、御舟有勅使、右近中将頼定朝臣、
廿五日、壬寅、還院、子時、此遊女等被物給、米同之、

二十日、丁酉。東三条院（藤原詮子）が、石清水八幡宮《いわしみずはちまんぐう》、および住《すみ》吉社参詣《よししゃさんけい》に出立された。今夜は、石清水八幡宮に宿された。鴨川《かもがわ》の川尻《かわじり》において舟に乗られた。午《うま》の後剋《ごこく》から、大雨が夜通し降った。今朝、定好《じょうこう》を興福寺《こうふくじ》維摩会《ゆいまえ》講師《こうじ》とするという宣旨《せんじ》を下した。これは夢想《むそう》によるものである。一条天皇の勅使として、右近権中将《うこんのごんのちゅうじょう》（源）成信《なりのぶ》朝臣が東三条院の許に参った。

二十一日、戊戌。石清水からの道中、まだ雨が降っていた。東三条院は、御舟において天皇への御返り事《かえりごと》を賜わった。

二十二日、己亥。東三条院は摂津《せっつ》に宿された。

二十三日、庚子。東三条院は住吉社に参詣された。同日、四天王寺《してんのうじ》にいらっしゃった。所々で音楽《おんがく》が有った。また、法華経《ほけきょう》を供養《くよう》された。

二十四日、辛丑。東三条院の御舟に天皇の勅使が到った。右近中《うこんのちゅう》将《じょう》（源）頼定朝臣であった。

二十五日、壬寅。東三条院は、京に還啓《かんけい》された。子《ね》剋であった。この日、私は遊女《ゆうじょ》たちに被物《かずけもの》を下賜した。米も同じく下賜した。

廿七日、甲辰、法往寺僧参宮、三綱・阿闍梨等也、又仁和寺僧等参、僧綱四人、是賜禄、臨時祭試楽、

二十七日、甲辰。法性寺《ほっしょうじ》の僧が、中宮（藤原彰子）の許に参った。三綱《さんごう》や阿闍梨《あじゃり》であった。また、仁和寺《にんなじ》の僧たちも参った。僧綱《そうごう》四人であった。私はこれらに禄《ろく》を下賜した。石清水《いわしみず》臨時祭《りんじさい》の試楽《しがく》が行なわれた。

東三条院詮子が石清水八幡宮・住吉社・四天王寺参詣の行啓《ぎょうけい》をおこなった一連の記事である。道長はこれに付き従っている。

あいかわらず、二十日条で「石清水」を「石清」、二十五日条で「此日」を「此」というように字を抜かしていたり、二十日条で「定好」を「定教」、二十七日条で「法性寺」を「法往寺」と書き誤っている。また、その文体も、「今夜石清水宿給、」など、正格の漢文と比較すると文法がめちゃくちゃである（本来ならば「今夜宿給石清水、」と記すべきところか）。

しかし、ここで指摘したいのは、墨継ぎの問題である。普通、毎日日記を記すとなると、その日の冒頭の箇所で筆に墨を付け、段々と墨が薄くなっていき、一日の記事が短い場合はそれで最後まで一気に記してしまうが、一日の記事が長い場合には途中で何度か墨を継ぐのが、通常の手順であろう。

ところがこの場合、二十日条の「院参石清」から記しはじめ、二十日条では墨継ぎをせずに徐々に薄くなっていき、そのまま二十一日条、二十二日条（「摂津」だけだが）と記して

いる。二十三日条の「参住吉給」で新たに墨を付けたかは微妙なところであるが、その後は二十四日条、二十五日条、二十七日条の「法往寺僧参宮」までは一気に書いている感じである。そして二十七日条の「三綱・阿闍梨等也、」から線が細くなり（違う筆に替えたのであろうか）、「又仁和寺僧等」で新たに墨を付けている。

これが何を意味するかは、おわかりであろう。道長は摂津から帰京してから、この数日間の記事を一気に書いたということである。つまり数日間は具注暦を持たずに摂津に出かけていたのである。

また、『御堂関白記』自筆本では、これら一連の記事のように、間明きにある暦注《れきちゆう》の朱書を避けて記事を記す場合と、朱書の上に重ねて記す場合とがある。したがって、行のはじまりの位置は日によってまちまちであり、一行に記す字数も日によって異なることになる。その区別はどうもないようで、その日の気分によって、好きな場所から書きはじめたようである。

寛弘元年（一〇〇四）　頼通春日祭使

道長は三年半ぶりに日記を記しはじめた。そしてこれ以降、連続して記録しつづけることになるのである。前年の長保五年（一〇〇三）に元服《げんぷく》した嫡男《ちやくなん》の頼通《よりみち》が、この寛弘元年正月に昇殿《しようでん》を聴《ゆる》され、二月に春日祭勅使《かすがさいちよくし》として奈良《なら》に下向《げこう》するなど、ようやく「後継者」が歩みをはじめたことが、その契機となっているものと考えられる。

（上）春日社　（下）春日祭勅使

なお、一条《いちじょう》天皇の生母で、道長政権を支えつづけていた同母姉の東《ひがし》三条院《さんじょういん》詮子《せんし》も、すでに長保三年（一〇〇一）に崩じている。一条は一人で王権を担うことになり、一条と道長は二人だけで政務を総攬《そうらん》しなくてはならなくなったのである。

この寛弘元年の夏は炎旱《えんかん》がつづき、七月十日、ついに一条は清涼殿《せいりょうでん》の庭中《ていちゅう》において雨を祈るという挙に出たものの、炎旱は止まず、七月二十日、寛弘と改元された（『御堂関白記』）。

この年、道長は一条を神社行幸《ぎょうこう》に連れ出した。まず十月十四日に松尾社《まつのおしゃ》、ついで二十一日に平野《ひらの》・北野《きたの》両社に行幸をおこなっている（『御堂関白記』『権記』）。松尾社と北野社は、天皇としては初度の行幸である。道長が兼家《かねいえ》の時代の春日行幸、道隆《みちたか》の時代の大原野《おおはらの》行幸にならい、初度行幸によって執政者としての権威を確立しようと企図《きと》したものであろう。

二月六日条（自筆本・古写本〈平定家筆〉）　頼通、春日祭使／藤原公任・花山院と和歌の贈答

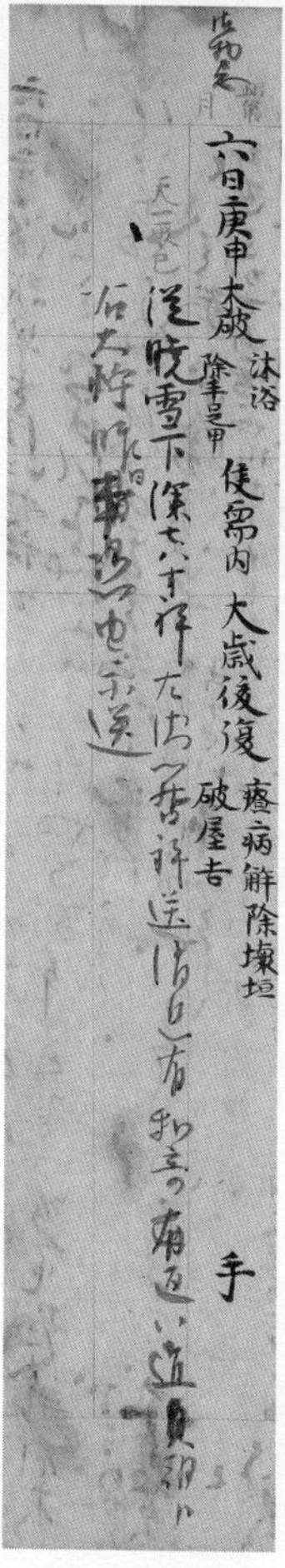

自筆本表

自筆本裏

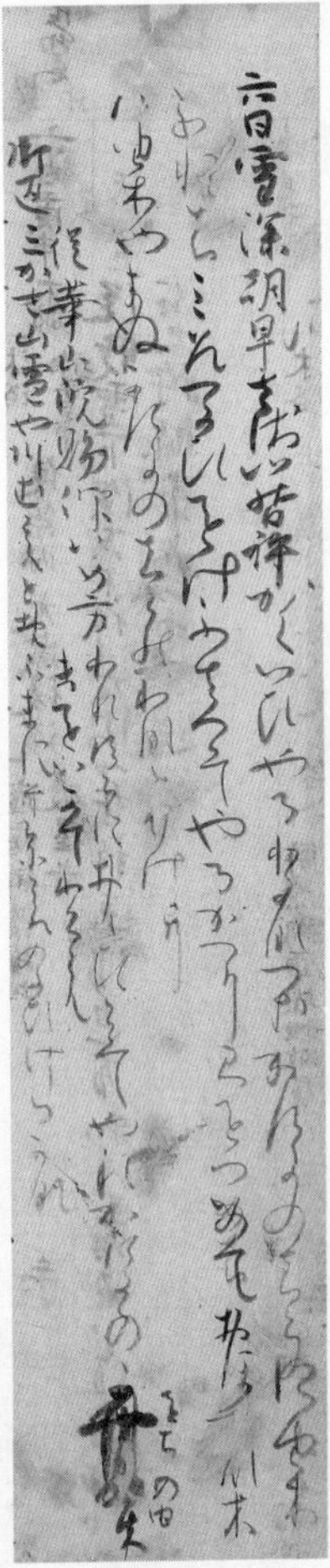

古写本

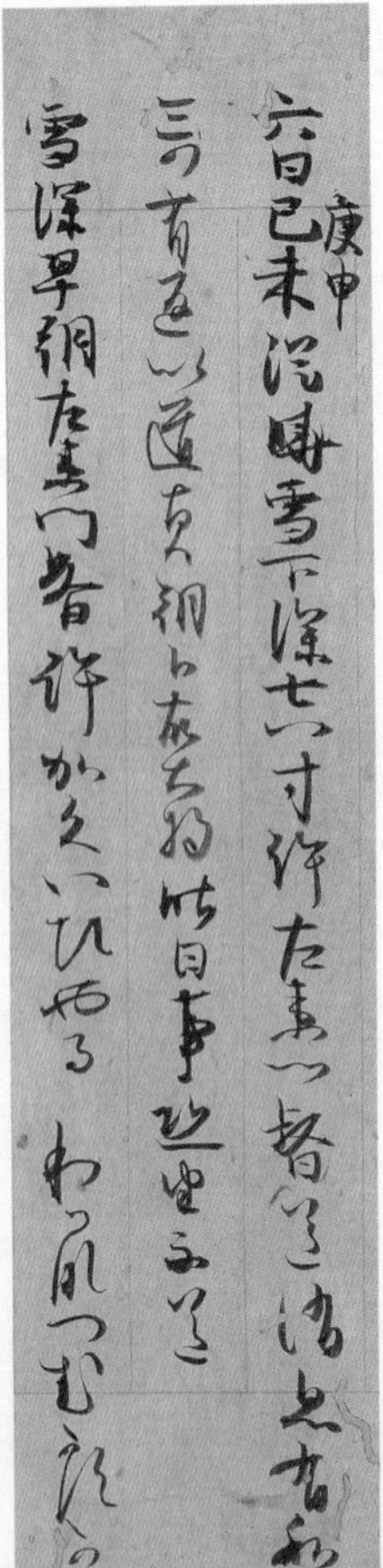

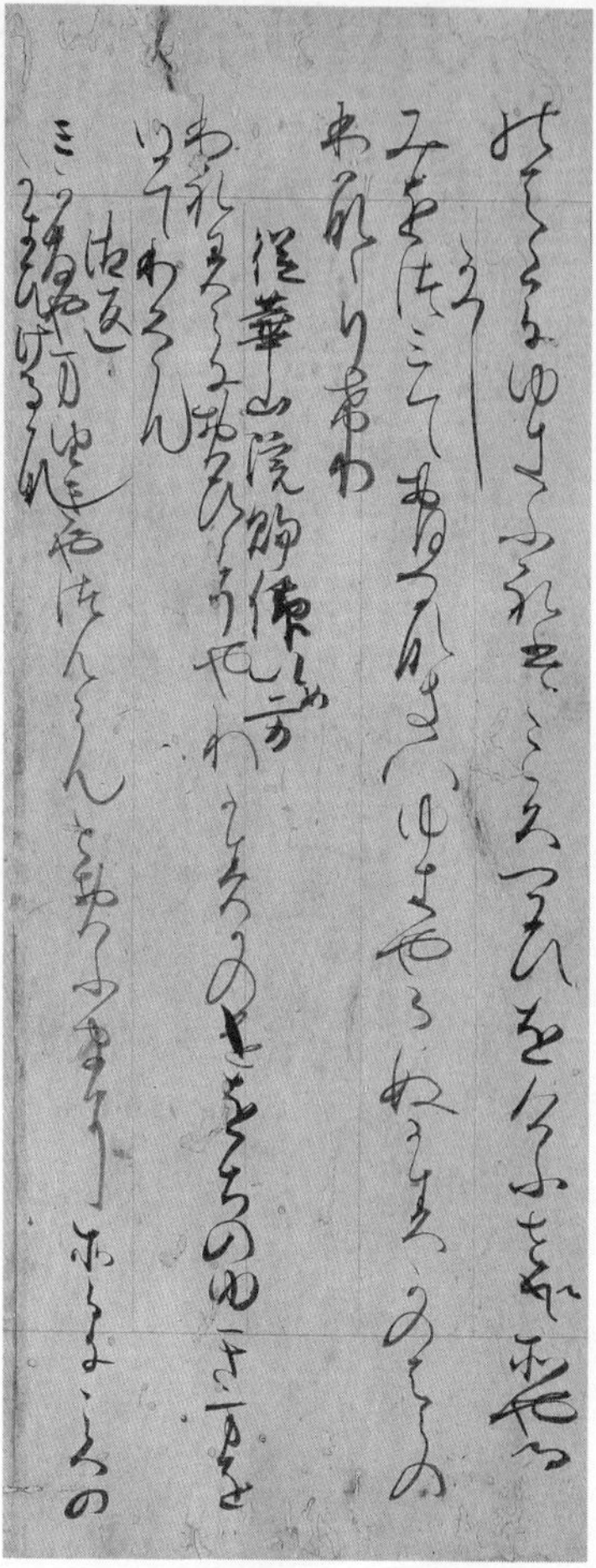

六日、庚申、従暁雪下、深七八寸許、左衛門督許送消息、有和奇、有返、以道貞朝臣、右大将昨日事恐由示送、
六日、雪深、朝早レ左衛門督

六日、庚申。暁方から雪が降った。深さ七、八寸ほどであった。左《さ》衛門督《えもんのかみ》（藤原公任《きんとう》）の許《もと》に書状を送った。和歌を添えた。返《かえ》り事《ごと》が来た。（橘《たちばなの》）道貞朝臣《みちさだあそん》を遣わして、右大将《うだいしょう》（藤原実資《さねすけ》）に昨日の参列の感謝を伝え送った。

六日。雪が深い。早朝、左衛門督の許へこのように云って送った。

若菜摘む春日《かすが》の原に雪降れば心遣《こころづか》ひを今日さへぞやる

許かくいひやる、わかなつむかすかのはらにゆきふれはこゝろつかひをけふさへそやる、かへり、みをつみておほつ　なきはゆきやまぬかすかのはらのわなゝりけり、

従華山院賜仰、以女方、われすらにおもひこそやれかすかのゝ~~雪の~~《をちのゆ》きまをいかてわくらん、

御返、三かさ山雪やつむらんとおもふまにそらにこゝろのかひけるかな、

（＝若菜を摘む春日の原に雪が降ったので、若君が難儀なことであろうと、今日も気遣われることだ）

その返り事は、

身をつみておぼつかなきは雪やまぬ春日の原の若菜なりけり

（＝我が身にあてても心配されますのは、雪の降りやまぬ春日の原で若菜摘みができるかどうかと案じておられますあなた様のお気持ちです）

花山院《かざんいん》から仰せを賜わった。女房《にょうぼう》を遣わして贈られた。

我すらに思ひこそやれ春日野のをちの雪間をいかで分くらん

（＝この私でさえも案ぜられますよ。春日野の遠い雪間を若君がどのように踏み分けていくことかと）

私の返り事は、

三笠山《みかさやま》雪や積むらんと思ふ間に空に心の通ひけるかな

（＝三笠山に雪が積もっているだろうと思っている間に、空に心が通ったことでしょう）

十三歳の嫡男頼通が勅使《ちょくし》となった春日祭《かすがのまつり》当日の記事。自筆本《じひつぼん》の表には、雪が深かったこと、公任と和歌の贈答があったこと、実資に昨日の祭使出立《さいししゅったつ》の儀への参会の御礼を述べたこ

とを記し、裏書《うらがき》には、花山院（一条天皇の一代前の天皇）との贈答も含めて、和歌をまとめて仮名で記している。

表にまだスペースがあるにもかかわらず紙背《しはい》に記している点、紙背にも「六日」という日付を記している点から、和歌をまとめて紙背に記そうとした意図がわかる。古記録における裏書というものの機能がよくうかがえる例である。なお、五日の裏書は、表の記述の文章の途中で紙背につづけて記しており、単に表に書ききれなかったために紙背に記したものであろう。『御堂関白記』の裏書は、この五日が最初のものである。

なお、裏書をはじめる際には、もう一度日付を記す場合と、記さない場合がある。その区別は不明で、その時の気分によるものとしか考えられない。

六日条の紙背の左側には五日の分の裏書が記されており（裏書では左側ほど日付が前になる）、六日の分を記すスペースは限られていた。花山院からも和歌が届き、それに返歌を送ったことは想定外だったようで（何故に花山院が公任と道長との和歌の贈答を知ることとなったのかは、興味深いところであるが）、少ないスペースに小さな字で無理矢理に記している。

脱字が多いのはいつものことであるが、何度も和歌の字句を書き替えているということは、日記を記す際にも和歌の推敲《すいこう》をおこなったのであろうか。花山院からの和歌も、いったん「雪の」と書いてから抹消線を引き、「をちのゆ」と記しているが、どのような事情があったのであろう。

六日の表の記事の上に「、」が記されているが、これははじめて連続した日付で裏書を記すに際して、六日の箇所はこの辺であるとの「あたり」だったのであろうか（三橋順子氏のご教示による）。

これに対し、和歌をまとめて裏書に記そうという道長の意図など斟酌《しんしゃく》しない古写本《こしゃほん》では、表にあった記述（干支《かんし》を誤記している）につづけて裏書の記述を記している（一応、裏書にあたるところで行替えはしているが）。その結果、雪が深かったこと、公任と和歌の贈答をおこなったことが二度も記されており、いささか不自然である。当然、裏書にあった「六日」という日付は記されていない。

なお、自筆本の記述や形式を案外に重視する古写本では、年紀を長保六年としている。日記を記す具注暦《ぐちゆうれき》は前年のうちに造られるので、改元のある年は前の年号が付けられているのである。

花山院との和歌の贈答も、古写本はスペースが無限にあるのであるから、もう少しゆったりと書いてもよさそうなものなのに、自筆本の窮屈な書き方を尊重したのか（紙継ぎの箇所にあたっていたためかもしれないが）、何となく窮屈に記しているように見えるから面白い。

ちなみに、六日の裏書をスペースいっぱい使って記してしまった道長は、七日（春日祭使還饗《かえりあるじ》／藤原綏子《すいし》薨去《こうきょ》）にはもう裏書を記すのは無理だと考えたのか、表の二行の間明《まあ》きに無理に五行、書いている。

また、自筆本と古写本の仮名（草仮名《そうがな》）表記の違いは、両者の時代差も含めて、国語学の重要な史料となっていることも、付記しておこう。この本ではすべて平仮名で表記しておく。

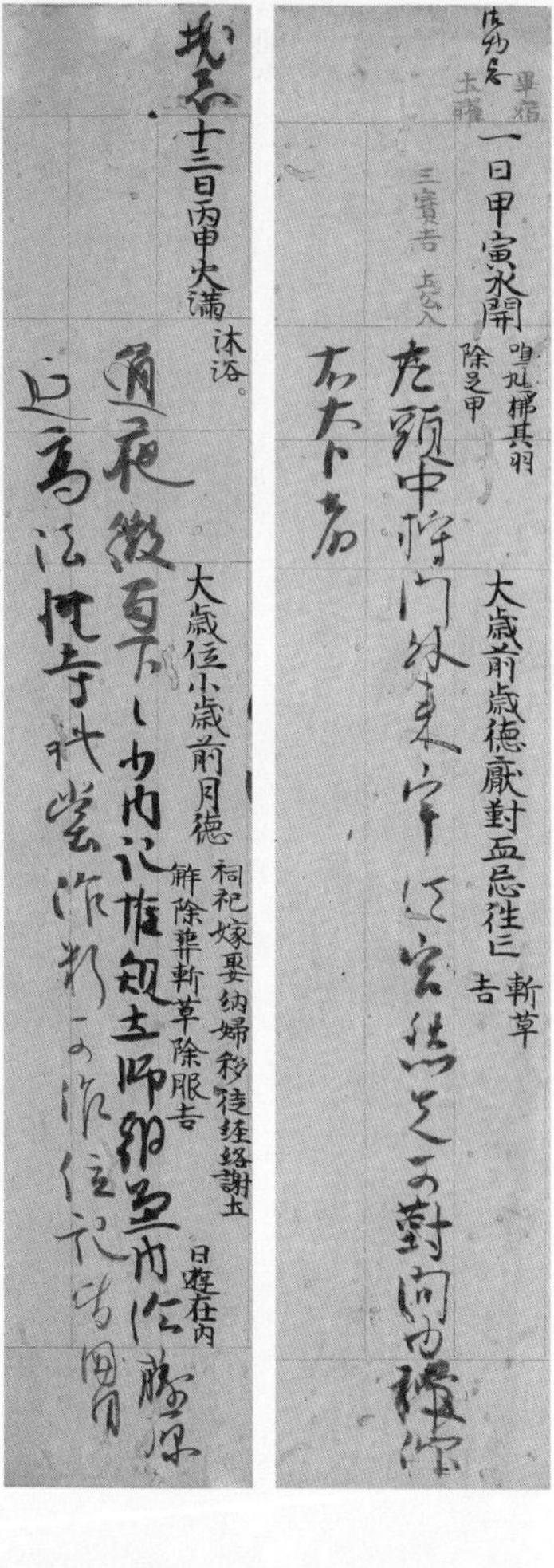

四月一日条、五月十三日条（自筆本）　御物忌と物忌

「御物忌」一日、甲寅、
左頭中将門外来、宇佐宮愁
先可対問由、被仰右大臣
者、

「御物忌《おんものいみ》である。」（四月）一日、甲寅。
左頭中将《さとうのちゅうじょう》（源経房《つねふさ》）が門外に来た。「宇佐《うさ》八幡宮《はちまんぐう》の愁訴《しゅうそ》をまず対問《たいもん》
すべきことを、一条天皇は右大臣《うだいじん》（藤原顕光《あきみつ》）に仰せになった」と
いうことだ。

「物忌」十三日、丙申、通夜微雨下、々少内記惟規、土師朝兼内給・藤原延高法性寺礼堂作料、可作位記、皆国用、

「物忌であった。」（五月）十三日、丙申。夜通し、小雨が降った。少内記《しょうないき》（藤原）惟規《のぶのり》に、土師朝兼《はじのあさかね》の内給《ないきゅう》と藤原延高《のぶたか》の法性寺礼堂造営《ほっしょうじらいどうぞうえい》による叙爵《じょしゃく》の位記《いき》を作成するよう命じた。皆、国用位記《こくよういき》である。

物忌とは、門外に「物忌」と書いた簡《ふだ》を貼って謹慎する行為で、生年月日などによって前年から判明しているもの（「宿曜物忌《すくようものいみ》」ともいう）と、怪異《かいい》・悪夢の際に陰陽師《おんみょうじ》の六壬式占《りくじんちょくせん》で占申されるもの（悪夢の場合は「夢《む》想物忌《そうものいみ》」ともいう）とがある。『御堂関白記』自筆本の場合、四月一日条のように頭書《とうしょ》に道長と異なる筆（暦博士《れきはかせ》か）で「御物忌」とある場合は天皇の宿曜物忌（道長の物忌の場合もある）、これも道長と異なる筆（道長家の家司《けいし》か）で「物忌」とある場合は道長の宿曜物忌であることが多いが、五月十三日条のように道長自身の筆で「物忌」とある場合は、道長の身に怪異や夢想によって突然に起こった物忌である。

ただし、古写本となると、道長を尊重して、道長の筆で「物忌」とあったものをも、「御物忌」と書き替える場合があるから厄介である。

その他、頭書に道長の筆で「慎」と記している例もあるが、これも易物忌《えきものいみ》を示しているのであろう。

物忌当日は閉門して外来者を禁じ、必要な者は夜前に参籠《さんろう》させるのであるが、物忌における道長の柔軟な対応（門外で会ったり、着座《ちゃくざ》させずに立たせたまま会ったり）もまた、彼の特徴である。

なお、五月十三日に登場する少内記（蔵人《くろうど》を兼ねている）惟規とは、紫式部《むらさきしきぶ》の同母弟（一説に同母兄）である。

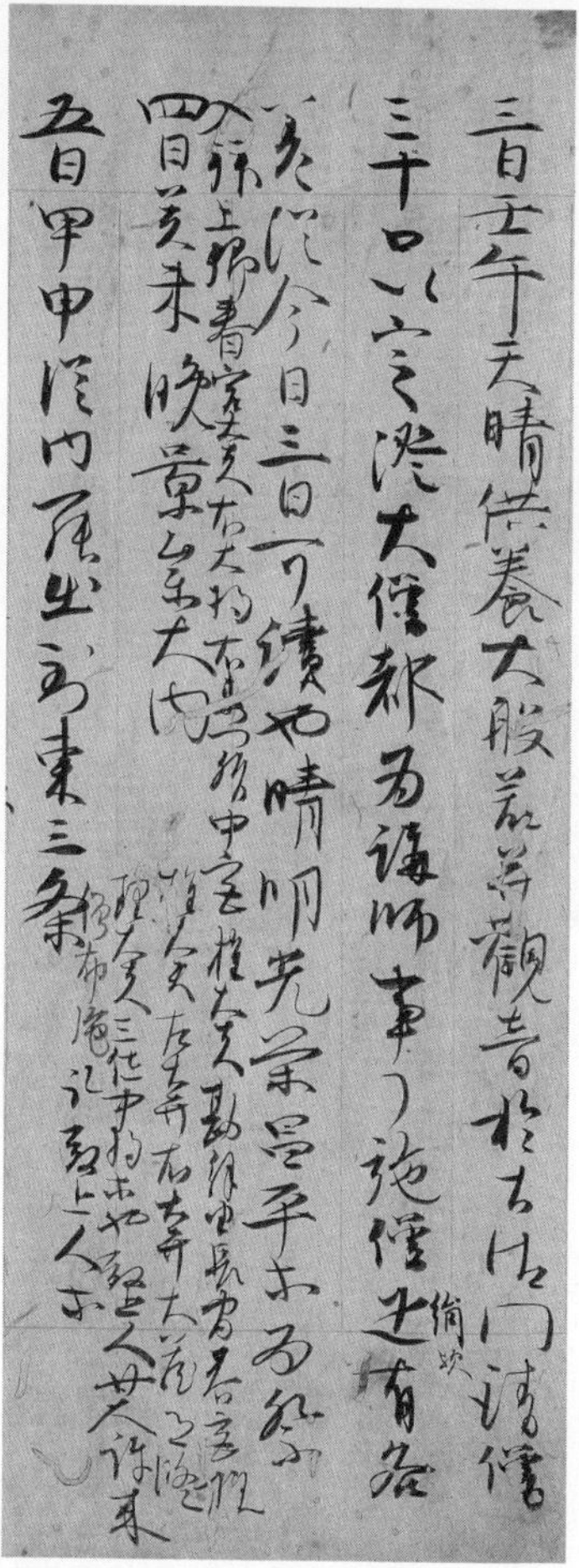

十二月三日条（古写本〈平定家筆〉）　土御門第経供養

三日、壬午、天晴、供養大般若幷観音於土御門、請僧三十口、以定澄大僧都為講師、事了施僧疋《絹歟》有各差、従今日三日可読也、晴明・光栄・昌平等為祭、入拝上卿春宮大夫・右大将・右衛門督・中宮権大夫・勘解由長官・春宮権権大夫・左大弁・右大弁・大蔵卿・修理大夫・三位中将等也、殿上人廿人許来、僧布施取殿上人等、

三日、壬午。天が晴れた。大般若経《だいはんにゃきょう》、および観音経《かんのんきょう》を土御門第《つちみかどてい》において供養《くよう》した。招請《しょうせい》した僧は三十口《く》であった。定澄大僧都《じょうちょうだいそうず》を講師《こうじ》とした。経供養《きょうくよう》が終わって、僧に絹を施したことは、各々、差が有った。今日から三日間、これらの経を読むことにする。（安倍《あべの》）晴《はる》明《あきら》・（賀茂《かもの》）光栄《みつよし》・昌平《まさひら》が、祭《さい》を行なった。参列した公卿《くぎょう》は、春宮大夫《とうぐうだいぶ》（藤原道綱《みちつな》）・右大将（藤原実資）・右衛《え》門督《もんのかみ》（藤原斉信《ただのぶ》）・中宮権大夫《ちゅうぐうごんのだいぶ》（源俊賢《としかた》）・勘解由長官《かげゆのかみ》（藤原有《あり》国《くに》）・春宮権大夫《とうぐうごんのだいぶ》（藤原懐平《かねひら》）・左大弁《さだいべん》（藤原忠輔《ただすけ》）・右大弁《うだいべん》（藤原行成《ゆきなり》）・大蔵卿《おおくらきょう》（藤原正光《まさみつ》）・修理大夫《しゅりだいぶ》（平親信《ちかのぶ》）・三位中将《さんみちゅうじょう》（藤原兼隆《かねたか》）であった。殿上人《てんじょうびと》は二十人ほど来た。僧の布施《ふせ》を取り次いだのは殿上人たちであった。

寛弘元年の後半は古写本しか残っていない。三日条は、「入拝上卿」以降が、自筆本では裏書だったのであろう。古写本の書写者である平定家は、それに気づかずに、三日条の「昌平等為祭、」まで写したところで、三日条はこれで終わりと勘違いしてしまい、四日条以降

を写してしまった。

道長が裏書を記す際には、表で内容が完結し、紙背には儀式への出席者や賜禄《しろく》の明細を記す場合が多い。つまり、表だけでも意味が通ってしまう場合が多いのである。これは自筆本を書写する者には迷惑な話で、このように後で気づく場合も多いのである（最後まで裏書に気づかなかった例もあるが）。

この場合、三日条と四日条の間の一行の行間補書《ほしょ》で裏書を記すことができず、四日条と五日条の下部になだれ込んでしまった。四日条と五日条の記事が短く、下部に空白があったからこそ可能であった。しかし動揺していたのか、四日条の下部で行替えした際に、「春宮権大夫」と書くはずを、「春宮権」で行が替わったので、次の行にも「権大夫」と書いてしまっている。

なお、表の部分で二行目に「施僧疋《絹歟》」とある。おそらく自筆本では、「施僧疋」とあって、道長が僧に施した絹が何疋かを記そうとして忘れてしまったのを、平定家が「施僧絹」の意味だと思ったものか。ただ、「疋絹《ひつけん》」という語もあるので、道長が「疋絹」と書こうとして「絹」を忘れたのを、「絹を補うべきか」という意味で「絹歟、」と記したとも考えられる。

ついでに、『御堂関白記』の記事の少なさについて触れておこう。『小右記』や『権記』など他の古記録を見ていると、おそらくは基になったメモ（儀式や政務の式次第《しきしだい》を記したもの、あるいは他者からの書状など）が存在し、それを見ながら記した、あるいはそのメモを貼り継いだとしか考えられない。

『小右記』や『権記』も、暦のない白紙にではなく、元々は具注暦に記したことは、「暦裏に在り」などという表現が散見することから明らかである。『小右記』や『権記』も具注暦の間明きは一行か二行しかなかったことを考えると、何故にあのような膨大な量の記事を記録できたのかが不可解である。考え得る可能性は、毎日、日付のところで具注暦を切り、間に別の紙、もしかしたら儀式の際に持っていたメモを貼り継いでいたか（中世の古記録にはよくあることである）、具注暦に記した暦記《れきき》とは別に白紙に記した別記《べっき》、もしくは日次記《ひなみき》の二種類を記録していたかであろう。

ところが『御堂関白記』は、よほど長い記事以外は、記憶のみを基にして、しかもしばしば何日分かの記事をいっぺんに記しているのではないかと思えてくる。儀式の際に式次第を記した資料が手に入った場合で、しかもそれを記録したい時にだけ、それを基にして、長い記事を書いているのではなかろうか。『小右記』や『権記』などで「別記に在り」とある場合は、記主《きしゅ》自身が別に記録した別記を指すが、『御堂関白記』で例外的に見える「其の間の記、別に有り」「会の指図《さしず》、別に在り」「日記、別に有り」という記事は、道長以外の他者が記した式次第の資料ではないかと考えている。

寛弘二年（一〇〇五）　内裏焼亡・神鏡焼損

なかなか彰子《しょうし》が懐妊《かいにん》しない情勢のなか、道長は定子《ていし》の遺した敦康《あつやす》親王を、長保三年（一〇〇一）以降、彰子の御在所《ございしょ》に住まわせ、その後見《こうけん》をつづけていた。万一にも彰子が皇子を産まなかった場合の円融皇統《えんゆうこうとう》のスペア・カードとして、道長は敦康を懐中に収めていたのである。

三月二十七日、敦康の一条《いちじょう》天皇との対面と、脩子《しゅうし》内親王の着裳《ちゃくも》の儀がおこなわれ、一条は彰子の御在所に設けられた敦康の直廬《じきろ》に渡御《とぎょ》した（『御堂関白記』『権記』『小右記』）。この日の儀式では、道長が終始敦康を扶持《ふじ》して（『小右記』）、敦康の後見の役を務めた。

表面上は安定した政務運営がつづき、道長は先祖の墓所である木幡《こはた》に浄妙寺《じょうみょうじ》の造営《ぞうえい》を進めた。この年には三昧堂供養《さんまいどうくよう》がおこなわれ、道長は藤原北家《ほっけ》の領袖《りょうしゅう》としての地歩《ちほ》を確立していった。

ところが十一月、たいへんな事態が朝廷を襲った。内裏《だいり》の温明殿《うんめいでん》と綾綺殿《りょうきでん》の間から出た火は、瞬《また》く間に内裏を包み込み、神鏡《しんきょう》が焼損《しょうそん》してしまったのである。

平安宮内裏は、村上《むらかみ》天皇の天徳《てんとく》四年（九六〇）をはじめ、円融天皇の貞元《じょうげん》元年（九七六）、天元《てんげん》三年（九八〇）、天元五年に焼亡《しょうぼう》している。道長執政期になると焼亡は増加し、一条天皇の長保元年（九九九）、長保三年、寛弘二年（一〇〇五）、三条《さんじょう》天皇の長和三年（一〇一四）、長和四年に焼亡した。

内裏焼亡のたびに造営がおこなわれ、朝廷の財政を圧迫したが、これらのあいつぐ内裏焼亡は、もはや災害の域を超え、すぐれて政治的な問題と考えねばならない。

正月十一日条（自筆本）　女御に加階

自筆本表

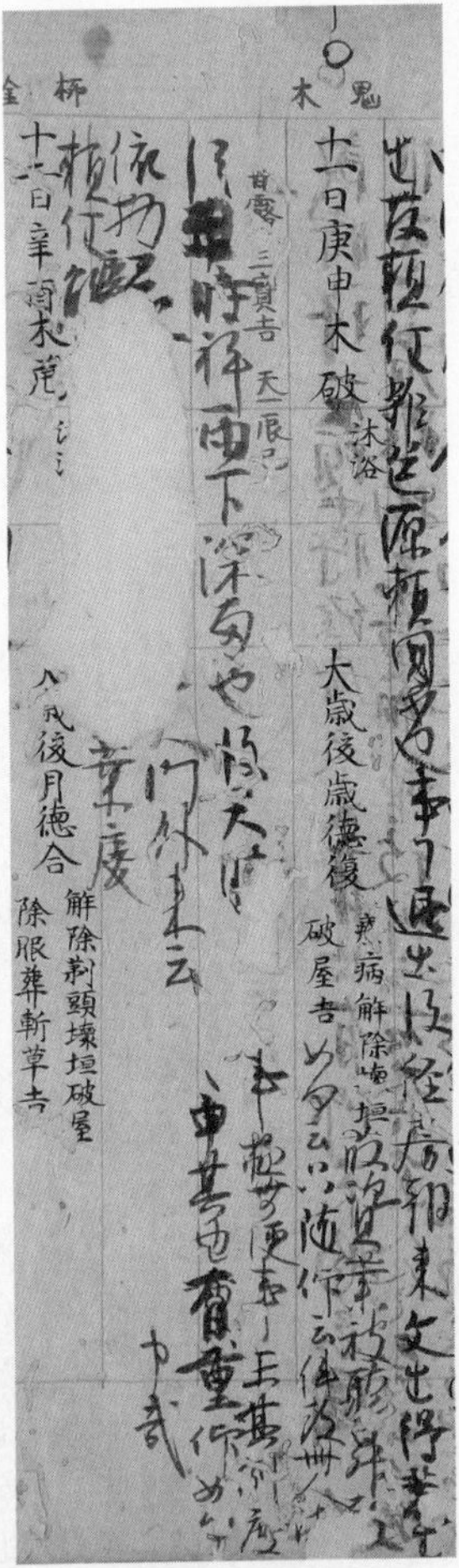

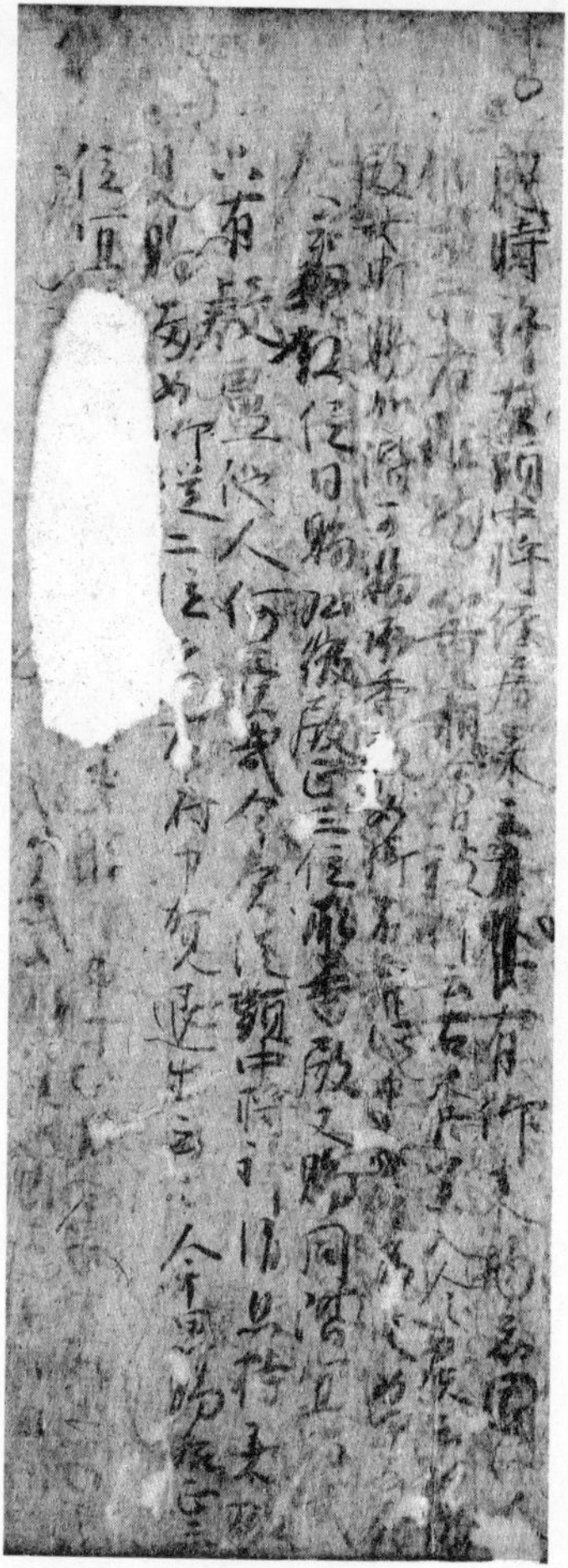
自筆本裏

○十一日、庚申、従丑時許雨下、深雨也、後天晴、依物忌□天門外来云頼任、慶解□業慶、
○戌時許左頭中将経房来

十一日、庚申。丑《うし》剋の頃から雨が降った。大雨であった。後に天が晴れた。物忌《ものいみ》であったので、外出しなかった。中宮権大夫《ちゅうぐうごんのだいぶ》（源俊《とし》賢《かた》）が門外に来て、（藤原）頼任《よりとう》が蔵人《くろうど》に補《ほ》された慶賀《けいが》を云った。勘解由長官《かげゆのかみ》（藤原有国《ありくに》）も、また来て、（藤原）資業《すけなり》の昇殿《しょうでん》の慶賀を云った。

戌《いぬ》剋の頃、左頭中将《さとうのちゅうじょう》（源）経房《つねふさ》が来て云ったことには、「一条天皇

云、右大臣有仰来、物忌固、以人非可示者、雖物忌重相会、被仰云、右大臣参入、令奏云、弘徽殿女御賜加階、可賜承香殿女御者、各所申之位、為之如何云、令奏云、女叙位日賜弘徽殿正三位、承香殿又賜同階、宜侍哉、只有叡慮、他人何奏哉令奏、従頭中将許消息持来、披見、賜両女御従二位者、右府申賀退出云々、今思、賜各正三位宜□、

の仰せが有って来たのですが、物忌が固いようです。人を介して伝えるべきことではありません」ということなので、物忌が重かったのではあるが、経房に会った。天皇がおっしゃって云われたことには、「右大臣《うだいじん》（藤原顕光《あきみつ》）が参入《さんにゅう》し、奏上《そうじょう》させて云ったことには、『弘徽殿女御《こきでんのにょうご》（藤原義子《ぎし》）に加階《かかい》を賜わったのですから、承香殿《じょうきょうでんの》女御《にょうご》（藤原元子《がんし》）にも賜わりたく存じます』と。各人の申請した位を、どうすればよいのであろう」と云われた。私が奏上させて云ったことには、「女叙位《おんなじょい》の日に、弘徽殿女御に正三位《しょうさんみ》を賜わられました。承香殿女御にもまた、同じ位階《いかい》を賜わられるのが、宜しいのではないでしょうか。ただ、天皇の叡慮《えいりょ》が有るのでしたら、他の人は何を奏上することがありましょうか」と奏させた。頭中将の許《もと》から書状を持って来た。開いて見たところ、「両女御に従二位《じゅにい》を賜わった」ということだ。「右大臣は慶賀を申して退出《たいしゅつ》した」ということだ。今、思うと、各々に正三位を賜わっておけば宜しかったのではないだろうか。

定子亡き後、一条の寵愛《ちょうあい》を受けていたのは、右大臣顕光の女《むすめ》の元子であった。かつて長徳三年（九九七）に懐妊《かいにん》したことを考えると、道長の元子に対する恐れは、大きなものがあっ

たに違いない。

正月十日におこなわれた女叙位では、女御《にょうご》の義子（内大臣公季《きんすえ》の女）を正三位、尊子《そんし》（関白道兼《みちかね》の女）を従三位《じゅさんみ》に、それぞれ昇叙《しょうじょ》させることとなったのであるが、何故か元子は外されていた。

早速、元子の父である顕光が一条天皇に、元子にも義子と同じ位を賜わりたいということを奏上、十一日に一条は道長に意見を求め、元子も叙位《じょい》に与《あずか》ることが決定した。ところが蓋を開けてみると、義子・元子の両女御には従二位を賜うことになり、道長を当惑させている。

冒頭の箇所、はじめ「牛時」と書いてしまい（普通、時剋《じこく》にはこの字は使わない）、「牛」の上から「丑」と書いたのも、何らかの心理のなせるものだったのであろうか。

自筆本《じひつぼん》には大きな破損箇所があるが（表の破損は、当然、紙背《しはい》にも影響する）、その部分は江戸時代に古写本《こしゃほん》を書写した新写本の平松本《ひらまつぼん》によって推定できる（寛弘二年は古写本が残っていない）。

十一日条の表の下部に記された三十九字（「藤資業」から「如何申哉、」まで）は十日条からのなだれ込みであり、しかたなく道長は上部三分の二ほどの箇所だけに十一日条を記している。

また、裏書《うらがき》は十日条の紙背の部分に書いてしまったので、表の日付の上と紙背の上部に「○」印を書き、それを圏線《けんせん》で結ぶことで十一日条の裏書であることを示している。女御の叙位については、すべて紙背にまとめて記しているのも、裏書の機能を考えるうえで興味深い。

しかし、道長が十日条の紙背に十一日条の裏書を書いてくれたおかげで、裏書は大きな破損の影響を受けずに、ほとんどを読み解くことができるのである（読めないのは最末尾の一字のみ。おそらくは「歟《か》」であろう）。巻物の上から破損が生じる場合、破損箇所は一回転に一度、等間隔で現われる。この部分でいうと、五日、七日、九日、十一日の箇所に出てきているのである。

なお、『御堂関白記』の自筆本には、江戸時代初期に裏打ちが施された。通常は裏書のある部分にはそれは施されず、裏書も読めるのであるが、この部分は破損箇所があるため、全面に裏打ちが施されてしまった。この写真は露出を極端なアンダーにし、コントラストを思いっきり強めてRAWファイルを現像したので、何とか字も確認できるが、じつはこの裏書は肉眼ではほとんど字が見えないことを申し添えておく。

フィルムカメラ時代にこれを撮影し、ちゃんと字が読めるように印刷している複製や『陽明叢書』は、どうやって撮影・現像したのだろうかと、違った意味で興味が湧く。

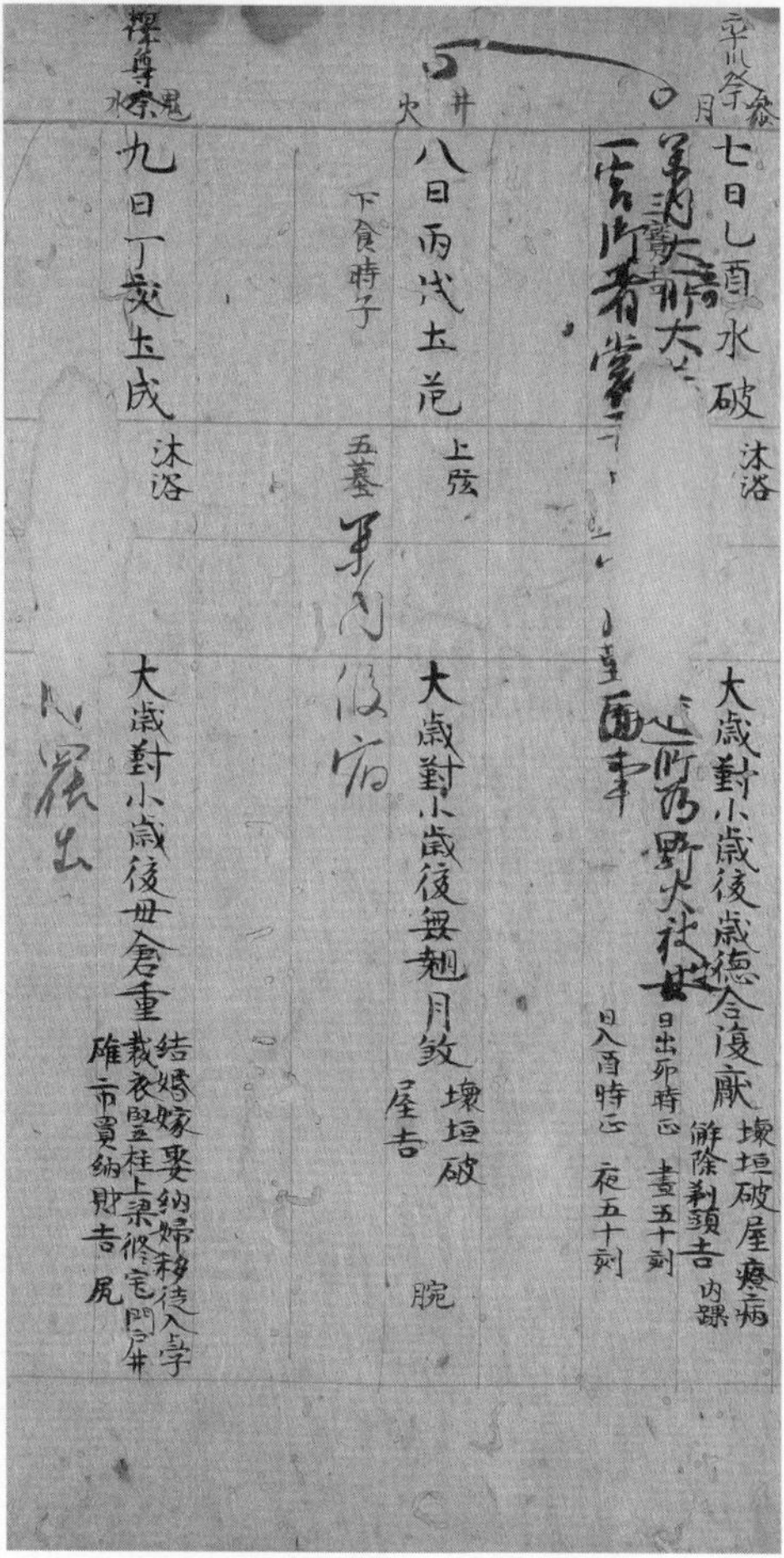

二月七日、八日条（自筆本）　大歌所・大蔵省西倉、火事／脩子内親王着裳・敦康親王御対面定

○七日、乙酉、「参内、
大哥所・大蔵□是所為
野火、被定女一宮御着裳
□面事、」
○八日、丙戌、参内、候
宿、

七日、乙酉。
八日、丙戌。内裏に参った。大歌所《おおうたどころ》と大蔵省《おおくらしょう》の西倉に火事が有った。これは野火《のび》が延焼《えんしょう》したものである。一条天皇は、女一宮《おんないちのみや》（脩子内親王）の御着裳、および男一宮《おとこいちのみや》（敦康親王）の天皇との御対面について定められた。
内裏に参った。候宿《こうしゅく》した。

具注暦《ぐちゅうれき》の七日の箇所に「参内、大哥所・大蔵□是所為野火、被定女一宮御着裳□面事、」と記し（□は例の破損箇所。平松本によって補うことができる）、八日の箇所に「参内、候宿、」と書いた後、七日の「参内、大哥所」以下が八日の出来事であることに気づき、両方に「○」を付し、圏線を八日の箇所まで引いて、八日の記事であることを示したものである。

さて、この二つの記事は、いつの時点で記されたものであろうか。墨の濃淡を見ると、元々七日の箇所にあった部分は濃く（墨継ぎはしていないようである）、八日の箇所にある部分は薄い。ついでに言うと、九日条はさらに薄く記されている。

これは、道長は七日の箇所から九日の箇所にかけて、一気に記し、その後で七日の箇所に記した記事がじつは八日の記事であることに気づき、圏線を引いたことによるものと考えられる。圏線はきわめて太くて濃い線であるところを見ると、ここで墨継ぎをおこなったのであろう。

　これらは、道長がかならずしも毎日、日記を記していたとは限らないということを意味している。何日分かの日記を一気に書いてしまうこともあったため、日付の間違いを起こしたりしたのであろう。

寛弘三年（一〇〇六）　興福寺の愁訴

　寛弘二年（一〇〇五）の後半から寛弘四年（一〇〇七）の前半にかけて、および寛弘五年（一〇〇八）の前半は、『御堂関白記』は自筆本《じひつぼん》も古写本《こしゃほん》も残っていない。

　それらの時期については、予楽院本《よらくいんぼん》系統の明治十七年本八冊、元禄本《げんろくぼん》系統の元禄本二冊・久世本《くぜぼん》一冊・藤波本《ふじなみぼん》五冊・松岡本《まつおかぼん》三冊・平松本《ひらまつぼん》五冊・秘閣本《ひかくぼん》五冊・内閣本《ないかくぼん》三冊・甘露寺本《かんろじぼん》五冊、壬生本《みぶぼん》系統の壬生本一冊・鷹司本《たかつかさぼん》二冊・鷹司秘本《たかつかさひほん》四冊・天明本《てんめいぼん》三冊などの、いわゆる新写本と呼ばれる転写本《てんしゃぼん》がある。これらをめくりながら、自筆本や古写本の形態を想像するのも、けっこう楽しいものである。

『大日本古記録　御堂関白記』では、自筆本も古写本も現存しない年については、平松本（京都大学附属図書館蔵、平松家旧蔵）という写本を底本として使用しているが、この平松本が、数ある新写本のなかでもっとも善い本と言えるかどうかは、じつはいささか心許ない。

この頃、十九歳に達した彰子《しょうし》と二十七歳の一条《いちじょう》天皇との間に、ようやく皇子懐妊《かいにん》の「可能性」が生起したものと思われる。そしてそれは、ただちに道長に知らされたはずである。ここに至って、一条と道長とは、真の意味でのミウチ意識によって結ばれたと言えよう。

この年の重要事項としては、前年に焼損《しょうそん》した神鏡《しんきょう》への対策と、興福寺《こうふくじ》の愁訴《しゅうそ》に対する措置が挙げられる。なお、彰子の許《もと》に紫《むらさき》式部《しきぶ》が出仕したのは、この年の十二月のこととされる。

七月十二日条（平松本〈古写本系〉）興福寺大衆、上京

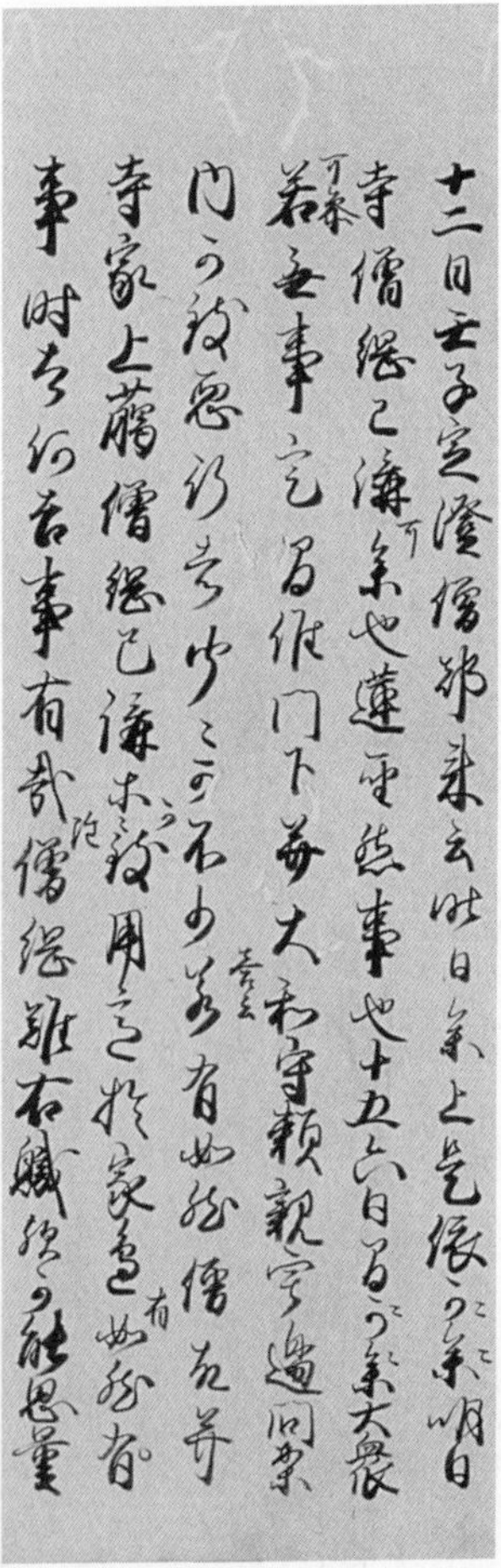

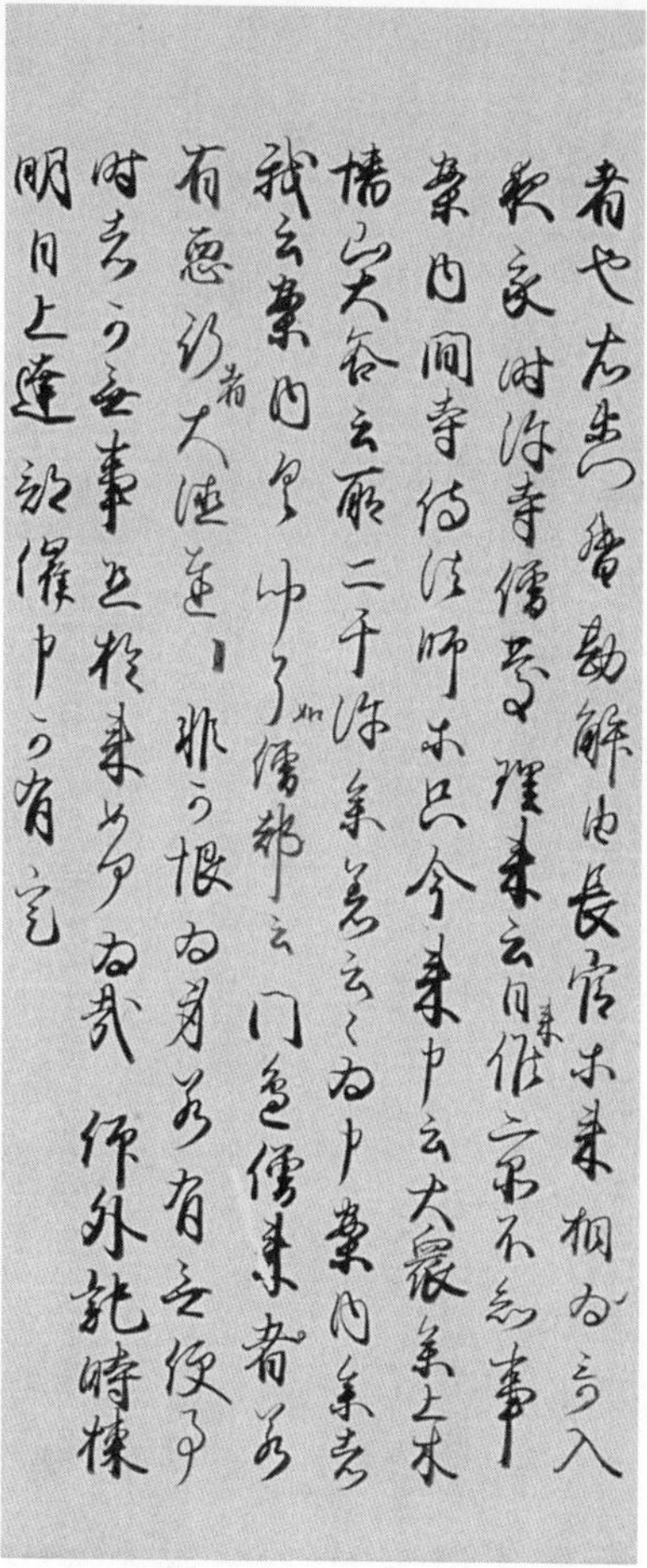

十二日、壬子、定澄僧都来云、昨日参上、是依可参明日寺僧綱・已講可参也、蓮聖愁事也、十五六日間可参大衆、可参若無事定間、候門下幷

十二日、壬子。定澄《じょうちょう》僧都《そうず》が土御門第《つちみかどてい》に来て云ったことには、「昨日、京に参上しました。これは明日、興福寺の僧綱《そうごう》や已講《いこう》が、こちらに参上することになっていることによるものです。蓮聖《れんしょう》の愁訴の事です。十五、六日の間に、興福寺の大衆《だいしゅ》が参上することになるでしょう。もしも愁訴についてしっかりした裁定《さいてい》が無かった場合に

大和守頼親宅辺、問案内、可致悪行者、聞々可不少、答云、若有如然僧故幷寺家上﨟僧綱・已講等致用意、於家辺如然有事時者、何吉事有哉、僧綱難在職歟、可能思量者也、右衛門督・勘解由長官等来、相為奇、入夜亥時許、寺僧慶理来云、日候京不知事案内間、寺侍法師等、只今来申云、大衆参上木幡山大谷云所、二千許参着云々、為申案内参者、我云、案内具聞了、僧都云、門辺僧来者、若有悪行、大徳達ー非可恨、為身若有無便事時者、可無事恐、於来如何為哉、仰外記

は、土御門第の門下、および大和守《やまとのかみ》（源）頼親《よりちか》の宅の辺《あた》りを取り巻き、事情の説明を請うて、悪行《あくぎょう》を致すことになるでしょう」と。これを聞いて奇怪に思ったことは少なくなかった。私が答えて云ったことには、「もしもそのようなことが有ったならば、僧都や寺家《じけ》の上﨟《じょうろう》の僧綱・已講たちは、覚悟を致しておけよ。我が家の辺りにおいて、そのような事が有った場合には、どうして吉《よ》い事が有るだろうか。汝《なれ》（定澄）は僧綱であるとはいっても、その職に在ることは難しいだろうな。能《よ》く思量すべきことである」と。右衛門督《えもんのかみ》（藤原斉信《ただのぶ》）と勘解由長官《かげゆのかみ》（藤原有国《ありくに》）が、土御門第に来た。二人とも不審に思っていた。夜に入って、亥《い》剋の頃に、興福寺僧慶理《きょうり》が来て云ったことには、「この何日か、京におりまして、事情を知らなかったのですが、寺侍《てらざむらい》の法師《ほうし》たちが、ただ今、やって来て申しましたことには、『興福寺の大衆が、木幡山《こはたやま》の大谷《おおたに》と云う所に参上している。二千人ほどが参集《さんしゅう》している』ということです。その事情を申すために、参ったのです」と。私が云ったことには、「事情は具《つぶ》さに聞いている。僧都の云っていたように、我が家の門の辺りに僧がおしかけて来て、もし悪行が有ったならば、僧たちも、どうなっても恨むべきではない。我が身のために、もし不都合な事が有ったとし

時棟、明日上達部催申可有定、

ても、私は何も恐れることは無いのだぞ。やって来た場合には、どうしてくれようかな」と。外記《げき》（大江《おおえの》）時棟《ときむね》に命じ、明日、陣定《じんのさだめ》を開くことを公卿《くぎょう》に通知させた。

この頃、大和守源頼親と興福寺との紛争が勃発していた。頼親配下の当麻為頼《たいまのためより》と興福寺僧蓮聖との間の田をめぐる抗争に対し、六月二十日に大和国が蓮聖を提訴したのだが、それを承けて道長は七月三日に蓮聖の公請《くじょう》（朝廷から法会《ほうえ》や講義に召されること）を停止《ちょうじ》したのである。

この一方的な措置に対し、七月十三日、三千人と号した興福寺大衆が上京し（『神木動座《しんぼくどうざ》之記《のき》』所引『小右記』）、八省院《はっしょういん》（大内裏朝堂院《だいだいりちょうどういん》）に集結していたが、一条はこれに対し、宣《せん》旨《じ》を下して僧たちを追い立てた。院政《いんせい》期の僧兵《そうへい》に対する朝廷の対応と比較して、いまだ朝廷、および天皇の権威は大きなものであったことを実感させられる。

この十二日条における興福寺別当《べっとう》定澄の脅しに対する道長の対応も同様である。道長を脅しにかかった定澄に対し、道長は逆に脅している。

十三日、実資をはじめとする十人の公卿が土御門第にやって来て、不安を口にしたが、道長は、「大した事はない。陣定が開かれることになっている。内裏に参られよ」と語り、皆と同行して内裏に参った。

十四日条では、紛争を解決したことに対し、「我はうまく行なったものだ」と自讃している（『御堂関白記』）。これを聞いた行成《ゆきなり》は、「長者《ちようじや》（道長）の命を承《うけたまわ》って、すでに口を閉じたようなものである」と賞賛した（『権記』）。

結局、十四日には大衆はすべて退去した。道長は、「早く奈良《なら》に還って先罪を悔《く》い、心を浄《きよ》めた後に、三綱《さんごう》や僧綱に対して、恩を蒙《こうむ》るように申上《しんじよう》せよ。私は寛大な処置を施す心積もりが有るが、このように参上してきたら、まったく恩を施すわけにはいかない。早く奈良に還るということを伝えてくるのが宜《よろ》しいのではないか」と命じている（『御堂関白記』）。

また、別当以下の高僧が十五日に土御門第を訪れ、道長が興福寺僧の中文《もうしぶみ》四箇条を一々裁定したところ、僧たちは事毎《ごと》に道理であると称して還り去った（『御堂関白記』）。

このような剛胆なトップに率いられた公卿社会というのは、やはり後世、聖代として仰がれることになるのも、謂《いわ》れのないことではないのであった。

寛弘四年（一〇〇七）金峯山詣

　あいかわらず彰子《しょうし》との間に皇子を儲けられない一条天皇《いちじょう》に対する苛立《いらだ》ちを募らせていた道《みち》長《なが》は、正月五日におこなわれた叙位《じょい》議には不参し、十三日と二十二日に女叙位《おんなじょい》、二十六日に除目《じもく》の奉仕についても辞退している（『御堂関白記』）。

　土御門《つちみかど》第《てい》では、三月三日に曲水《ごくすい》の宴《えん》が盛大に催されたが（『御堂関白記』）、行成《ゆきなり》は参列したにもかかわらず、「左府《さふ》の許《もと》に参った。曲水の宴である」としか記していない（『権記《ごんき》』）。参列していない実資《さねすけ》の『小右記《しょうゆうき》』は、「地べたで詩を講ぜられた」という『三長記《さんちょうき》』に引かれた逸文《いつぶん》が残るのみである。

　そしてついにこの年、道長は金峯山詣《きんぷせんもうで》を決行した。閏五月から長斎《ちょうさい》に入り、八月に金峯山（現奈良県吉野郡の山上ケ岳《さんじょうがたけ》。標高一七一九メートル）に参詣し、経巻《きょうかん》を入れた経筒《きょうづつ》を埋納《まいのう》した。

『小右記』はこの年は残っていないが、『小記目録《しょうきもくろく》』には八月九日のこととして、「伊周《これちか》と隆《たか》家《いえ》が、（平）致頼《むねより》と相語って、左大臣《さだいじん》（道長）を殺害しようと欲した間の事」とある。とんでもない噂が、都では流れていたのである。

しかし、この金峯山詣が功を奏したのか、この寛弘四年の十二月頃、彰子はついに懐妊《かいにん》した（ただ単に彰子が后妃《こうひ》の初妊平均年齢である二十歳に至っただけのことであるが）。道長や彰子、そして一条の安堵《あんど》は、いかばかりのものであったことか。なお、この頃から道長が敦康《あつやす》親王を疎略《そりゃく》に扱っているかのような記述がめだつが、やがて道長は敦康の後見《こうけん》を放棄することになるのである。

八月十一日条（自筆本）　金峯山詣／経供養・埋経

自筆本表

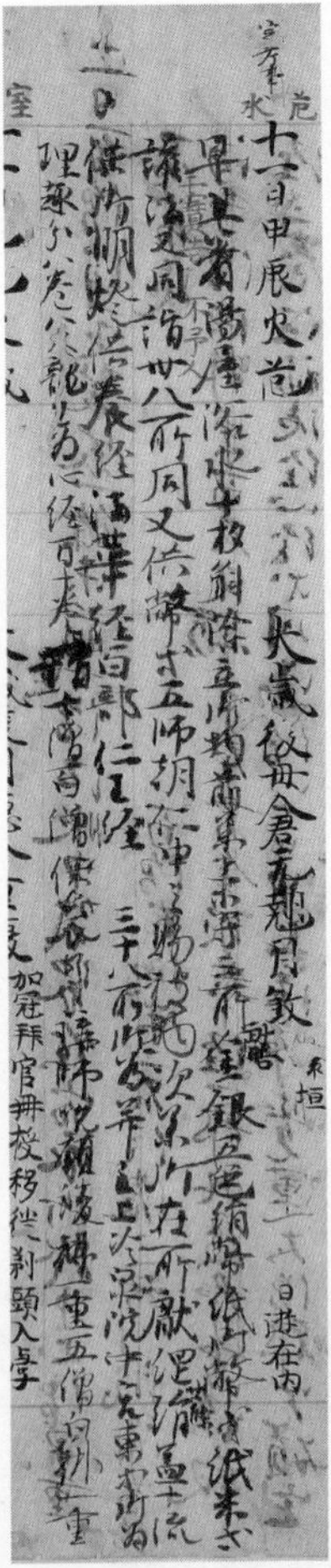

自筆本裏

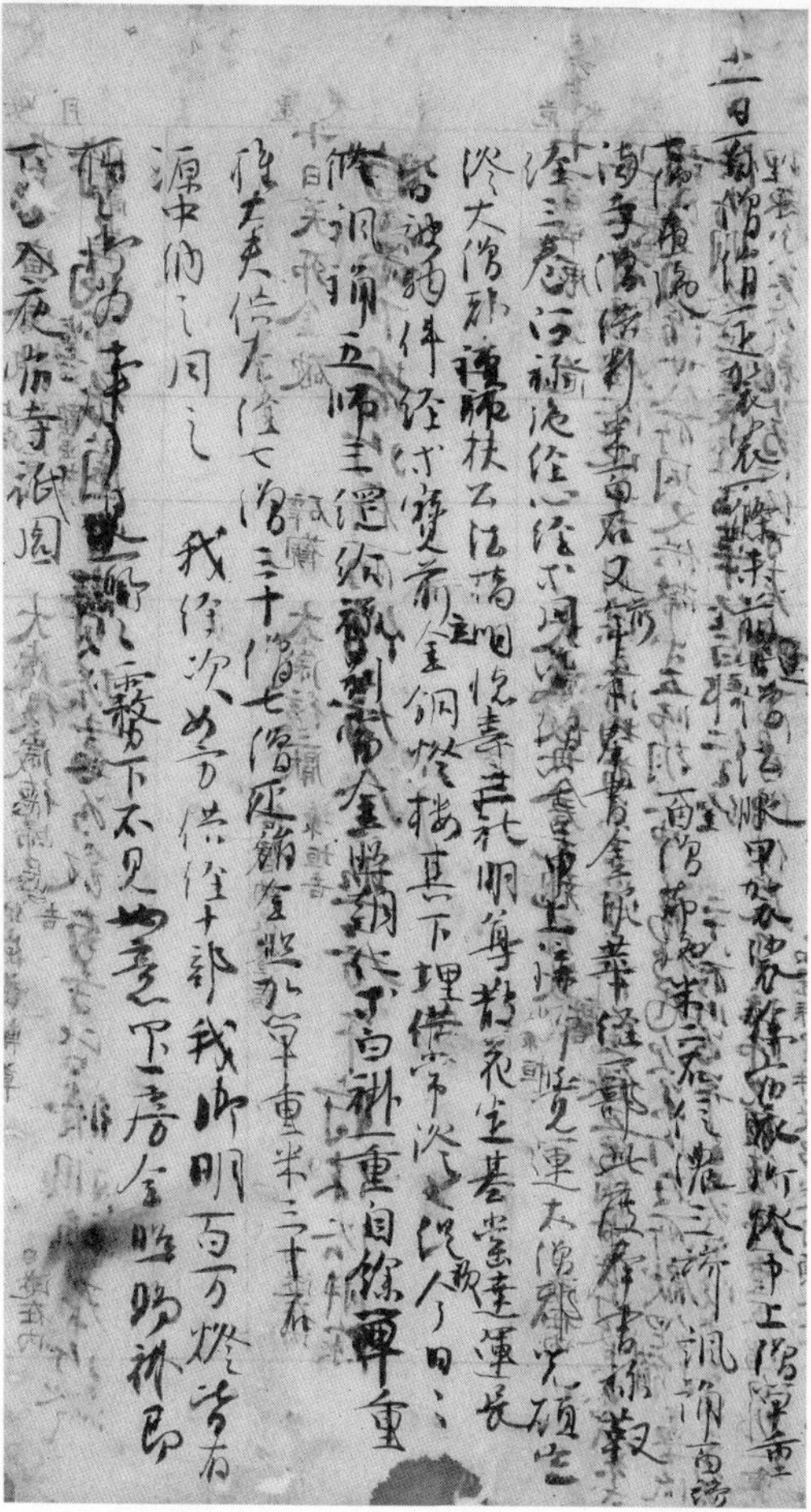

十一日、甲辰、早旦着湯―十一日、甲辰。早朝、金峯《きんぶ》山寺《せんじ》の湯屋《ゆや》に着し、水十杓《せき》を浴びた。解《げ》

屋、浴水十杦、解除、立御物前、参上小守三所、金《献》銀・五色絹幣・紙御幣等・紙・米等、護法又同、詣卅八所、同又供幣等、五師朝仁申之、賜被物、次参御在所、献綱《廿条》・絹盖十流、供御明燈、供養経、法華経百部・仁王経　三十八所御為、幷主上・冷泉院・中宮・東等御為理趣分八巻、八大竜王為心経百十巻、請七僧・百僧、供養了、講師・呪願綾褂一重、五僧白褂一重、

十一日、百僧絹一疋・袈裟一条、未《送》前七僧法服・甲袈裟、余宿衣、御燈申上僧単

除《じょ》を行なってから、蔵王権現《ざおうごんげん》に献上する物を御前《ごぜん》に立てた。小守三《こもりさん》所《しょ》に参上した。金銀・五色の絹の幣《ぬさ》や紙の御幣《ごへい》、紙、米を献上した。護法社《ごほうしゃ》にも、また同じく献上した。三十八所《さんじゅうはっしょ》に詣でた。同じくまた、幣などを供した。五師朝仁《ごしちょうじん》が、献上の次第を申上《しんじょう》した。朝仁に被物《かずけもの》を下賜《かし》した。次に蔵王権現御在所《ございしょ》に参り、綱二十条《すじ》と細 盖《ほそきぬがさ》十流《りゅう》を献上した。御燈明《とうみょう》を供して、経を供養《くよう》した。法華経《ほけきょう》百部・仁王経《にんのうきょう》□部は三十八所の神々のために、また主上《しゅじょう》（一条天皇）・冷泉院《れいぜいいん》・中宮《ちゅうぐう》（藤原彰子）・東宮《とうぐう》（居貞《おきさだ》親王）のためには理趣分《りしゅぶん》八巻、八大竜王《はちだいりゅうおう》のために般若心経《はんにゃしんぎょう》百十巻を、七僧《しちそう》と凡僧《ぼんそう》を招請《しょうせい》して供養した。講師《こうじ》と呪願師《じゅがんし》の僧に綾《あや》の褂《うちき》一重《かさね》、五僧《ごそう》に白い褂一重。

十一日。凡僧に絹一疋《ひき》と袈裟《けさ》一条を下賜した。経供養《きょうくよう》が始まる前に、七僧に法服《ほうふく》と甲袈裟《こうげさ》を贈った。他の僧には宿直装束《とのいしょうぞく》を贈った。御燈明申上の僧に単 重《ひとえがさね》を下賜した。七僧への布施は、□

重、七僧布施、
百僧布施、米二石・信濃三端、諷誦百端、満寺僧供料米百石、又年〔前〕手奉書金泥華経一部、此度奉書祢靫経三巻・阿祢陁経・心経等、同道僧以七口中上、講師覚運大僧都、呪願定澄大僧都、読師扶公法橋、唄懐寿、三礼明尊、散花定基、堂達運長、皆被物、件経等、宝前〔立〕金銅燈楼、其下埋、供常澄也、従〔初〕今日、々々修諷誦、五師・三綱給禄、別当金照・朝仁等白掛一重、自余単重、権大夫供養経、七僧・三十僧、七僧疋絹、金照加

□であった。凡僧への布施は、米二石《こく》と信濃布《しなののぬの》三端《たん》であった。諷誦《ふじゅ》のために百端を納めた。寺中の僧供料《そうぐりょう》として、米百石を下賜した。また、先年（長徳四年）、私が自ら書き奉った金泥《こんでい》法華経一部と、今回、書き奉った弥勒経《みろくきょう》三巻・阿弥陀経《あみだきょう》・般若心経を、同行の僧七口《く》に中上させた。講師は覚運大僧都《かくうんだいそうず》、呪願師は定澄《じょうちょう》大僧都、読師《とくし》は扶公法橋《ふこうほっきょう》、唄師《ばいし》は懐寿《かいじゅ》、三礼《さんらい》は明尊《みょうそん》、散花《さんげ》は定基《じょうき》、堂達《どうたつ》は運長《うんちょう》であった。皆に被物を下賜した。この経は、蔵王権現御在所に金銅《こんどう》の燈楼《とうろう》を立て、その下に埋め、常燈《じょうとう》を供すのである。今日から燈《とも》し始めた。今日、諷誦を修《しゅ》させた。五師と三綱《さんごう》に禄《ろく》を下賜した。別当金照《べっとうこんしょう》と朝仁に白い掛一重、他に単重であった。春宮権大夫《とうぐうごんのだいぶ》（藤原頼通《よりみち》）も、経を供養した。七僧と三十僧については、七僧に疋絹《ひっけん》を下賜した。金照には単重と米三十石を添えた。□源中《げんちゅう》納言《なごん》（源俊賢《としかた》）も同じようにした。私の経のついでに、女方《にょうぼう》（源倫《りん》子《し》）の経十部も供養した。私が供養した御燈明の百万燈《ひゃくまんとう》は、皆、所々のためである。経供養が終わって所々を見てみると、霧が下りて、思ったように見えなかった。金照の房に還った。金照に掛を下賜して、すぐに下向《げこう》した。夜に入って、寺祇園《てらぎおん》に宿した。

単重・米三十石、　源
中納言同之、我経次女方供
経十部、我御明百万燈、皆
有所々御為、事了見所々、
霧下不見如意、還房、金照
賜掛、即下向、入夜宿寺祇
園、

道長は八月二日に京を出立《しゅったつ》し、十一日に金峯山に詣でた。金剛蔵王《こんごうざおう》が湧出《ゆうしゅつ》したという御在所（現大峰山寺山上本堂《おおみねさんじさんじょうほんどう》付近）に参った後、一条・冷泉院・彰子・東宮のための理趣分（性欲を解放する経という）などの経巻を埋納した。彰子の懐妊祈願という意味も含まれていたのであろう。

この時に埋納された経巻は、元禄《げんろく》四年（一六九一）に山上ケ岳から出土した金銅経筒のなかから発見された。経筒に刻まれた銘文《めいぶん》、および経巻の文字は、道長の自筆と推定される。その端麗な字もまた、道長の本質なのである。経筒には、出立前に「寛弘四年八月十一日」という日付が刻まれた。ということは、何としてもこの日に埋納しなければならないことになる。当初はゆっくりと金峯山をめざしていた道長であったが、途中から雨の日がつづき、最後の数日は、苦労して登ったことであろう。

なお、道長が具注暦《ぐちゅうれき》を持って金峯山に登り、毎日、現地で日記を記したのかどうかは不明であるが、七月末から八月末にかけて、自筆本《じひっぽん》の下部に等間隔のシミが付いている。八月三日条をピークとしており、裏書《うらがき》の五—七行目あたりに見えるものがそれである（表では十日条の下部に付いているもの）。あるいはこの頃、金峯山で雨に降られたことと関連するのであろうか。

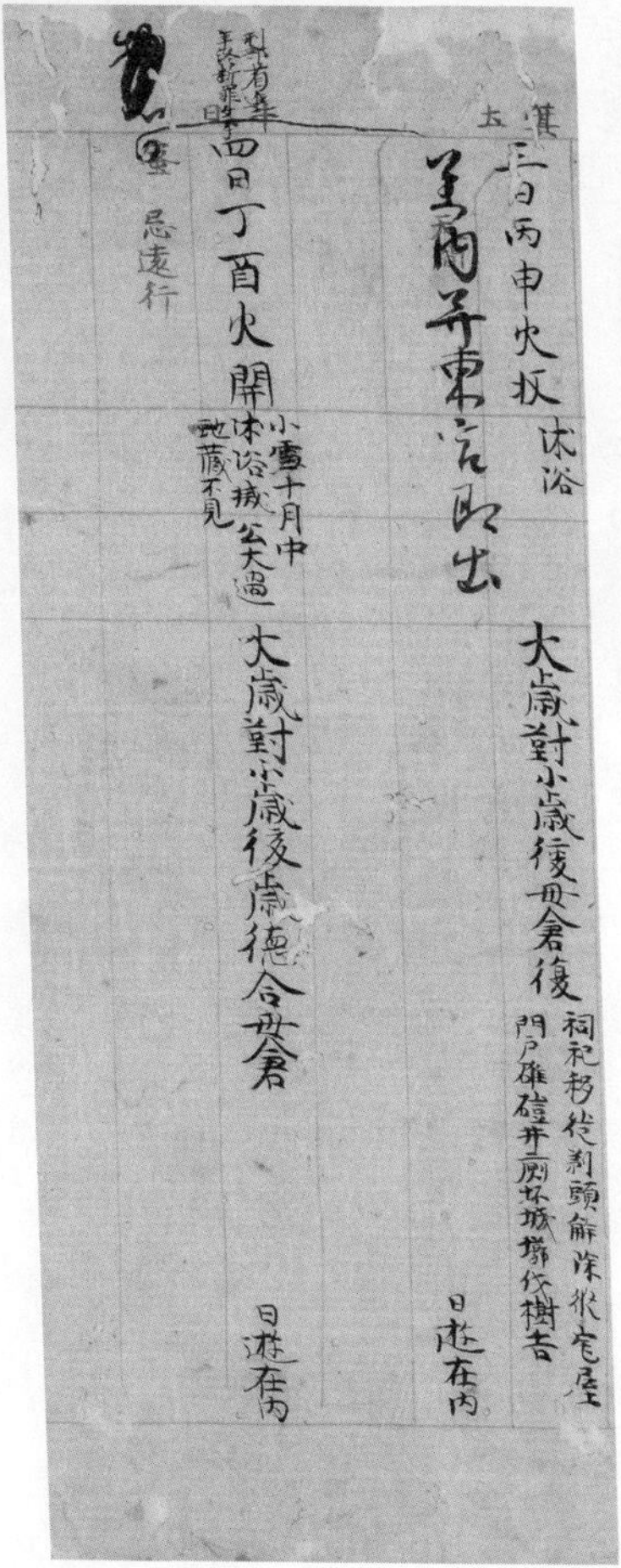

十月三日—五日条（自筆本）　具注暦を巻くこと

三日、丙申、
「参内并東宮、即出、」
「物忌」○四日、丁酉、
「物忌」五日、戊戌、

三日、丙申。
「物忌であった。」四日、丁酉。内裏《だいり》（一条院《いちじょういん》）、および東宮（居貞親王）の許《もと》（枇杷殿北対《びわどののきたのたい》）に参った。すぐに退出《たいしゅつ》した。
「物忌《ものいみ》であった。」五日、戊戌。

元は三日条のところにあった記事（「参内并東宮、即出、」）を、「○」を付した四日条のところまで圏線《けんせん》を引くことによって、四日の記事であることを示している。また、四日条の頭書《とうしょ》としてあった「物忌」を抹消したうえで、改めて五日条の頭書として「物忌」と記している（両方とも道長の筆蹟）。五日条頭書の「物忌」は慌てて雑に記している。

これは三日、四日と巻子本《かんすぼん》の具注暦を巻いていなかったことを示している。具注暦というのは、本来は日記を記すためにあるのではなく、毎日の吉凶や暦の上での注意点や年中行事をあらかじめ確認しておくためにあるものである。

毎日巻いて、その日の注意点を確認しなくても、道長はかまわなかったのであろうか。たとえば三日条にも、「沐浴」とか、「祠祀・移徙《いし》・剃頭・解除《げじょ》……城墎・伐樹に吉《よ》し」とか、「日遊、内に在り」などと記されているではないか。それとも道長くらいになると、周りがすべて気を付けてくれ、道長はそれに従っていればよかったのであろうか。

ということは、日付の間違いに気づいた時には訂正しているとはいっても、間違いのままの記事も多数存在するのではないかとの恐れもある。

寛弘五年（一〇〇八）　敦成親王誕生（「はつはな」）

彰子《しょうし》の懐妊《かいにん》は、当初は秘せられていた（『御産部類記《ごさんぶるいき》』所引『不知記《ふちき》』）。外に漏れて呪詛《じゅそ》でもされてはたいへんだという、道長や一条天皇《いちじょう》周辺の配慮である。寛弘五年の正月は、一条や道長は、秘かな喜びとともに迎えたことであろう。

「御懐妊五箇月」となった彰子は、多くの公卿《くぎょう》を従え、四月十三日に道長の土御門第《つちみかどてい》に退出《たいしゅつ》した。いよいよ『紫式部日記《むらさきしきぶにっき》』の世界がはじまったのである。

そして九月十一日、彰子は待望の第二皇子敦成《あつひら》を出産する。十月の一条天皇土御門第行幸《ぎょうこう》、十二月の百日《ももか》の儀と、後世、「寛弘の佳例《かれい》」と讃えられた盛儀がつづくことになる。

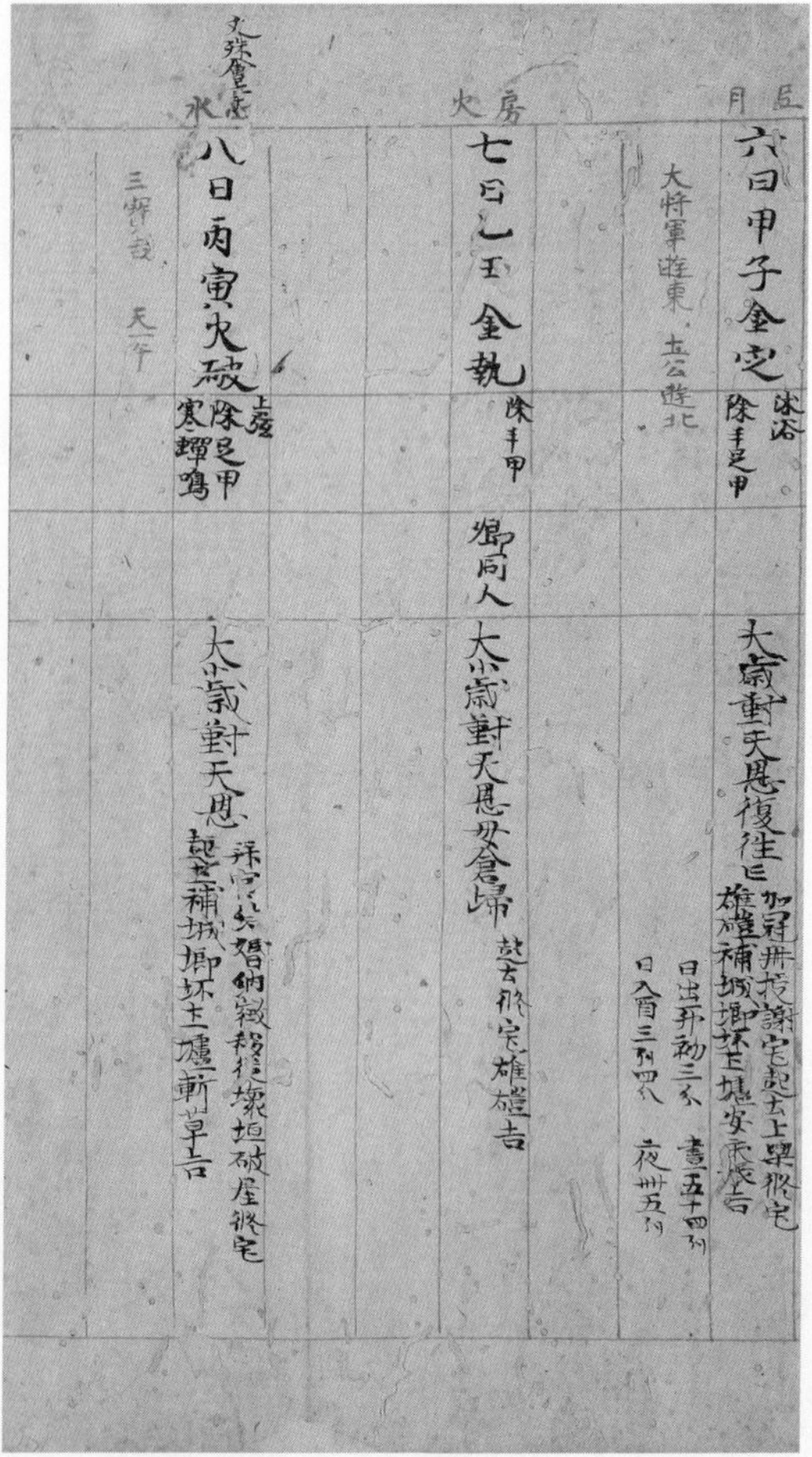

七月九日条（自筆本）　中宮内裏退出延引

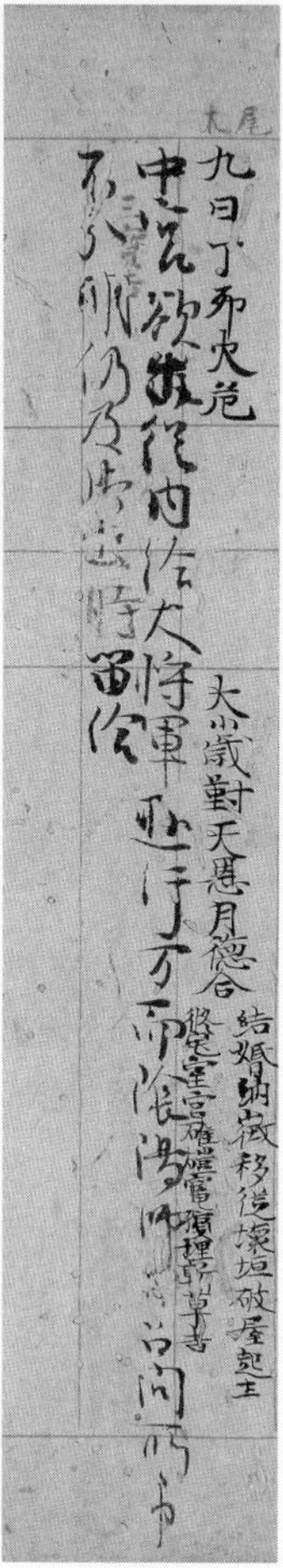

九日、丁卯、中宮欲出従内給、大将軍遊行方、而陰陽師等召問所、々申不分明、仍及御出時留給、

九日、丁卯。中宮《ちゅうぐう》（藤原彰子）が内裏《だいり》（一条院《いちじょういん》）から退出なさろうとしていたところ、土御門第は大将軍《たいしょうぐん》が遊行《ゆぎょう》している方角であった。ところが陰陽師《おんみょうじ》たちを召して問うたところ、申したことは、はっきりしていなかった。そこで御出《ぎょしゅつ》の時剋《じこく》に及んで、内裏に留まられた。

六月十三日、一条が一条院内裏において彰子のための御修善《みしゅぜん》をはじめ、十四日、彰子は内裏に参入《さんにゅう》した。その内裏御修善は、六月二十日に結願《けちがん》（日数を定めた法会《ほうえ》や修法《しゅほう》の終わり）を迎えたが、もう七日間延行《えんこう》され、それが終わった結願日からさらに九日後の七月七日に至り、ようやく彰子は九日に土御門第に退出することが決まった。

「どうしても彰子を手許から離したくない一条」という図式を演出することによって、彰子がかつての定子《ていし》に匹敵する「寵愛《ちょうあい》」を受けていることを主張し、その彰子から生まれるはずの皇子が、定子所生の第一皇子敦康《あつやす》を凌《しの》ぐ正統の後継者であることを宮廷社会にアピールする目的があったものと思われる。

ところがこの月の六日から、本来は南の方角にあった大将軍が、「東に遊ぶ」という状態となっていた。大将軍というのは陰陽道《おんみようどう》の方角禁忌《きんき》で、申酉戌《さるとりいぬ》の三年は南の方角に塞がるのであるが、甲子日から己巳日までは東に遊行するとされていた。寛弘五年は戊申年であり、また一条院内裏から見て土御門第は東の方角にあたるので、そちらへの移動はできない。

これは『御堂関白記』自筆本《じひつぼん》を記した具注暦《ぐちゆうれき》の六日（甲子）条にも朱書《しゆしよ》してあるのであるから、道長も含めて、宮廷社会の全員がわかっていたことであった。なお、十一日（己巳）条には、「大将軍、南に還る」という朱書があり、元に戻っている。

しかしながら、おそらくは誰もがそれに気づかぬふりをしたまま、九日の退出を迎えた。行啓《ぎようけい》の行列も整った時に、突如として大将軍遊行という事実が表面化してしまったのである。大将軍を問題にした誰か（行啓に供奉《ぐぶ》する予定の公卿・殿上人《てんじようびと》の内の一人か）は、行啓の準備をさせたうえで、その時刻に至って、はじめてそれを指摘したのである。当然、退出は十六日に延引《えんいん》となった。それは周到に準備された、きわめて悪質にして、しかも正当な嫌がらせと言うべきであろう（単に場の雰囲気を読めない者が能天気に口にしてしまったのかもしれないが）。

なお、彰子の御産が近づくにつれて、『御堂関白記』の記事はめだって少なくなってきている。御産の準備に忙しすぎて、日記を記す暇もなかったのであろうか。それは紫式部《むらさきしきぶ》によって仮名で記録された御産記である『紫式部日記』がこの年の七月からはじまっていることと、見事に波長を合わせたかのようである。彰子の御産の記事では、『御堂関白記』と『紫式部日記』で同じ表現をしている箇所も存在する。これはどういった事情によるものであろうかと、いつもあれこれ想像してしまう。

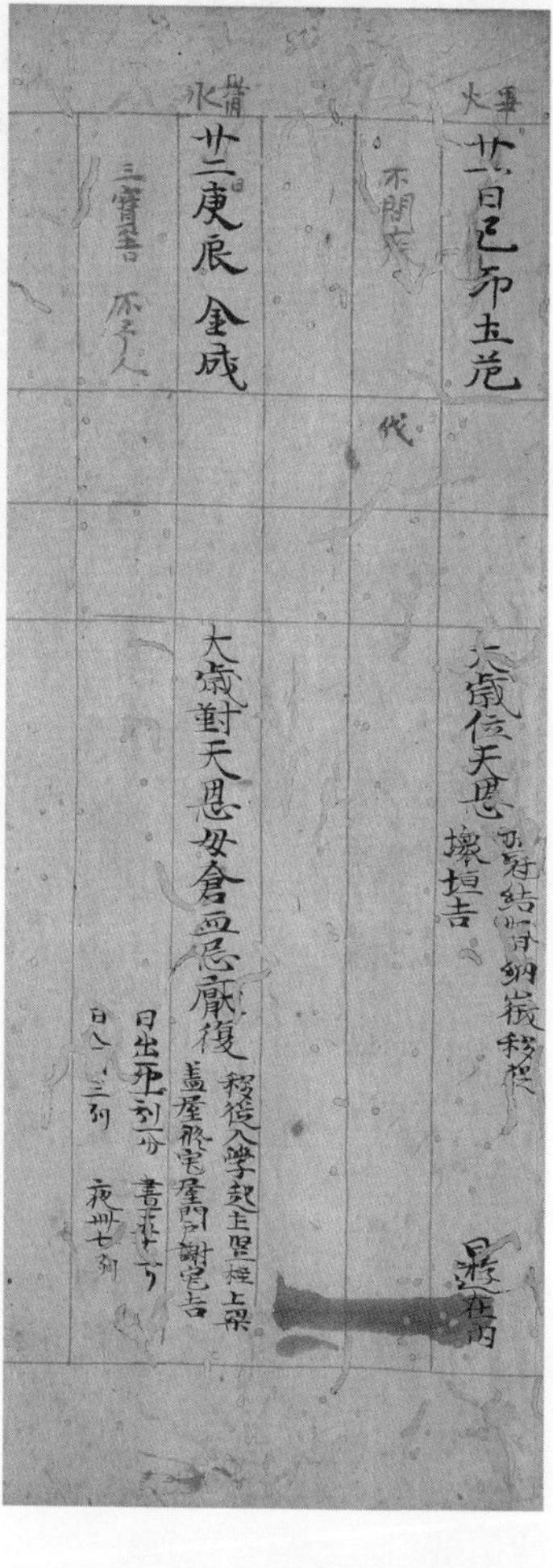

七月二十一―二十四日条（自筆本）　薬師仏造像／中宮御修善

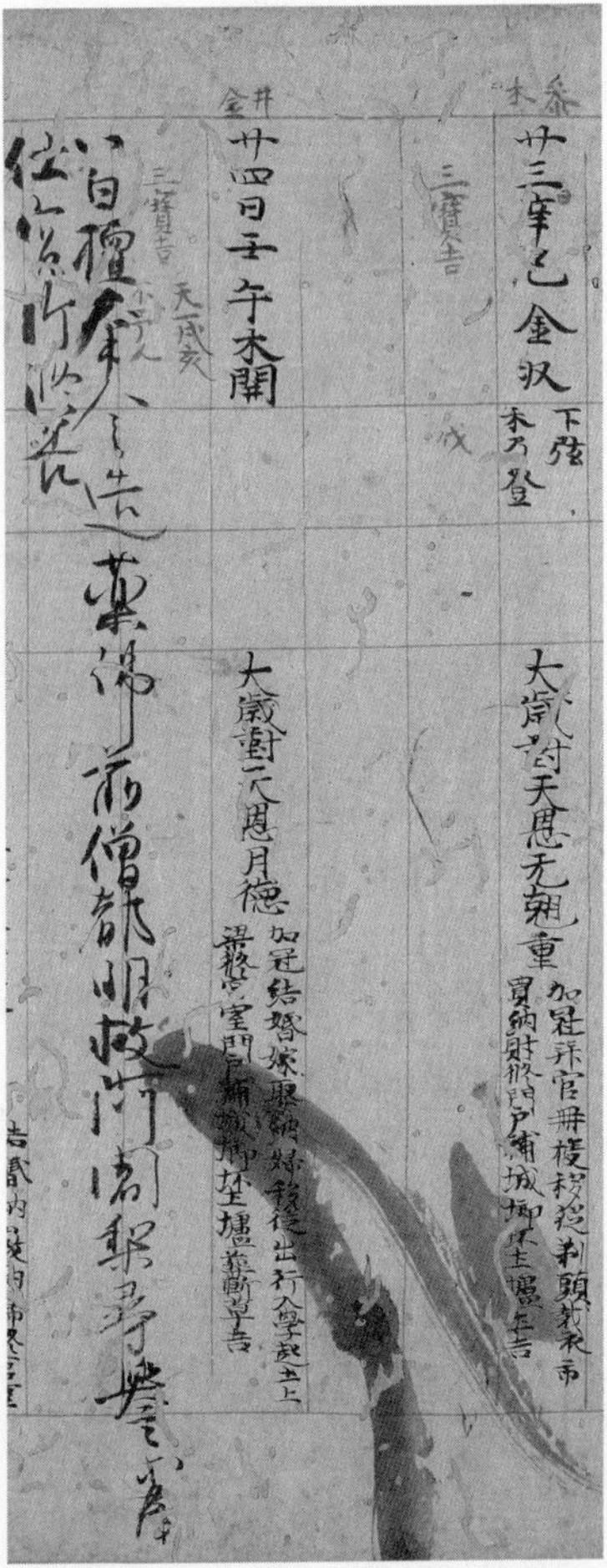

廿一日、己卯、
廿二日、庚辰、
廿三日、辛巳、
廿四日、壬午、以白檀奉令造薬仏、前僧都明救・阿闍梨尋誉等奉仕宮御修善、

二十一日、己卯。

二十二日、庚辰。

二十三日、辛巳。

二十四日、壬午。白檀《びゃくだん》で薬師《やくし》仏《ぶつ》を造らせ奉った。前僧都明救《さきのそうずみょうぐ》と阿《あ》闍《じゃ》梨《り》心誉《しんよ》が、中宮（藤原彰子）の御修善を奉仕した。

二十四日条は、道長が彰子の平産を期して、白檀で薬師仏を造顕《ぞうけん》させ、彰子のための修善をおこなったという記事であるが、ここにこの記事を掲げたのは、それを見ていただきたいからではない。

いつも『御堂関白記』の複製や写真版を見ていて不思議に思うのだが、この墨の汚れは何なのだろう。二十三日から二十四日条にかけてのものは、筆の試しのようにも見えるが、二十一日条のものは、はっきりとまっすぐに引いている。

だいたい、これらがいつの時点で施されたものかもわからない。『御堂関白記』自筆本でも、現存するものではここだけの珍現象である。番外篇で述べるが、この寛弘五年暦巻下の自筆本は、近世に折本《おりほん》の状態にされた。もしかしたら、そのあたりが影響しているのであろうか。

なお、二十二日条と二十三日条については、日付の「日」という字を書き忘れたようで、後に字間に朱書で補っている。プロの暦博士《れきはかせ》でもこんな間違いを犯すものなのである。

ついでに言っておくと、『御堂関白記』自筆本の紙背《しはい》には、まったく『御堂関白記』に関係のない書き入れ（ほとんどは習書《しゅうしょ》）も、しばしば存在する。長保元年（九九九）九月十二日―十八日の紙背（「従三位行」「物忌」「天保」「中文」など）、寛弘二年（一〇〇五）二月二日の紙背（「美努豊茂」）、寛弘二年六月十日の紙背（「十日丙戌大歳」など）、寛弘四年（一〇〇七）七月十五日の紙背（「ことをおも」など）、寛弘六年（一〇〇九）八月二十二日の紙背（「時時時」「天天」「ま」など）、寛弘六年九月十九日の紙背（「元」「宜」「月」「内」など）、寛弘八年（一〇一一）正月二十五日の紙背（「聞」など）である。

ほとんどが江戸時代のものと思われるが、『御堂関白記』自筆本が、江戸時代に近衛家においてどのように扱われていたかの一端をうかがうことのできる事実である。寛弘五年十月十六日条、十七日条、十二月二十日条の紙背に写された別の古記録については、番外篇で触れることとする。

九月十日、十一日条（自筆本）　皇子敦成誕生

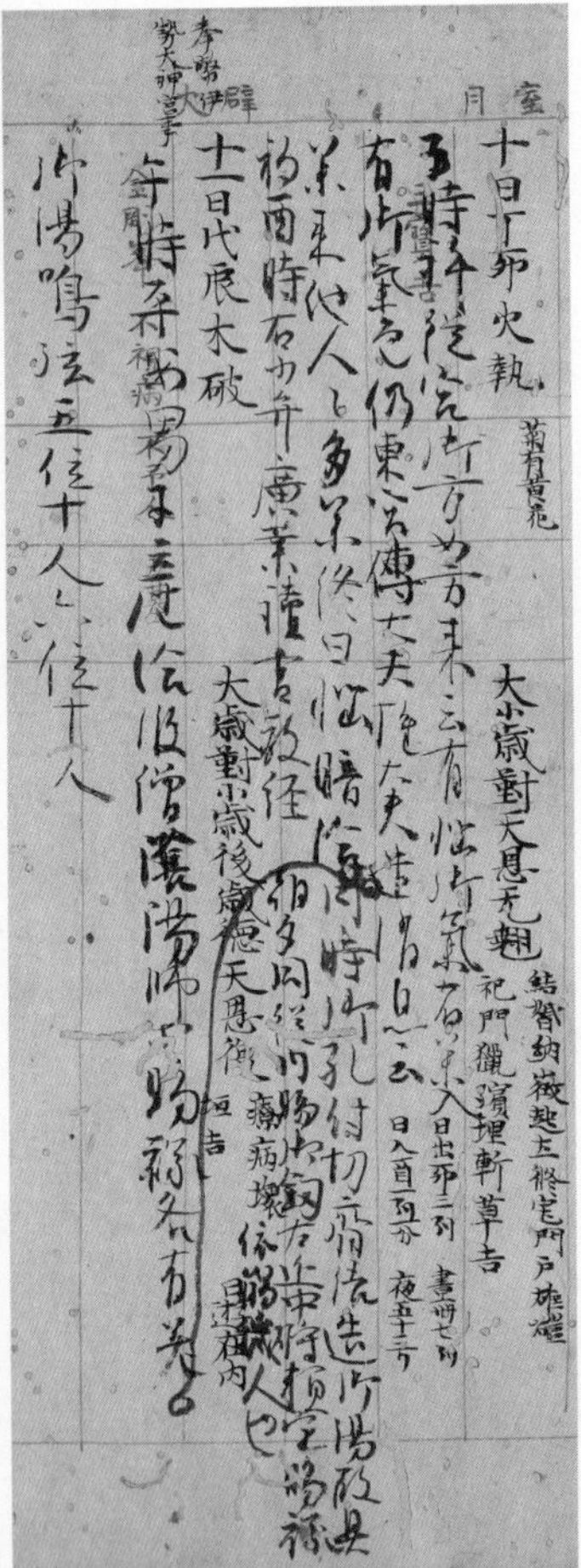

十日、丁卯、子時許従宮御方女方来云、有悩御気者、参入、有御気色、仍東宮傅・大夫・権大夫遣消息云、参来、他人々多参、終日悩暗給、○「同時御乳付、切斉結、造御湯殿具初、酉時右少弁広業読書、教経、朝夕同、従内賜御釼、左近中将頼定、賜禄、依触穢人也、」
十一日、戊辰、午時平安男子産給、候僧・陰陽師等賜禄、各有差、○
御湯鳴弦五位十人、六位十人、

十日、丁卯。子《ね》剋の頃、中宮（藤原彰子）の御産所（土御門第寝殿《しんでん》）から女方《にょうぼう》（源倫子《りんし》）が来て云ったことには、「中宮が産気《さんけ》付かれました」と。御産所に参入した。御産気のご様子が有った。そこで東宮傅《とうぐうふ》（藤原道綱《みちつな》）・中宮大夫《ちゅうぐうだいぶ》（藤原斉信《ただのぶ》）・中 宮権大夫《ちゅうぐうごんのだいぶ》（源俊賢《としかた》）に書状を遣わして云ったことには、「参り来られよ」と。他の人々も、多く参った。中宮は一日中、病み暮らされた。

十一日、戊辰。午《うま》剋に、中宮が平安《たいらか》に男子（敦成親王）をお産みになった。伺候《しこう》していた僧や陰陽師たちに禄《ろく》を下賜《かし》したことは、各々、差が有った。同じ時剋《じこく》に御乳付《ちつけ》を行ない、臍緒《へそのお》を切った。御《お》湯殿《ゆどの》の具を造り始めた。酉《とり》剋に、右少弁《うしょうべん》（藤原）広業《ひろなり》が読書《どくしょ》を行なった。『御注 孝経《ぎょちゅうこうきょう》』であった。朝夕、同じものを読み聞かせた。内《うち》（一条天皇）から御釼《みはかし》を賜わった。左近中 将《さこんのちゅうじょう》（源）頼定《よりさだ》が使者となって来た。禄を下賜した。産穢《さんえ》に触れてしまった人であるからである。

御湯殿の鳴弦《めいげん》は、五位《ごい》十人と六位《ろくい》十人であった。

九月九日夜半、彰子に産気が起こり、十日が明けると、道長の招集に応じた諸卿が続々と駆けつけた。ところがこの日は、物怪《もののけ》が出現するばかりで、一向に御産はなかった。この日、道長は土御門第を訪れた顕光《あきみつ》と公季《きんすえ》には面談したが、その後に定子の兄である伊周《これちか》が参入しても会おうとはしなかった。実資《さねすけ》は「事、故《ゆえ》有るか」と記している（『小右記』）。これまでの一条後宮《こうきゆう》の推移を考えると、道長が定子の兄である伊周を恐れるのも当然であった。道長の女《むすめ》である彰子が一条の皇子を産むとなると、その際に「あの女」や「その父」の物怪が出現するだろうと道長周辺が考えるのも、これまた当然のことであった。

翌十一日の昼ごろ、「御物怪がくやしがってわめきたてる声などの何と気味悪いことよ」（『紫式部日記』）という状況のなか、「平安に」皇子を出産した。道長は諸卿に、「たまたま仏神の冥助《めいじょ》によって平安に遂げた。喜悦《きえつ》の心は、喩《たと》えようもない。気持ちは、敢えて云うこともできない」と、その喜びを語った（『御産部類記』所引『小右記』）。まさに栄華の「はつはな」といったところであろう。

ただ、行成《ゆきなり》の『権記』には、「午剋、中宮は男皇子《おとこみこ》（敦成）を誕《う》んだ。仏法《ぶつぽう》の霊験《れいげん》である」としか記されていないし、何よりかつての敦康の誕生時とは異なり、諸史料に一条自身の喜びの言葉が残っていないことが気にかかる。ともあれ、これで敦康は、道長にとってまったく無用の存在、むしろ邪魔な存在となったのである。同様、伊周をはじめとする中関白《なかのかんぱく》家《け》の没落も決定的となった。そればかりか、外孫《がいそん》を早く立太子《りつたいし》させたいという道長の願望によって、やがて一条との関係も微妙なものとなる。

土御門第行幸模型（風俗博物館蔵）

この十一日条、「各有差、」まで記して「○」を付し、前日の十日の部分にもなだれ込んで、ここにも「○」を付した上で「同時御乳付、」以下を記し、圏線《けんせん》を引いて十一日条であることを示している。この慶事を、道長はどうしても紙背に裏書《うらがき》として記したくなかったのであろう。十日の部分に記されている「同時」以下の四十六字は十一日条の記事なのであるが、十一日の部分がまだ空いているにもかかわらず、何故に十日の部分になだれ込んだのかは、不明と言わざるを得ない。

想像をたくましくすれば、どうしても紙背に記録したくなかった道長は、十日の部分になだれ込んで記したものの、案外に記すべき記事が少なかったので、「御湯鳴弦」以下の記事を十一日の部分に記したといったところであろうか。皇子誕生の儀式でてんやわんやだったのであろうし、『紫式部日記』も書かせているから、詳細はそちらを見ればいいと安心していたのであろう。

なお、広業が読んだ『孝経』を、自筆本では「教経」と記している。「孝」を書く段階で、「孝」を偏《へん》とする「教」が頭に浮かんでしまい、「攵」を記してしまったものか。

十二月二十日条（自筆本）　敦成親王百日の儀

自筆本表

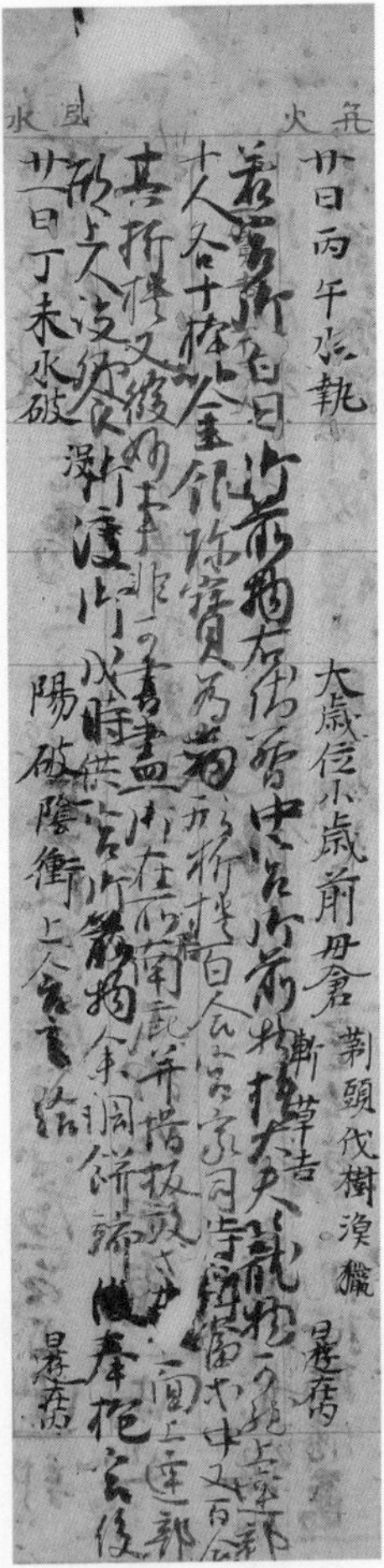

自筆本裏

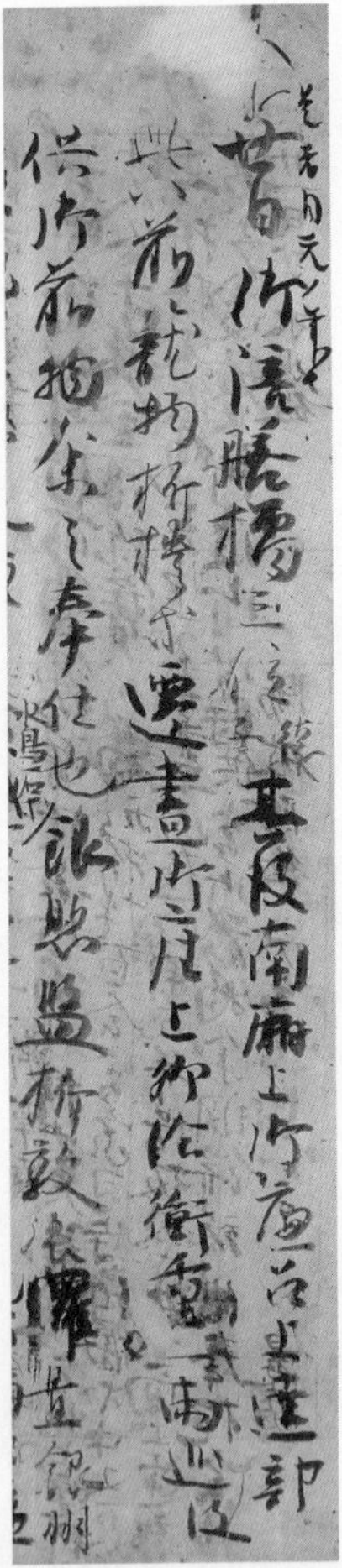

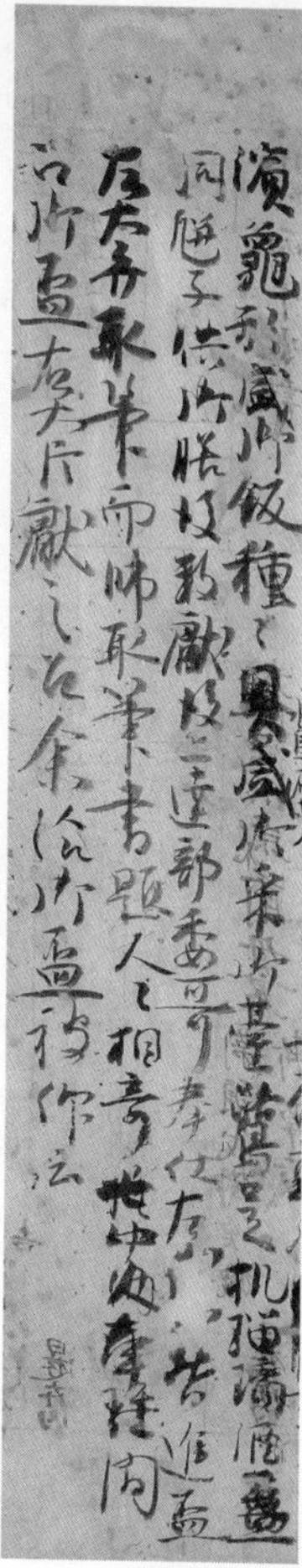

廿日、丙午、若宮御百日、御前物右衛門督、中宮御前物権大夫、籠物可然上達部十人、各十捧、以金銀・珎宝為物形、折櫃百合、宮家司・侍別当等中又百合、其折櫃又微妙、事非可書尽、御在所《居》南庇幷惜板敦等、東面上達部・殿上人設饗、御渡御戌時、供宮御前物、余調餅端、條奉抱宮候、上含

二十日、丙午。若宮《わかみや》（敦成親王）の御百日の儀があった。若宮の御《ご》前《ぜん》の食膳は、右衛門督《えもんのかみ》（藤原斉信）が奉仕した。中宮（藤原彰子）の御前の食膳は、中宮権大夫（源俊賢）が奉仕した。籠物《こもの》は、然《しか》るべき公卿十人が、それぞれ十捧《ささげ》ずつ奉仕した。金銀・珍宝《ちんぽう》を使って物の形としてあった。折櫃《おりびつ》百合《ごう》が献上された。敦成親王家の家司《けいし》や侍《さむらい》別当《べっとう》たちの中から、百合が献上されたのである。その折櫃も、また絶妙であった。事の美麗さは、書き尽くすことができない。若宮の御在所《ございしょ》（一条院東北対《とうほくのたい》）の南廂《みなみびさし》と仮板敷《かりいたじき》に、これらの物を並べた。東孫廂《ひがしのまごびさし》の公卿と東又廂《ひがしのまたびさし》の殿上人に饗宴《きょうえん》を準備した。一条天皇の御渡御《とぎょ》は、戌《いぬ》剋であった。若宮に御前の食膳を供した。私は上《うえ》の餅餤《べいだん》を調達した。若宮を抱き奉って、天皇の御前に伺候した。上

之給、
廿日、御陪膳橘三位徳子、其後、南廂上御簾、召上達部、此以前籠物・折櫃等、遷昼御座、上卿給衝重、一両巡後供御前物、余之奉仕也、銀懸盤・折敷張羅、置銀州浜、亀形盛御飯、種々〈水鳥石等〉具盛御采、御台鷺足机、瑠璃酒盞・同瓶子、供御膳後数献、後上達部委哥奉仕、左衛門督進盃、左大弁取筆、而帥取筆書題、人々相奇、七八人奉仕間、召御盃、右大臣献之、召余給御盃、被仰云、

（一条天皇）は餅餤を若宮の口に含ませられた。

二十日。若宮の御陪膳《ばいぜん》は、橘三位《たちばなのさんみ》〈（橘）徳子《とくし》。〉であった。その後、南廂の御簾《みす》を上げて、公卿を召された。これ以前に、籠物と折櫃を北対《きたのたい》の昼御座《ひのおまし》（一条院北対母屋《もや》）に遷《うつ》した。公卿に衝重《ついがさね》を賜わった。一、二巡《じゅん》の宴飲《えんいん》の後、天皇の御前の食膳を供した。私がこれを奉仕したのである。銀の懸盤《かけばん》と折敷《おしき》に羅《ら》を張って、銀の洲浜《すはま》を置いた。亀形の器に御飯を盛った。種々の食器〈水鳥《みずとり》と石の形であった。〉に御采《さい》を盛った。御酒《みき》を供する御台は、鷺足《さぎあし》の机であった。瑠璃《るり》の酒盞《しゅさん》と、同じく瑠璃の瓶子《へいじ》であった。天皇の御膳を供した後に、数献《こん》の宴飲があった。後に公卿が和歌を奉仕した。左衛門督《さえもんのかみ》（藤原公任《きんとう》）が、皆に盃を勧めて和歌を詠《よ》ませた。左大弁《さだいべん》（藤原行成《ゆきなり》）が、筆を取って和歌の序題《じょだい》を書こうとした。ところが、帥《そち》（藤原伊周）が左大弁から筆を取り上げて序題を書いた。人々は、互いに不審に思った。七、八人が和歌を奉仕した頃、天皇は御盃を召された。右大臣《うだいじん》（藤原顕光）が、これを献上した。天皇は私を召されて、御盃を賜わった。おっしゃって云われたことには、「

彰子御在所の一条院内裏東北対において敦成の百日の儀がおこなわれた。「盃酌《はいしゃく》が頻《しき》りに巡り、既に酩酊《めいてい》に及んだ」頃（『小右記』）、能書《のうしょ》の行成が、公卿たちの詠んだ歌の序題を書こうとしていた時のことであった。伊周が行成から筆を取り上げ、自作の序題を書いたのである。その行為だけでも、「満座には、頗《すこぶ》る傾き奇《あや》しむ様子が有った。帥は自らを丞相《じょうしょう》に擬した。どうして輙《たやす》く筆を執《と》ったのか。身にもまた、忌諱《きき》が有る。思い知っていないようなものである。大底《たいてい》は無心《むしん》なのであろうか」と記されているように（『小右記』）、非難を浴びたのであるが、さらに問題なのは、その内容である。

『本朝文粋《ほんちょうもんずい》』に収められているこの序のなかでは、敦成を「第二皇子」と呼称し、「隆周《りゅうしゅう》の昭王《しょうおう》・穆王《ぼくおう》、暦数《れきすう》長し。我が君、又、暦数長し。本朝の延暦《えんりゃく》（桓武《かんむ》天皇）・延喜《えんぎ》（醍醐《だいご》天皇）、胤子《いんし》多し。我が君、又、胤子多し。康なるかな帝道《ていどう》。誰か歓娯《かんご》せざらんや」という「私語」がつづいている。一条には敦成の他にも皇子女が多く存在することをアピールしたうえ、「隆周」というのは、道隆・伊周父子を意識したものであろうし、「康なるかな帝道」のうちの「康」は、敦康の名に通じるものである。これは敦成の誕生を祝う宴において、定子所生の皇子女、特に第一皇子である敦康の存在を皆に再確認させようとしたパフォーマンスだったのであろう。

皆が伊周の行動を怪しんでいた時、一条は道長を召して玉杯《ぎょくはい》を賜わった。場の雰囲気を和ませようとした、一条の気配りなのであろう。「そこで一条天皇が仰せになったことには、」で『御堂関白記』のこの日の記事は終わっている。いったい一条は、この時には何と言ったのであろうか、また道長は、何故これを記さなかったのであろうか。
一条が何か書いたらまずいことを言って、道長はそれを書きかけたものの、躊躇してやめた可能性もないとは言えない。ただ、『権記』や『小右記』を見てみると、この時、一条は「歌を詠もう」と言ったようなので、おそらく道長は一条の言ったことを忘れてしまっただけのようである。

また、裏書の六行目、「人々相奇」の次に道長は、「権中納言雖」と書いて、その上に重ねて「七八人奉仕」と書いている。権中納言とは伊周の弟の隆家《たかいえ》のことであるが、あるいは隆家に何かの動きがあったのであろうか。

この裏書の両側には後世、信じられない書き込みがおこなわれる。詳しくは番外篇で。

寛弘六年（一〇〇九）　敦良親王誕生

正月、何者かが彰子《しょうし》・敦成《あつひら》親王・道長を呪詛《じゅそ》していたことが発覚した（一条《いちじょう》天皇が含まれていないことが、摂関政治《せっかんせいじ》の本質を物語っている）。捕えられた伊周《これちか》の外戚《がいせき》や縁者の勘問《かんもん》日記によると、呪詛は前年の十二月中旬、例の敦成百日《ももか》の儀の頃から計画され、その理由は、「中宮《ちゅうぐう》（彰子）、若宮《わかみや》（敦成）、及び左大臣《さだいじん》（道長）がいらっしゃると、帥殿《そちどの》（伊周）が無《む》徳《とく》（台無し）でおられる。世間にこの三箇所がおられないように、厭魅《えんみ》し奉るように」というものであった（『政事要略《せいじょうりゃく》』）。

外戚や縁者が追捕《ついぶ》されて「自白」してしまった以上、ここに伊周の政治生命は、完全に絶たれてしまったことになる。しかし、当の伊周も含め、事件の関与者が皆、翌年までには赦《しゃ》免《めん》されていることは、この事件の本質を語っていると言えよう。呪詛の事実自体も、怪しいものである。

なお、この事件によって、特に呪詛に際しては小心な道長は、出仕《しゅつし》を憚《はばか》るということを言い出している。「我が身の大事の為のものである」ということであったが、二月六日になって、やっと気を取り直したようである（『権記』）。ちなみに、この年の二月には、道長は『御堂関白記』の記事は何も記すことができていない。

一方、三十歳を迎えて重く慎しむべきであるとされていて、病悩《びょうのう》がちでもあった一条であったが、信じがたいことに、ふたたび彰子を懐妊《かいにん》させ、十一月に敦良《あつなが》親王が生まれた。後に後朱雀《ごすざく》天皇となり、今日まで皇統《こうとう》を伝えることになる皇子である。

十一月十五日、十六日条（自筆本）　中宮御在所饗宴／五節童女御覧／新嘗祭

自筆本表

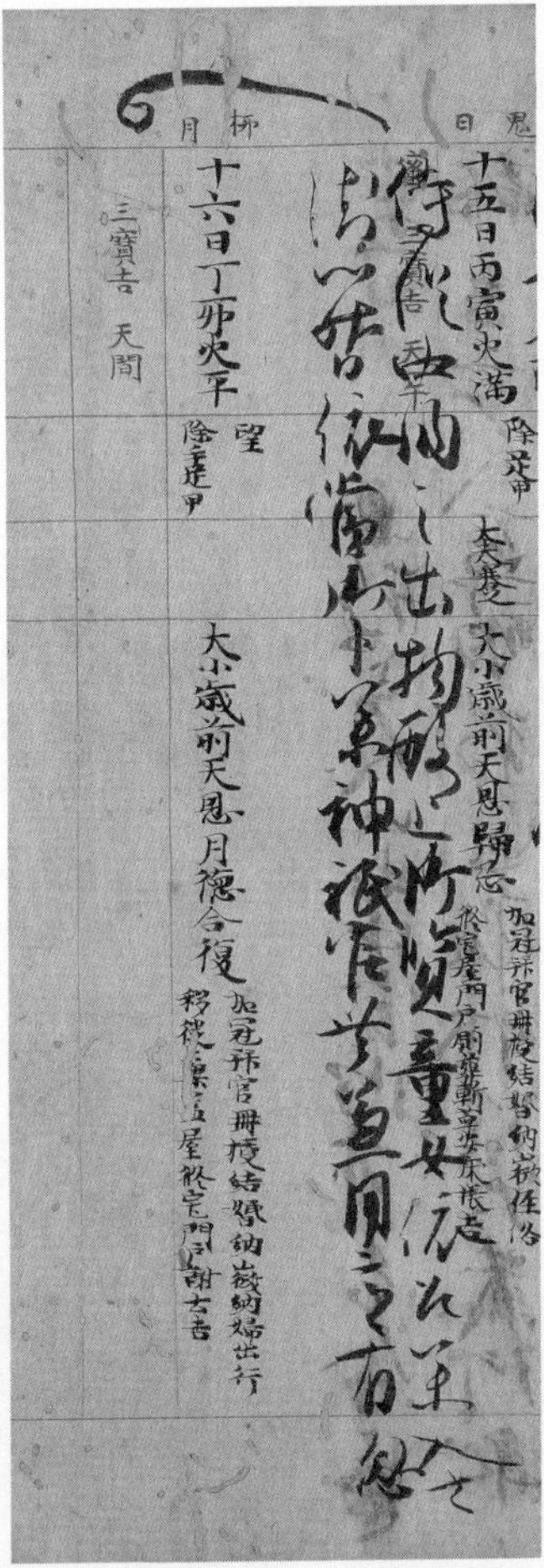

自筆本裏

十五日、丙寅、
「侍従中納言出物殿上、御覧童女、依召参入、左衛門督依当御卜、参神祇官、無兼用意、有忽、」
十五日、従内参殿上人参中宮御方、来会上達部五六人、盃酌数巡、酩酊後、大蔵卿取盃、有和哥事、侍従中納言書之、
○十六日、丁卯、

十五日、丙寅。内裏《だいり》（枇杷殿《びわどの》）から殿上人《てんじょうびと》が、中宮（藤原彰子）の御在所《ございしょ》に参った。やって来た公卿《くぎょう》は、五、六人であった。盃酌《はいしゃく》すること数巡《じゅん》の宴飲《えんいん》があった。酩酊《めいてい》の後、大蔵卿《おおくらきょう》（藤原正光《まさみつ》）が、盃を取って勧めた。和歌を詠《よ》んだ。侍従中納言《じじゅうちゅうなごん》（藤原行成《ゆきなり》）が、それを書いた。

十六日、丁卯。侍従中納言が、書いた和歌を殿上間《てんじょうのま》に提出した。五節《ごせち》の童女御覧《どうにょごらん》の儀が行なわれた。私は天皇の召しによって参入《さんにゅう》した。左衛門督《さえもんのかみ》（藤原頼通《よりみち》）は、御卜定《ぼくじょう》に当たったので、小忌上卿《おみのしょうけい》として神祇官《じんぎかん》に参った。私はあらかじめ内弁《ないべん》を務める用意は無かった。急にこのことが決まった。

これはかなり珍しい例である。具注暦《ぐちゅうれき》の十五日の箇所に記されているのは、じつは十六日の五節童女御覧と新嘗祭《にいなめのまつり》の記事である。例によって圏線《けんせん》を十六日の箇所まで引き、これが

十六日の記事であることを示している。

　これだけならば、よくある例なのであるが（このような圏線は、全部で十一ヵ所存在する）、十五日の箇所の紙背《しはい》に、中宮御在所における饗宴《きょうえん》の記事（十五日のこと）が記されている。何故にこんなことをしたかというと、具注暦の表の十五日の箇所には十六日の五節童女御覧と新嘗祭の記事があって、十五日の記事が書けなかったためである。

　つまり、十五日の記事を書く前に十六日の記事を書いてしまったのである。しかも、間違った場所に。道長が『御堂関白記』を毎日記録していたわけではないことを如実に示す例である。

　しかも、暦注《れきちゅう》の記してある具注暦を、どうも文机《ふづくえ》に拡げっぱなしにして、毎日巻いていないのではないかとの疑いも生じる。前の日に巻き忘れて、一日前の箇所が出ていた部分に、次の日の記事を記してしまうと、このようなことが起こるのではないだろうか。

　なお、新嘗祭とは、毎年十一月下卯《う》日と翌辰《たつ》日の二日間におこなわれる祭祀で、新穀を天照大神《あまてらすおおみかみ》はじめ天神地祇《てんじんちぎ》に奉献する儀式のこと。卯日の昼の班幣《はんぺい》と夜の神事と、辰日の豊《とよの》明節会《あかりのせちえ》とから構成される。大嘗《おおにえ》より新嘗の方がより古い呼称であると推測されている。五節舞姫《ごせちのまいひめ》の方は、新嘗祭・大嘗祭《おおにえのまつり》の豊明節会に出演する舞姫で、九月に公卿の女《むすめ》二人、受領《ずりょう》の女二人が舞姫に決定された。十一月の中丑《うし》日が帳台試《ちょうだいのこころみ》、寅《とら》日が御前試《ごぜんのこころみ》、卯日が童女御覧、辰日が豊明節会で、この日、舞の本番がおこなわれた。

十一月二十五日条（自筆本）　皇子敦良誕生

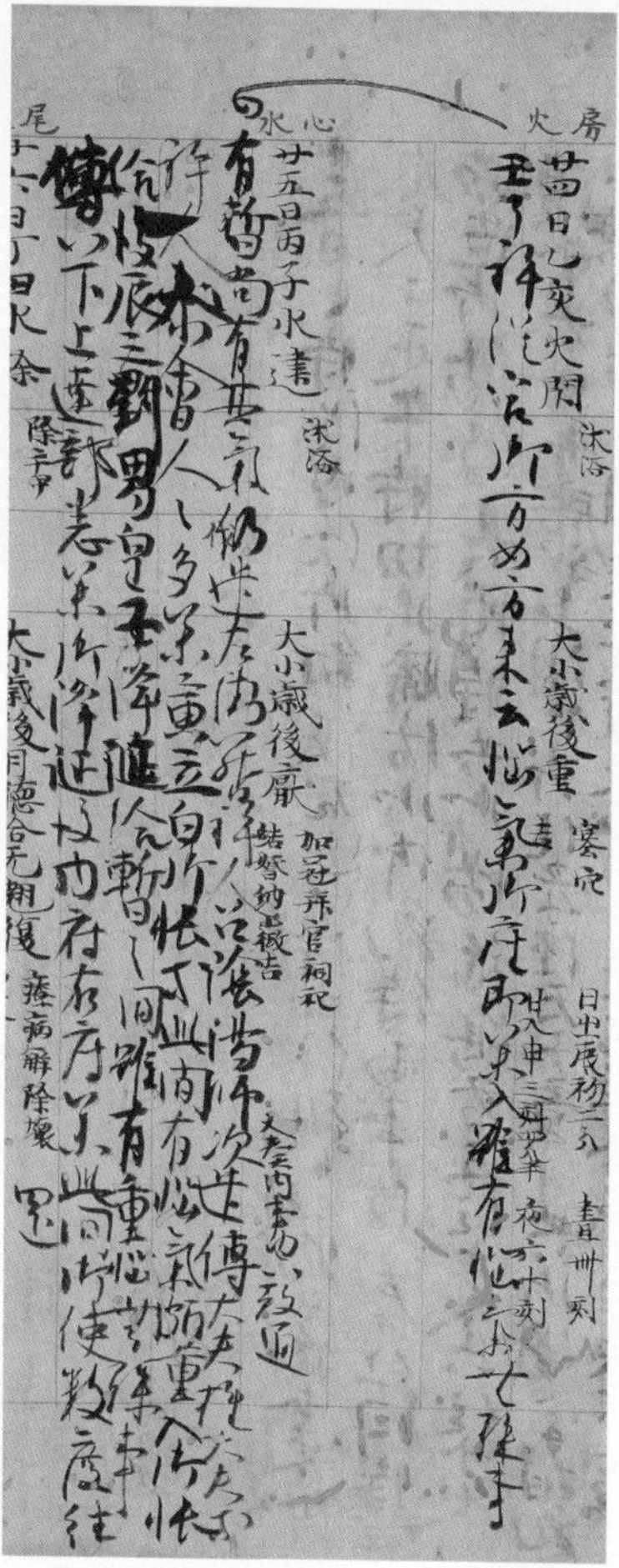

廿四日、乙亥、「丑了許、
従宮御方女方来云、悩気御
座、即参入、雖有悩気無殊

二十四日、乙亥。
二十五日、丙子。丑剋《うし》の終わりの頃、中宮（藤原彰子）の御産所
（土御門《つちみかど》第《てい》寝殿《しんでん》）から女方《にょうぼう》（源倫子《りんし》）が来て云ったことには、「中宮

事、」
○廿五日、丙子、有暫尚有其気、仍遣左衛門督許人、又奏内事由以教通、召陰陽師、次遣傅・大夫・権大夫等許人、参会人々多参、寅立白御帳等、此間有悩気頗重、入御帳給後、辰三刻、男皇子降誕給、暫之間、雖有重悩、無殊事、傅以下上達部悉参、御降誕後、内府・右府参、此間御使数度往還、

が産気《さんけ》付かれました」と。すぐに御産所に参入した。御産の気配が有るとはいっても、まだ大した事は無くいらっしゃった。

暫《しばら》くして、まだ御産の気配が有った。そこで左衛門督（藤原頼通）の許《もと》に人を遣わした。陰陽師《おんみょうじ》を召した。また、内《うち》（一条天皇）に事情を奏上《そうじょう》したのは、（藤原）教通《のりみち》を遣わした。次に東宮傅《とうぐうふ》（藤原道《みち》綱《つな》）・中宮大夫《ちゅうぐうだいぶ》（藤原斉信《ただのぶ》）・中宮権大夫《ちゅうぐうごんのだいぶ》（源俊賢《としかた》）の許に人を遣わした。参会《さんかい》の人々が多く参った。寅《とら》剋に白い御帳《みちょう》を立てた。この間、御産の気配は頗《すこぶ》る重かった。中宮が御帳に入られた後、辰《たつ》三剋に男皇子《おとこみこ》（敦良親王）を降誕《こうたん》された。暫くの間、重く苦しむことが有ったのではあるが、大した事は無くいらっしゃった。東宮傅以下《いげ》の公卿が、悉《ことごと》く参った。御降誕の後、内大臣《ないだいじん》（藤原公季《きんすえ》）と右大《うだい》臣《じん》（藤原顕光《あきみつ》）が参った。この間、天皇からの御使が数度、往還した。


この年の十月五日には里内裏《さとだいり》にしていた一条院《いちじょういん》が焼亡《しょうぼう》してしまった（『権記』）。新造内裏《しんぞうだいり》はすでに三年前の寛弘三年（一〇〇六）十二月に完成していたのであるが、一条は何故か道長の枇杷殿に遷御《せんぎょ》している。新造内裏は次の天皇のために残しておいたのであろうか。

この騒ぎも収まった十一月二十五日の辰《たつ》三剋（午前八時半頃）、彰子は第三皇子敦良を出

産した。「喜悦《きえつ》が特に甚だし」かった道長は、参入した実資《さねすけ》に、「今般に至るまで男女を顧《かえり》みず、ただ平安を祈っていた。ところが平安《たいらか》に御産を遂げられたうえに、また男子の喜びが有る」と語っている（東山御文庫本《ひがしやまごぶんこぼん》『御産記《ごさんき》』〈『小右記』〉）。四年後に三条天皇《さんじよう》中宮である二女の妍子《けんし》が禎子《ていし》内親王を産んだ時の道長の不興《ふきよう》（『小右記』）を考えると、「男女を顧みず」というのは、とても本心とは思えない。

なお、道長はこの日の記事を二十四日の箇所に書きはじめ、一行を書き終えたところで気づいたのか、圏線を引き、「○」を付した二十五日の箇所に次の行を書き継いでいる。このあたりも、この皇子の誕生に対する宮廷社会の雰囲気を象徴していると言えようか。

また、この皇子の誕生を記した二十五日の箇所では、三行目に「男皇王」と記した後で「王」の上から「子」と書き直して「皇子」としている。「おうじ」という言葉が脳裡《のうり》に残り、「王」という字も記してしまったものか。「子」は随分と太い字で記しているように見えるのは、道長の気持ちの表われであろうか。

十一月二十七日には、諸卿が参入して三夜の産養《うぶやしない》がおこなわれた。その後も二十九日の五夜の産養、十二月二日の七夜の産養、四日の九夜の産養とつづき、道長は実資に対し、「毎夜、参入されるのは、極《きわ》めて悦《よろこ》びと思う」という言葉を、度々発している（『御産記』〈『小右記』〉）。

ただ、二人目の皇子ということか、『紫式部日記』はもちろん、『御堂関白記』も他の貴族の日記も、前年の敦成親王誕生の際にくらべて、その熱気はいくぶん抑え気味であるように思えるのは、私だけであろうか。結局はこの皇子が後世まで皇統を伝えていくことになるとは、この時点では誰も予想できなかったであろう。

十二月十四日―十六日条（自筆本・古写本〈師実筆〉）

中宮造仏始／中宮御修善／朝拝侍従・荷前使・内裏季御読経定／御仏名会／賀茂詣

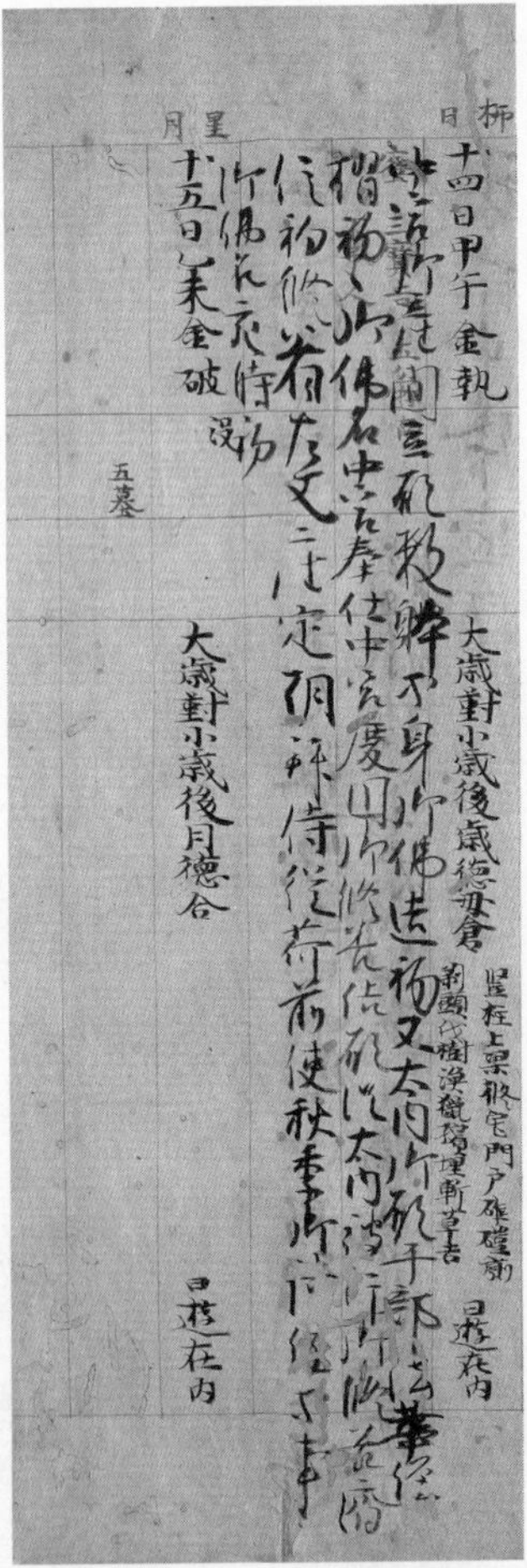

自筆本表

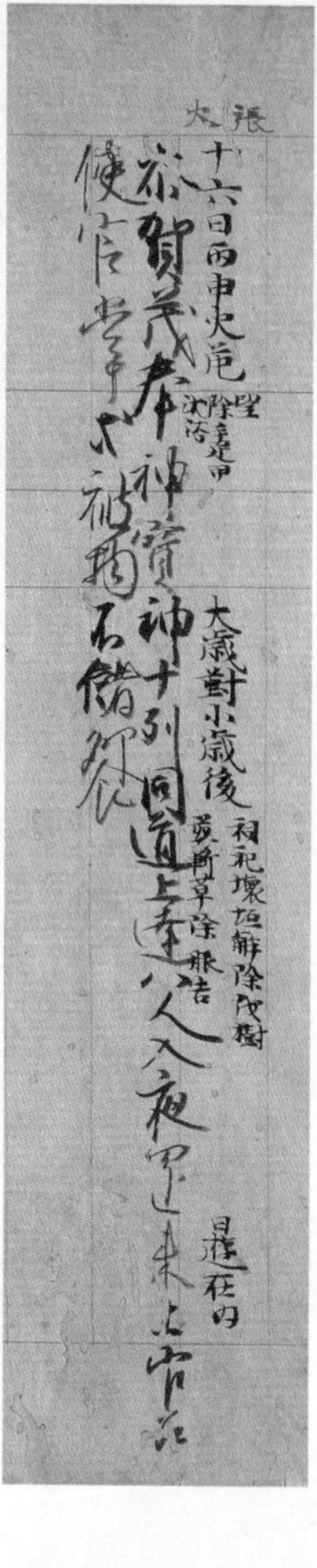

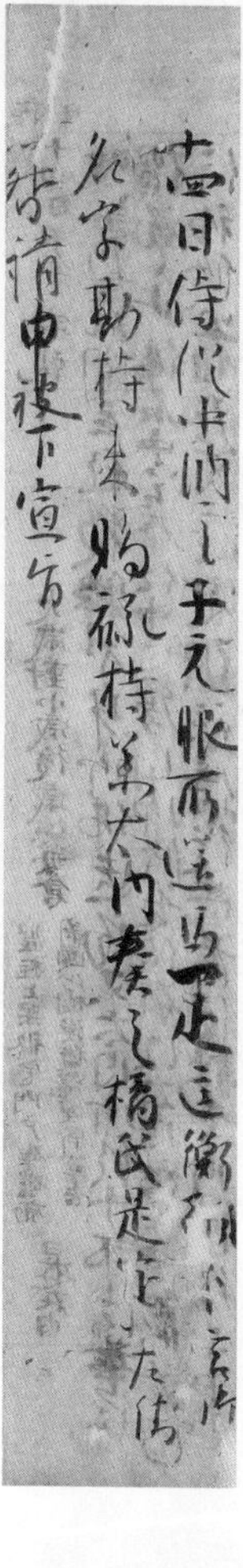

自筆本裏

古写本

佛造物又太内御願千部法華経摺物
々御佛名中宮奉仕中宮慶円御修善結
願従太内被行御修善済信物修着座
文座定朝拝侍従為使献季御読経
不参御佛名灸治物侍従中納言子元服
十六日丙申参賀茂奉神寶神十列同道
上達部八人又夜装束上官侍使官々掌等
被物不備[illegible]

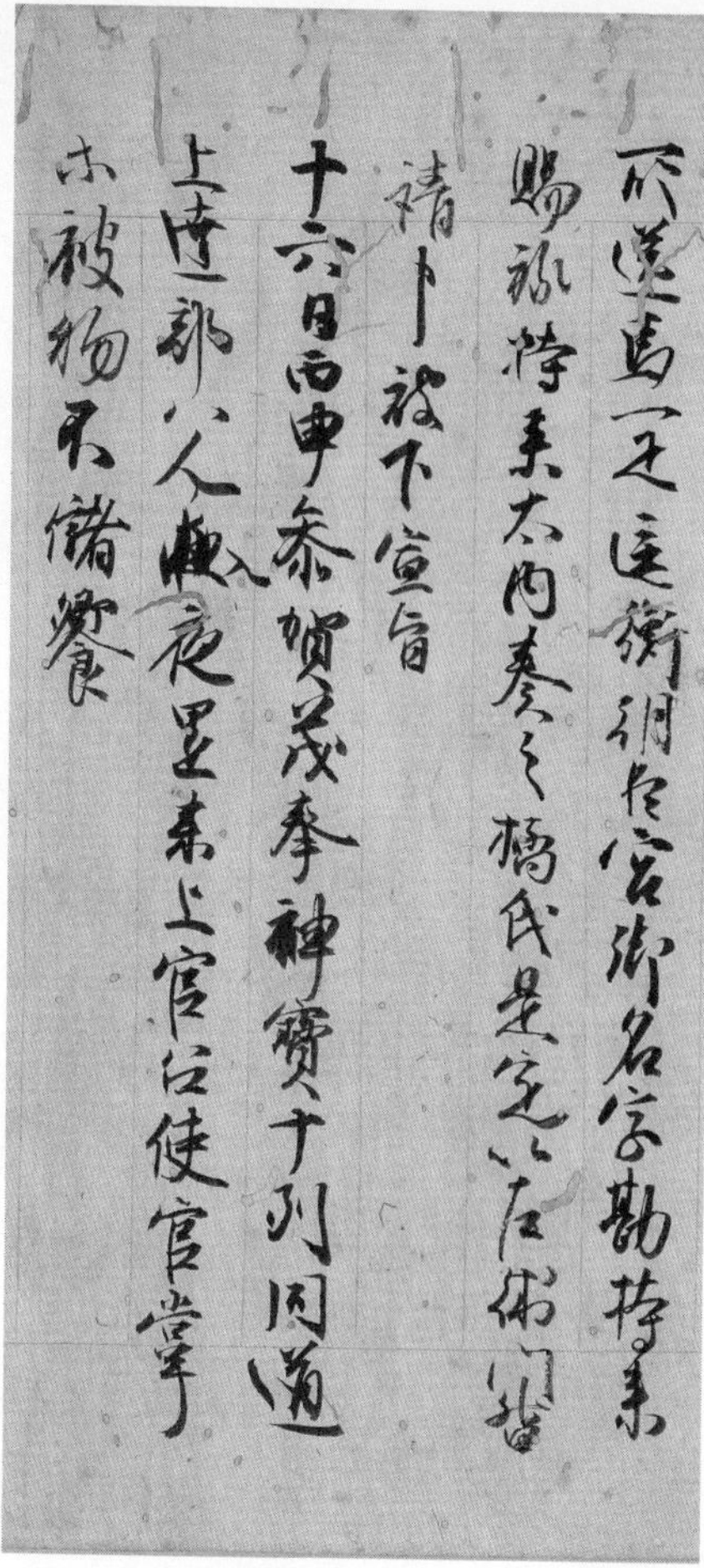

十四日、甲午、中宮御産間
立願数体等身御仏造初、又
太内御願千部法華経摺
初、々御仏名、中宮奉仕、

十四日、甲午。中宮（藤原彰子）御産の際に願を立てた数体の御等《とう》身《しん》の仏像を造り始めた。また、大内（一条天皇）の御願《ごがん》の千部法華《ほけ》経《きょう》を摺《す》り始めた。天皇が御仏名会《ぶつみょうえ》を始められた。慶円《きょうえん》が奉仕していた中宮の御《み》修善《しゅぜん》が結願《けちがん》した。布施《ふせ》など大内

中宮慶円御修善結願、従太内被行御修善、済信初修、着左丈座、定朝拝侍従・荷前使・秋季御読経等事、御仏名亥時初、
十四日、侍従中納言子元服所送馬一疋、匡衡朝臣宮御名字勘持来、賜禄、持参太内奏之、橘氏是定以左衛門督請申、被下宣旨、
十五日、乙未、
十六日、丙申、参賀茂、奉神宝・神十列、同道上達八人、入夜還来、上官・召使・官掌等被物、不儲饗、

も、中宮のための御修善を行なわれた。済信《さいしん》が、初めて修《しゅ》した。左《さ》丈座《じょうのざ》に着した。朝拝侍従《ちょうはいじじゅう》・荷前使《のさきのつかい》・秋季御読経《しゅうきみどきょう》の雑事《ぞうじ》を定めた。御仏名会は、亥剋《い》に始めた。

十四日。侍従中納言の子（藤原実経《さねつね》）の元服所《げんぷくしょ》に馬一疋を送った。（大江《おおえの》）匡衡朝臣《まさひらあそん》が、皇子の御諱《いみな》（敦良）を勘申《かんじん》して持って来た。禄《ろく》を下賜《かし》した。内裏（枇杷殿）に持って参り、その名を大内に奏上《そうじょう》した。橘氏《たちばなし》の是定《ぜじょう》は、左衛門督とすることを申請してきた。是定宣旨《せんじ》を下された。

十五日、乙未。

十六日、丙申。賀茂社《かもしゃ》に参った。神宝《じんぽう》・神馬《じんめ》・十列《とおつら》を奉った。同行した公卿は八人であった。夜に入って、土御門第に還って来た。太《だい》政官《じょうかん》の上官《じょうかん》・召使《めしつかい》・官掌《かじょう》たちに物を被《かず》けた。饗を儲けることはなかった。


自筆本《じひっぽん》は割と単純である。十四日条で、まず「中宮御産間」から「御仏名亥時初、」までを表に記した。その後、「侍従中納言子」から「被下宣旨、」までを紙背に裏書《うらがき》として記した

(「被」は字間補書)。十五日条は記さず、十六日条で「参賀茂、」から「不儲饗、」までを記している。

ところが、問題は古写本《こしやほん》である。師実《もろざね》がこれをとんでもない風に書写してしまった。十四日条の表、「中宮御産間」から「御仏名亥時初、」までを書写した後、つづけて十四日条裏書を「侍従中納言子元服」まで書写して、何故かそれ以降の裏書を飛ばしてしまったのである。当然、記事のない十五日条は記さず、十六日条を「参賀茂、」から「不儲饗、」まで、すべて書写した。

その後、十四日条の裏書はまだつづいていることに気づき、先に書写した十六日条に勾点《こうてん》を施して抹消し(古写本七〜九行)、「不儲饗、」の次行から、「所送馬一疋、」以下の十四日条の裏書のつづきを書写したのである。

「被下宣旨、」まで十四日条の裏書を書写した後、何事もなかったかのように、あらためて十六日条を書写している(古写本十三〜十五行)。道長のように圏線で移動したりせず、また同じように書写しているのは立派ではあるが、「神宝」の「神」とか、「入夜」の「入」を間違えて書き直したり、二度目の十六日条は線が太かったりしているのは、やはり心の動揺がもたらしたものであろうか。

寛弘七年（一〇一〇）　妍子、東宮に入侍

先に述べたように、現在、近衛《このえ》家の陽明文庫《ようめいぶんこ》に所蔵されている自筆本《じひつぼん》は十四巻である。その多くは、江戸時代初期に近衛信尹《のぶただ》によって薬袋紙《やくたいし》の褾紙《ひょうし》を施されたものであるが、この寛弘七年の上巻だけは、すべて元の具注暦《ぐちゅうれき》そのままのものである。

「寛弘七年暦巻上　歳次庚戌」「有日記」の外題《げだい》をもつ白褾紙《しろびょうし》も、八双《はっそう》や白茶色《しらちゃいろ》の絹組紐《きぬくみひも》も、千年前に造られた暦の原形態を知ることができる、きわめて貴重な文化遺産なのである。

また、褾紙見返には、つぎのような書き付けがある。

件記等非可披露、早可破却者也、

（件《くだん》の記等、披露《ひろう》すべきに非ず。早く破却《はきやく》すべき者なり。）

これはどう見ても、道長自身による書き付けと考えなければならない。道長はこの日記を、後世に伝えるべき先例としてではなく、自分自身のための備忘録《びぼうろく》（特に賜禄《しろく》や出席者）として認識していたという、確かな証左《しょうさ》となる。この点、記主《きしゅ》の存生《ぞんじょう》時から貴族社会の共有財産として認識されていた『小右記』や『権記』など一般的な古記録とは、決定的に異なる。

この書き付けが元はすべての具注暦の褾紙に記されていたのか、はたまた、この書き付けがある寛弘七年暦巻上だけが褾紙を施されずに原形態のままで残されたのか、それはわからない。

さて、この寛弘七年、正月二十八日に伊周《これちか》が薨去《こうきよ》した（『日本紀略《にほんきりやく》』『権記』『小記目録』）。『御堂関白記』には、これに関する記事は見られない。二月二十日に迫った二女の妍子《けんし》と東宮居貞親王《とうぐうおきさだ》との婚儀を目前に、過去の政敵のことなど、かまっていられなかったのであろう。『権記』にも、「前大宰　帥正二位《さきのだざいのそちしょうにい》藤原朝臣《あそん》伊周が薨去した〈三十七歳。〉」という記事しかないのは、あたかも宮廷を挙げて伊周のことを忘れたがっているかのようである（しかも薨去の記事は、『権記』では二十九日、『小記目録』では三十日になって、やっと記録されている）。

そして道長は、二女の妍子を東宮居貞親王に入侍《にゅうじ》させた。兼家《かねいえ》や道隆《みちたか》にならい、円融《えんゆう》・冷《れい》泉《ぜい》の両皇統《こうとう》に自己の外孫《がいそん》を擁することを期したものである。また、この頃から、道長が居貞の許《もと》を頻繁に訪れるようになっている。一条《いちじょう》天皇退位《たいい》後の後院《ごいん》（譲位《じょうい》後の御所）となる一条《いちじょう》院《いん》の造営に積極的であったことと併せ、道長の政治日程に、すでに一条の譲位と居貞の即位《そくい》が組み込まれていた可能性も考えられよう。

二月二十日条（自筆本）　藤原妍子、東宮に入侍

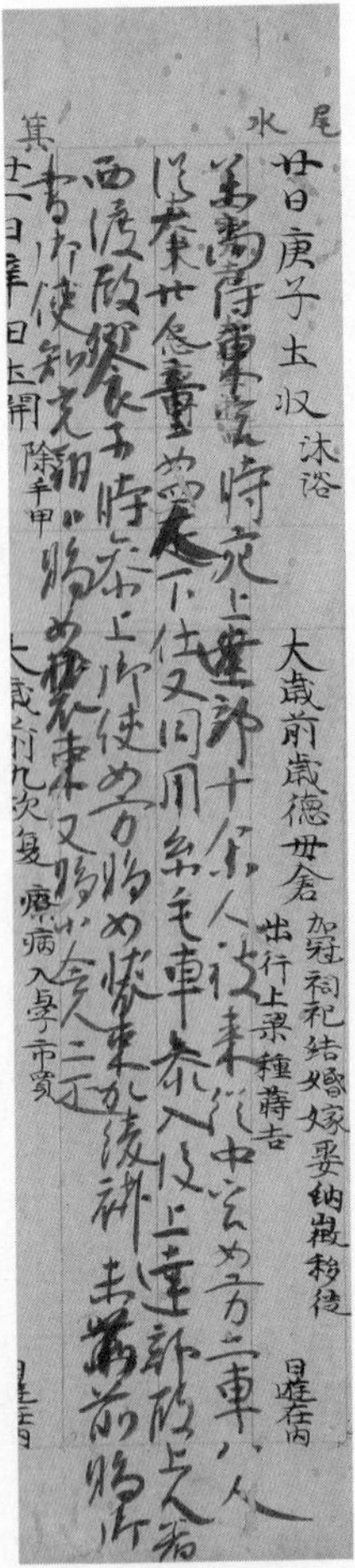

廿日、庚子、参尚侍東宮、時亥、上達部十余人被来、従中宮女方二車八人、従本廿人、童女四人、下仕又

二十日、庚子。尚侍《ないしのかみ》（藤原妍子）が東宮（居貞親王）の許（一条《いちじょう》第《てい》）に参入《さんにゅう》した。時に亥《い》剋であった。公卿《くぎょう》十余人が供奉《ぐぶ》された。中《ちゅう》宮《ぐう》（藤原彰子《しょうし》）から、女房《にょうぼう》が二台の車に乗って八人、扈従《こしょう》した。元から尚侍に仕《つか》えていた女房二十人、童女《どうにょ》四人、下仕《しもづかえ》も、また同じく

同、用糸毛車、参入後、上
達部・殿上人着西渡殿饗、
子時参上、御使女方賜女装
束、加綾褂、未参前賜御
書、御使知光朝臣、賜女装
束、又賜小舎人二疋、

扈従した。尚侍は糸毛車《いとげのくるま》を用いた。尚侍が参入した後、公卿と殿上《てんじょう》人《びと》は、西渡殿《にしのわたどの》の饗宴《きょうえん》に参着《さんちゃく》した。子《ね》剋に、尚侍が東宮の許に参上した。東宮からの御使として来た女房に、女装束《おんなしょうぞく》を下賜《かし》した。綾《あや》の褂《うちき》を添えた。未だ一条第に参らない前に、東宮から御書状を賜わった。御使は（藤原）知光朝臣《ともみつあそん》であった。女装束を下賜した。また、御使の小舎人《こどねり》に絹二疋《ひき》を下賜した。

敦良《あつなが》の五十日《いか》の儀がおこなわれた翌正月十六日、早くも道長は、妍子の東宮入侍の日時を勘申《かんじん》させている。二月二十日の亥剋、妍子は居貞の許に入侍した。

道長は正月二十三日条を最後に、一ヵ月近く、日記を記していないのであるが、さすがにこの日の記事は書かざるを得なかったものと思われる。

二行目に「童女四疋」と書いてしまって、「疋」の上に「人」と重ねて太い字で書いている。これは、後に童女四人に賜うべき禄《ろく》としての絹の単位である「疋」が、この時点で脳裡《のうり》をよぎってしまったためであろう。脳内で決められた何を書くべしという指令と、実際に筆を持つ手に送られた指令とが違っていることは、我々もよく経験することである。

なお、妍子は当時、十七歳。三十五歳の居貞よりも十八歳年下、当時としては親子ほども年の離れた妃《ひ》であった（娍子《せいし》の産んだ第一王子の敦明《あつあきら》王と同年）。すでに女性としては成熟のときを迎えていたではあろうが、王子女を懐妊《かいにん》するには、今しばらくの時間を要したはずである。

すでに居貞は、娍子との間に敦明をはじめとする四人の王子と二人の王女を儲けていた。道長としては、一条と彰子との間に生まれた敦成《あつひら》・敦良への皇位《こうい》継承を第一に考えながらも、次に即位する居貞と妍子との間に王子が生まれれば、娍子所生の王子を差し置いて、敦成・敦良と妍子所生の王子とを交互に即位させることができると考えたのであろう。

冷泉・円融両皇統に女《むすめ》を配するというのは、かつて兼家や道隆もおこなってきた戦略であり、道長もそれを踏襲したのであるが、父の兼家とは異なり、道長はこの戦略に成功することはなかった（その結果、皇統が円融―一条系に収斂《しゅうれん》していくことになる）。

寛弘八年（一〇一一）　一条天皇崩御・葬送／三条天皇即位

一条《いちじょう》天皇にとっては、これが最後の年となった。五月二十二日、一条は病に倒れた（『日本紀略』『御堂関白記』『権記』）。道長はこれを奇貨とし、早くも二十五日には譲位《じょうい》工作を開始した（『御堂関白記』）。

崩御《ほうぎょ》の直前、六月十三日に一条は東宮居貞親王《とうぐうおきさだ》に譲位し、居貞は三条《さんじょう》天皇となった。次期東宮には、敦康《あつやす》親王も視野に入れていた一条の望みを退け、彰子《しょうし》所生の敦成《あつひら》親王が立った。道長は、これで次代の外祖父《がいそふ》の地位を約束されたことになった。

道長をはじめとする公卿《くぎょう》層は、こうして二十五年ぶりに新しい時代に立ち向かったのであるが、三条の即位《そくい》儀礼は、宮廷社会をあげての儀式の整備の契機となったのである。

道長は、三条からの関白《かんぱく》就任要請を拒否し、ひきつづき内覧《ないらん》兼左大臣《さだいじん》として政務を総攬《そうらん》した。そして妍子《けんし》・娍子《せいし》といった三条のキサキの扱いが、次の懸案となっていくのである。

妍子が三条の皇子を産めば、敦明《あつあきら》親王以下の娍子所生皇子を排して、敦成の後にその皇子を立太子《りったいし》させ、両統迭立《てつりつ》を継続させることになるし、妍子から皇子誕生がなければ、冷泉皇《れいぜいこう》統《とう》を終わらせたうえで一条皇統を確立し、敦成の後に敦良《あつなが》を立てるという、両睨《にら》みの皇位継承構想を持っていたものと思われる（この時点で、敦康の存在は、すでに考慮に入れていなかったであろう）。

二十五年もの東宮生活の末に即位した三条は、すでに独自の政治意思を持っていた。この「やる気」のある天皇と道長との政治的駆け引きも、実資《さねすけ》や公卿層を巻き込んで、これからつづくこととなる。

正月二十一日―二十三日条（自筆本）　亡母忌日の斎食／弓場始／藤原公成元服／解除

自筆本表

自筆本裏

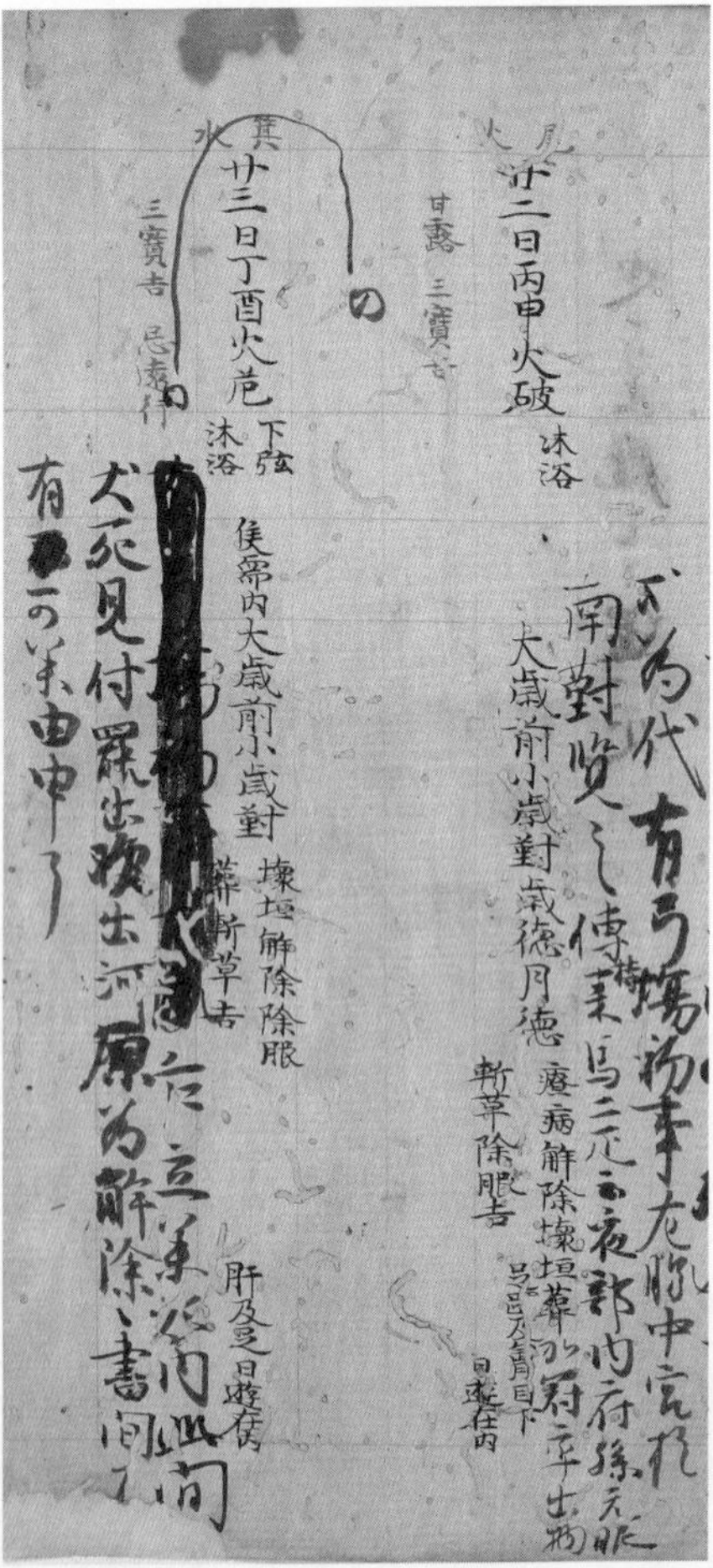

廿一日、乙未、忌事於土御
門常、斎食、事以僧等為
代、有弓場初事、左勝、中
宮於南対覧之、傅来馬二疋
云、夜部内府孫元服、加冠
率出物
也、可立厩云々、留一疋、
○廿二日、丙申、
○廿三日、丁酉、「~~有弓場~~
~~初事、左勝~~」乍立参太内、
此間犬死見付罷出、次出河
原為解除、々書間不有~~不~~可
参由申了、」

二十一日、乙未。亡母（藤原時姫《ときひめ》）の忌日《きにち》の儀を、土御門第《つちみかどてい》において、常と同じように行なった。斎食《さいじき》があった。僧たちを代理とした。弓場始《ゆばはじめ》を行なった。左方が勝った。中宮《ちゅうぐう》（藤原彰子）は、御在《ござい》所《しょ》（一条院東北対《いちじょういんとうほくのたい》）の南にある東対《ひがしのたい》において、これを覧《み》られた。東宮傅《とうぐうふ》（藤原道綱《みちつな》）が馬二疋を持って来て云ったことには、「昨夜、内大臣《ないだいじん》（藤原公季《きんすえ》）の孫（藤原公成《きんなり》）が元服《げんぷく》した。これは加冠《かかん》の引出物《ひきでもの》である。あなたの厩《うまや》に立てなさい」ということだ。一疋を留めてもらった。

二十二日、丙申。~~弓場始を行なった。左方が勝った。~~着座《ちゃくざ》せずに立ったまま、内裏《だいり》（一条院）に参った。その時、犬が死んでいたのを見付けたので、退出《たいしゅつ》した。次に鴨川《かもがわ》の河原に出て解除《げじょ》を行なった。除目《じもく》の間に内裏に参ることができないことを申した。

二十三日、丁酉。

道長は二十三日の箇所に記事を記してから、これが二十二日の記事であったことを思い出し、両方に「○」を付して圏線《けんせん》を二十三日の箇所から二十二日の箇所まで引き、二十二日の記事であることを示した。二十三日の記事は暦注《れきちゅう》の下部に記したので、そこと二十二日の暦注の下を結ぶ圏線としたため、変わったかたちの圏線となってしまっている。

ところが、そのなかの「有弓場初事、左勝、」は、じつは二十一日の出来事であったことを思い出し、二十二日の記事の「有弓場初事、左勝、」を抹消したうえで、二十一日の箇所にあらためて「有弓場初事、左勝、」と記している。二十一日の記事は、この記事から墨が濃くなっていることに気づかれたであろうか。

元々の二十一日の記事が「以僧等為代、」まで存在したものについで、「有弓場初事、左勝、」以下を記したものか、それとも、二十一日の記事自体を一緒にまとめて記したものであろうか。「有弓場初事、左勝、」から墨が濃くなっている点、この記事の後に、道綱が公成の元服の儀の引出物の馬を持ってきた記事がつづいていることから、元々は二十一日の記事は「以僧等為代、」までであって、それにつづけて二十三日の箇所に記してしまった「有弓場初事、左勝、」以下の記事を記し、ついでに道綱が馬を持ってきた記事を記したものと考えたい。九文字だけ紙背《しはい》に記しているのは、二十二日の下部になだれ込んで記すと、日付が面倒になると考えたためであろうか（写真が見づらいのは、裏打ちが施されているためである）。

なお、『小右記』や『権記』によると、二十一日におこなわれたのは弓場始ではなく、賭《のり》弓《ゆみ》であった。

六月二日条（自筆本）　一条天皇、東宮と対面、即位を要請／敦康親王の処遇

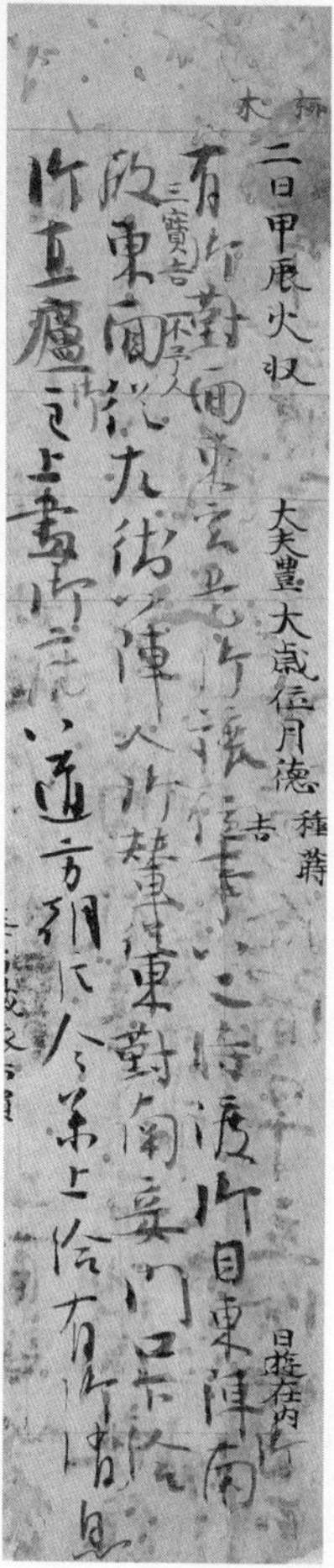

自筆本表

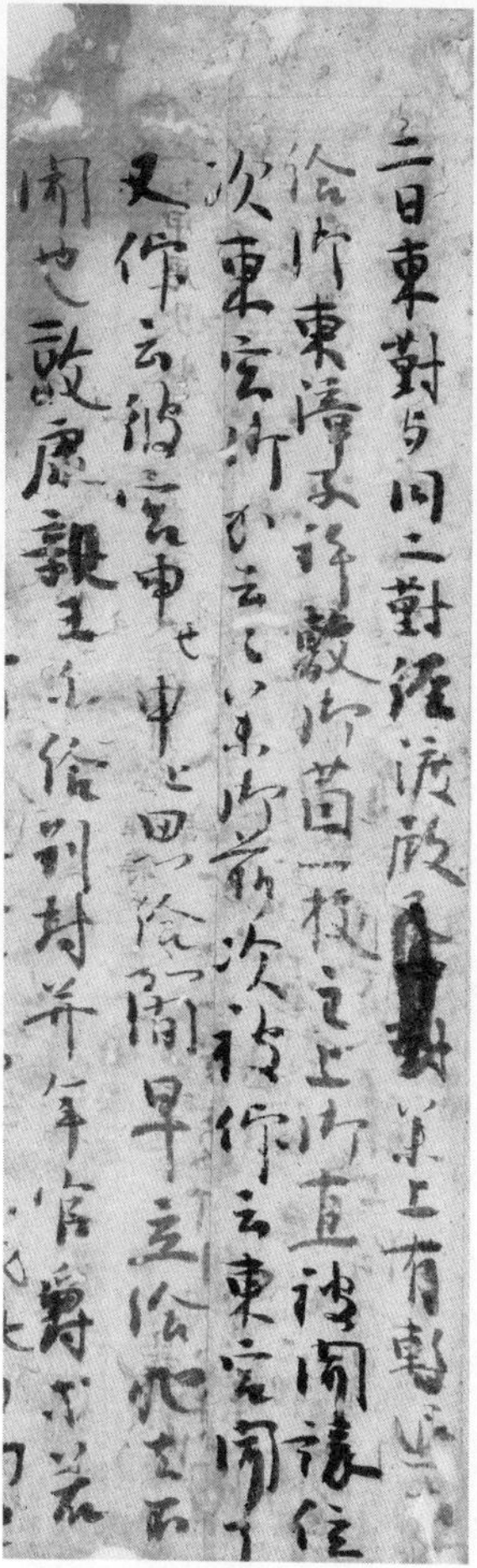

自筆本裏

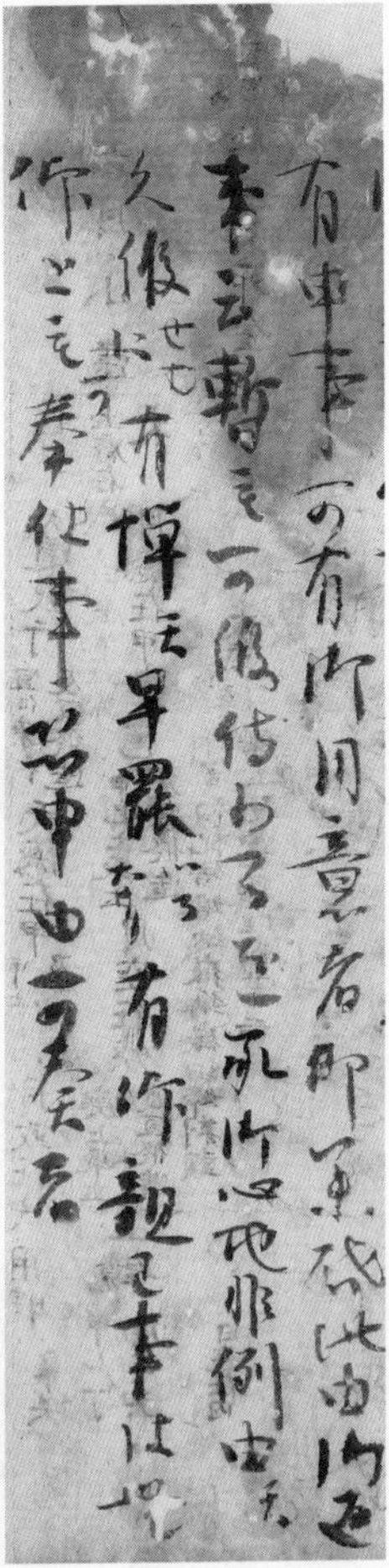

二日、甲辰、有御対面東宮、是御譲位事、以巳時渡御、自東陣御南殿東面、従左衛門陣入御輦、従東対南妻門口下給、御直廬、御主上昼御座、以道方朝臣、令参上給有御消息、
二日、東対与同二対経渡殿文中対参上、有暫退出給、

二日、甲辰。一条天皇と東宮（居貞親王）との御対面が有った。これは御譲位の事についてである。巳《み》剋に、東宮が渡御《とぎょ》された。内裏（一条院）の東門《ひがしもん》から紫宸殿《ししんでん》（一条院寝殿《しんでん》）の東面《ひがしおもて》に設けた御直廬《じきろ》にお入りになった。左衛門陣《さえもんのじん》（一条院東門）から御輦車《てぐるま》を入れ、東対の南妻《みなみつま》の戸口《とぐち》で下りられた。東宮の御直廬に入られた。主上《しゅじょう》（一条天皇）は、昼御座《ひのおまし》（一条院北対母屋《きたのたいもや》）にいらっしゃった。（源）道方朝臣《みちかたあそん》を介して、東宮に清涼殿《せいりょうでん》（一条院北対）に参上されるよう、天皇の御書状を伝えた。

二日、東宮は、東対と東北対、渡殿《わたどの》を経て、清涼殿に参上された。暫《しばら》くして、東宮は退出された。御対面の儀の際は、清涼殿南廂《みなみびさし》の御東障子許、敷御茵一枚、主上御、直被聞譲位、次東宮御か云々、参御前、次被仰云、東宮聞了、又仰云、彼宮申せ申と思給つる間、早立給つれは不聞也、敦康親王に給別封幷年官爵等、若有申事、可有御用意者、即参啓此由、御返事云、暫も可候侍りつるを、承御心地非例由て、久候せむに有憚て、早罷つるなり、有仰親王事は、無仰とも奉《可》仕事、恐申由可奏者、

御東障子《ひがししょうじ》の許《もと》に、御茵《しとね》一枚を敷いて、東宮がお坐りになった。天皇が出御《しゅつぎょ》され、直ちに譲位を仰せになった。「私の次には、東宮がおられるでしょう」と仰せになったということだ。私は、天皇の御《ご》前《ぜん》に参った。次に天皇がおっしゃって云われたことには、「東宮は、お聞き入れになった」と。また、おっしゃって云われたことには、「敦康親王の処遇について、あの宮《みや》（居貞親王）から申し出て欲しいと思っておったのであるが、東宮が早く退出されたので、聞くことができなかったのである。敦康親王に別封《べっぷう》、および年官《ねんかん》と年《ねん》爵《しゃく》を賜うことを、もし東宮から申す事が有るのならば、私も承諾する御用意が有るのである」と。私は、すぐに東宮の御直廬に参って、この天皇のご意向を啓上《けいじょう》した。東宮の御返《かえ》り事《ごと》に云われたことには、「暫くは天皇の御前に伺候《しこう》していなくてはいけなかったのですが、天皇の御心地《ここち》が宜《よろ》しくないということを承《うけたまわ》りまして、長い間伺候するのは憚《はばか》りが有って、早く退出したのです。敦康親王の事について仰せになったことが有るということですが、『たとえ天皇の仰せが無くても、奉仕すべき事は心得ております』と、恐縮しているということを奏上《そうじょう》してください」と。

五月二十二日に一条は病に倒れたが、道長はすぐに一条譲位→居貞即位→敦成立太子という動きをはじめた。二十五日に譲位に関わる易占《えきせん》をおこなわせ（『御堂関白記』）、譲位どころか崩御《ほうぎょ》の卦《け》が出たという占文《うらぶみ》を見た道長は崩御を覚悟し、泣涕《きゅうてい》してしまった。隣の清涼殿夜御殿《よるのおとど》にいた一条は、御《み》几帳《きちょう》の帷《とばり》の継ぎ目からこれを見てしまい、自分の病状や道長による譲位の策動を知って、いよいよ病を重くしてしまったのである（『権記』）。

二十七日、一条は行成《ゆきなり》に敦康立太子の可否について諮問《しもん》したが、行成は外戚《がいせき》の重要性を説いたり、昔の在原業平《ありわらのなりひら》の不祥事を持ち出したりと（この部分は後世の追記の可能性もある）、さまざまに宥《なだ》めたり脅したりして、一条にこれを諦《あきら》めさせている（『権記』）。

六月二日、一条は居貞と対面し、自己の譲位と、それにつづく居貞の即位について要請した。一条はそれにつづけて、敦康の処遇について居貞から申し出てもらいたかったようであるが、居貞は直廬に戻ってしまった。敦康の処遇を解決しておきたかった一条は、その旨を道長に語った。居貞の直廬に赴いて、一条の意向を告げた道長に対し、居貞は、一条の病状がよくなかったので早く御前から下ったことを述べ、敦康の処遇については、一条から言われなくとも心得ているとの伝言を道長に託した。気の毒な敦康の処遇について、居貞もすでに考えていたことがわかる。敦康の姿に我が子である敦明の姿を重ね合わせていたのかもしれない。

この二日条、表裏ともに、非常に丁寧で大きな字で記している。二人の対面の様子を確実に残しておきたいと考えたのであろう。特に一条が敦康の処遇について依頼しようとした言葉（裏書《うらがき》の四行目から六行目）や、居貞がそれに応えて一条に返答した言葉（裏書の七行目から九行目）については、漢字仮名交じり文で記している。重要な事柄の微妙なニュアンスを伝えるには、やはり言葉をそのまま仮名で記さないといけないと考えたのである。

六月十四日、十五日条（自筆本）　一条院、道長他行を心細く思う／一条院、譫言を仰す

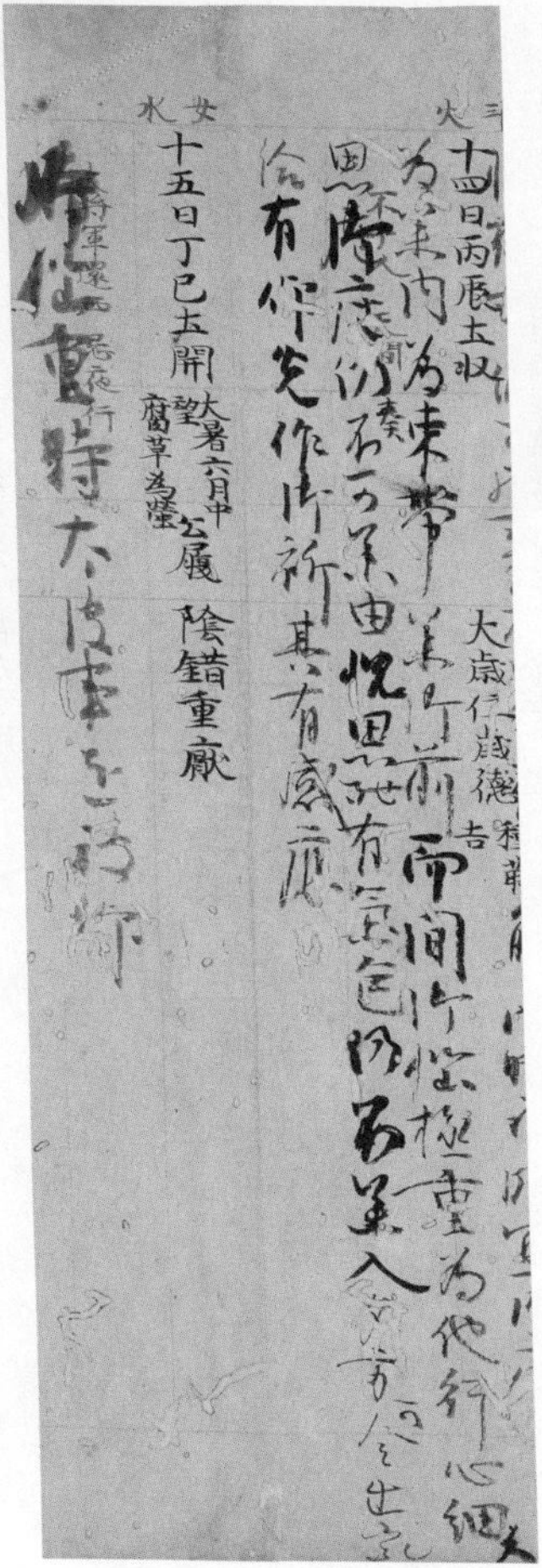

十四日、丙辰、為参内為束帯、参御前、而間御悩極重、為他行心細く思御座、

十四日、丙辰。内裏（東三条第《ひがしさんじょうてい》）に参るために、束帯《そくたい》を着した。一条院《いちじょういん》の御前に参った。そうしている間、一条院の御病悩《びょうのう》は、極めて重かった。私が他行《たぎょう》することを心細く思っていらっしゃった。そ

仍奏不可参由、悦思せる有気色、仍不参入、夕方可令出家給有仰、先作御祈、其有感応、
十五日、丁巳、御悩重、時たは事を被仰、

こで内裏に参らないということを奏上《そうじょう》した。一条院には、悦《うれ》しく思われているご様子が有った。そこで内裏に参入《さんにゅう》しなかった。夕方、一条院は出家《しゅっけ》されるということをおっしゃられた。まず御祈禱《きとう》を行なった。甚だ感応《かんのう》が有った。
十五日、丁巳。一条院の御病悩は重かった。時にたわ事（うわ言）をおっしゃられた。

六月十三日、一条が二十五年におよぶ治世の末に譲位し、居貞が践祚《せんそ》して三条天皇となった。『権記』では一条のことを「旧主《きゅうしゅ》」と称している。『御堂関白記』が「久主《きゅうしゅ》」と記しているのは、一条を「久しき主」と思ってのことではなく、単なる当て字であろう。

翌十四日、一条院の御前に候じていた道長は、東三条第の三条の許に参内《さんだい》しようとしたところ、一条が道長の他行を心細く思ったので、参内を中止した。すると一条は、「悦しく思《おぼ》せる気色《けしき》有り」という様子となったのである。さまざまなことがあった両者であったが、その最期に際して、一条は道長に側近く伺候《しこう》して欲しかったのであろうか。そして夕刻、一条は道長に出家の意志を示した。いわゆる臨終《りんじゅう》出家《しゅっけ》である。

十五日も、病悩は重かった。道長は、「御悩重し。時に太波事を仰せらる」と太い字で記している。「太波事（たは言）」とは、内容がよくわからないことということであろうが、道長もどのような漢語に置き換えればいいのか、わからなかったのであろう、草仮名《そうがな》で記して

いる。その内容を記していないところを考えると、あるいは道長が日記に記すことのできない内容であろうか（敦康のこと、定子《ていし》のこと、伊周《これちか》のことなど）。

六月二十一日、二十二日条（自筆本・古写本〈師実筆〉）一条院、中宮に御製を賜う／一条院、崩御

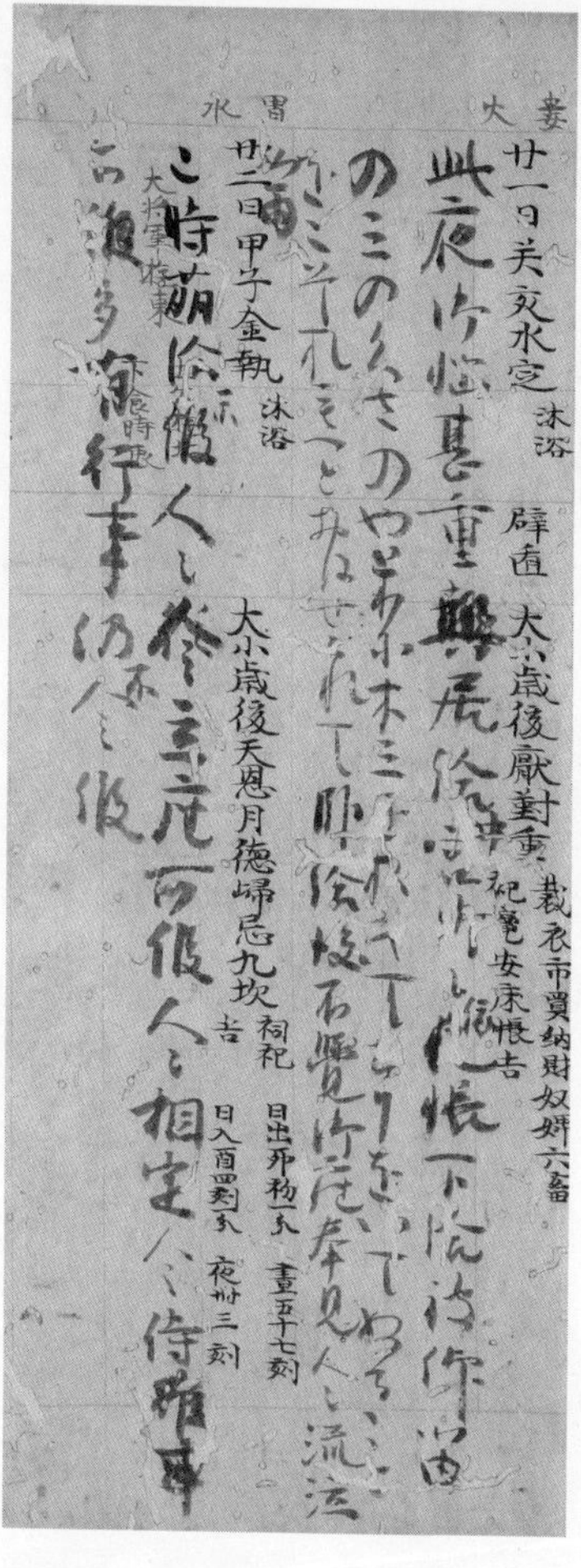
自筆本

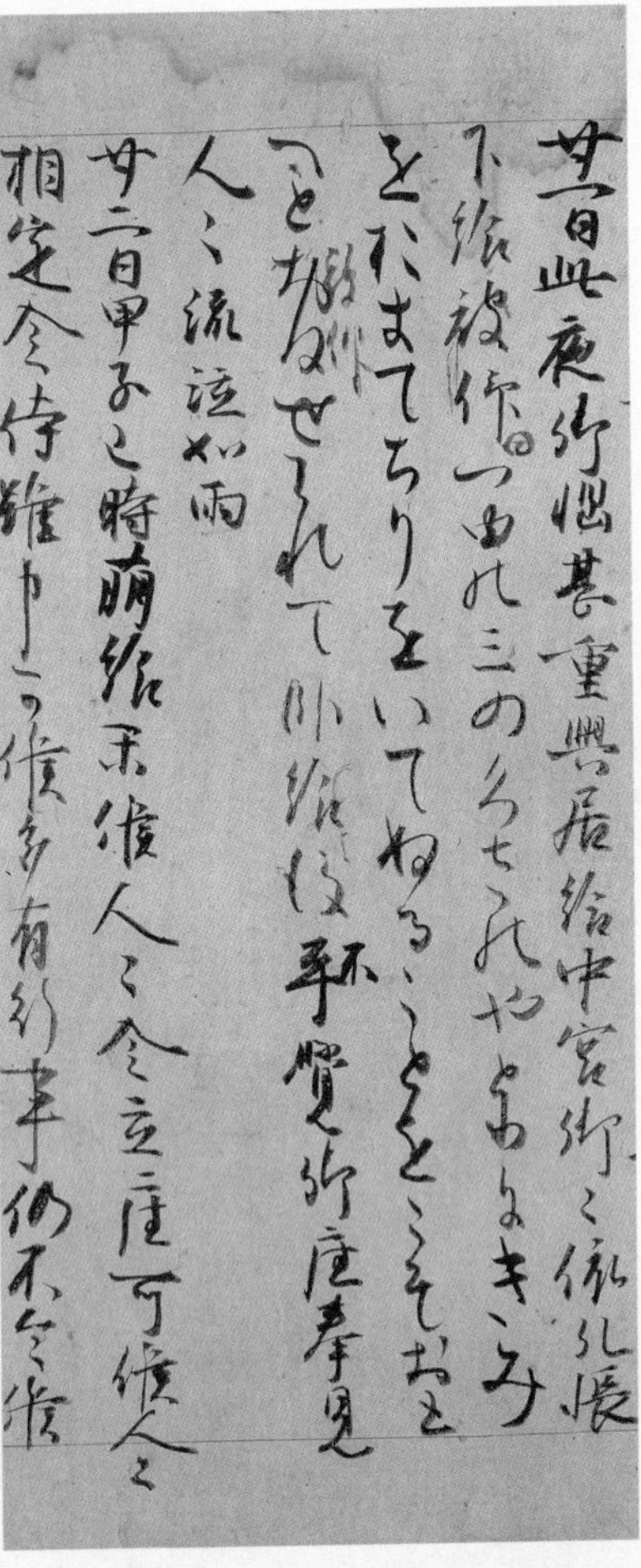
古写本

廿一日、癸亥、此夜御悩甚重興居給、宮《中》御々《依》几帳下給、被仰、つゆのみのくさのやとりにきみをおきてち

二十一日、癸亥。この夜、一条院の御病悩は、甚だ重く発《おこ》り続けられた。中宮（藤原彰子）が御几帳の下におられたので、一条院がおつしゃられたことには、

露の身の草の宿りに君を置きて塵《ちり》を出でぬる事をこそ思へ

りをいてぬることをこそおもへ、とおほせられて臥給後、不覚御座、奉見人々流泣如雨、
廿二日、甲子、巳時萌給、候《示》人々令立座、可候人々相定令侍、雖申可候多、有行事、仍《不》令候、

（＝露のようにはかないこの身が、草の宿に君を置いて、塵の世を出る事を思う）
とおっしゃって臥《ふ》された後、不覚《ふかく》（人事不省）となられた。見奉った人々は、流泣《りゅうきゅう》すること、雨のようであった。
二十二日、甲子。巳剋《み》に、一条院は崩《ほう》じられた。伺候していた人々に、座を立つことを命じた。「一条院のお側に伺候したいと思います」と申した者が多かったのではあるが、朝廷《ちょうてい》の行事《ぎょうじ》が有る。そこで伺候させなかったのである。

六月二十一日、ついに一条は重態に陥った。召しによって近く伺候した行成が漿水《しょうすい》を供すると、一条は「最もうれし」と仰せた。一条は行成をさらに側近く召し寄せ、「此《こ》れは生くるか（自分は生きているのだろうか）」と語っている（『権記』）。亥剋《い》（午後九時から十一時）になり、一条は身を起こし、彰子も側に伺候するなか、辞世《じせい》の御製《ぎょせい》を詠《よ》み、ふたたび臥すと人事不省《じんじふせい》に陥った。聞く人は皆、涙を流した。

この歌は『御堂関白記』と『権記』で語句に異同《いどう》がある（他に『栄花物語《えいがものがたり》』『古事談《こじだん》』『新《しん》古今和歌集《こきんわかしゅう》』とも）。道長の方が行成よりも一条の近くにいたのだが、『権記』の「露の身の風の宿りに君を置きて塵を出でぬる事ぞ悲しき」が、一条の実際に詠んだ歌に近いのであろ

うか。

それにしても、自筆本《じひつぼん》の三行目、「とおほせられて」を、古写本《こしゃほん》では四行目で「とおほせ《被仰》られて」と漢文風に書き替えているのが面白い。より普通の漢文に直そうという意識がはたらいたのであろう（ただし、干支《かんし》を写すのを忘れている）。

なお、行成はこの歌を「その御志は、皇后《こうごう》に寄せたものである」と、定子に対して詠んだものと解している（『権記』）。歌意からは、「君」はまだ生きていて、しかもこの歌を聞いている彰子のこととしか考えられない。しかし、行成は日記のなかで「中宮」彰子と「皇后」定子をきちんと使い分けており、一条が辞世を詠んだ対手を定子と認識したのである。かつて彰子を中宮とした（つまり定子を皇后とした）際に決定的な役割を果たした行成であればこそ、その思いは複雑だったのであろう。

翌二十二日、一条は、「上皇《じょうこう》も時々また、念仏《ねんぶつ》を唱えられた」という状態で、死の時を迎えた。辰剋《たつ》（午前七時から九時）に臨終《りんじゅう》の気配があり、しばらくすると蘇生《そせい》したものの、数時間後の午剋《うま》（午前十一時から午後一時）、ついに崩御したのである（『権記』）。春秋《しゅんじゅう》三十二。

「心中、秘かに阿弥陀仏《あみだぶつ》が極楽《ごくらく》に廻向《えこう》し奉ることを念じ奉った」（『権記』）という気持ちで床下《しょうか》近く伺候していた行成に対し、道長は素気ない記述しかしていない（「崩」を「萌」と書き誤ってもいる）。

死亡時剋《じこく》を「巳剋」（午前九時から十一時）としているのも、道長自身が最初の臨終の際以降は一条から離れていたためであろう。

しかも道長は、一条の側に候じたいと希望する者が多かったにもかかわらず、行事があるという理由で、臨終に候じさせなかったのである。『権記』には、道長が皆を殿から降りさせたと見える。官人たちが死穢《しえ》に触れるのを避けるためであろうが、新時代に立ち向かおうとする道長の面目躍如といったところであろうか。

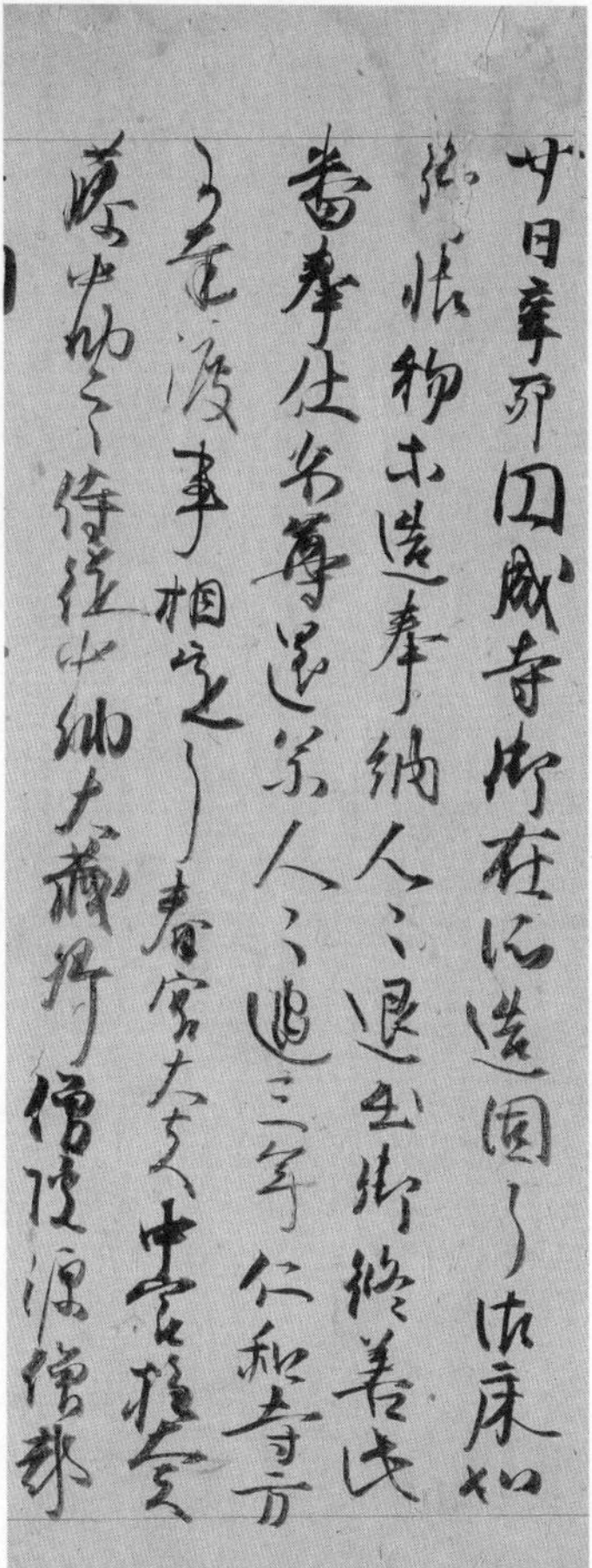

七月二十日条（古写本〈師実筆〉）　故一条院の遺骨を安置／三年後の遺骨移御を定む

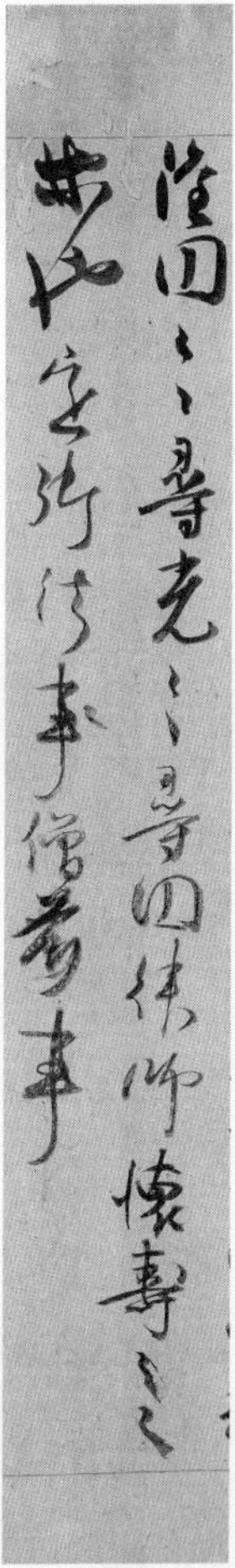
隆円々々尋光々々尋円律師懐寿々々
等也定御法事僧前事

廿日、辛卯、円成寺御在所造固了、御床如御帳物等造奉納、人々退出、御修善此番奉仕安尊、還参人々、過三年仁和寺方可奉渡事相定了、春宮大夫・中宮権大夫・藤中納言・侍従中納・大蔵卿、僧院源僧都・隆円々々・尋光々々・尋円律師・懐寿々々等也、定御法事僧前事、

二十日、辛卯。円成寺《えんじょうじ》の故一条院御遺骨《いこつ》の御安置所《あんちしょ》の造営《ぞうえい》が終わった。御床や御帳《みちょう》のような物を造って、御遺骨を納め奉った。人々は退出した。御修善《みしゅぜん》は、今回は安尊《あんそん》が奉仕した。御安置所から還って内裏（東三条第）に参入した人々は、三年が過ぎたら仁和寺《にんなじ》の近辺に御遺骨を移し奉るという事を定めた。その議定《ぎじょう》に参加したのは、春宮大夫《とうぐうだいぶ》（藤原斉信《ただのぶ》）・中宮権大夫《ちゅうぐうごんのだいぶ》（源俊賢《としかた》）・藤中納言《とうちゅうなごん》（藤原隆家《たかいえ》）・侍従中納言《じじゅうちゅうなごん》（藤原行成）・大蔵卿《おおくらきょう》（藤原正光《まさみつ》）、僧では院源僧都《いんげんそうず》・隆円《りゅうえん》僧都・尋光《じんこう》僧都・尋円律師《じんえんりつし》・懐寿《かいじゅ》律師であった。御法事《ほうじ》と僧の食事についても定めた。

七月八日に北山《きたやま》の巌陰《いわかげ》で荼毘《だび》に付された一条の遺骨は、東山《ひがしやま》の円成寺に仮安置された（『権記』）。現在、狛《こま》ねずみで有名な大豊神社《おおとよじんじゃ》のある地とされる。

二十日、円成寺に納骨所を造って遺骨が納められ、三年後に「御本意処」である北山の円《えん》融陵《ゆうりょう》の辺りに移すことが定められた（『小右記』）。現竜安寺《りょうあんじ》の裏の朱山《しゅやま》（主山）のことであろう。

東三条第内裏に還った後、道長は葬送《そうそう》についての一条の生前の意向を公卿《くぎょう》や僧たちに披露した。「円融院法皇の御陵《ごりょう》の辺りに収め奉るように」というものである。しかし、道長が火葬の終了した九日に行成に語っていた一条の意向というのは、「（定子と同じく）土葬《どそう》して、円融院法皇御陵の側に置いて欲しい」というものであった（『権記』）。自分の日記には、土葬云々は記さなかったのである。

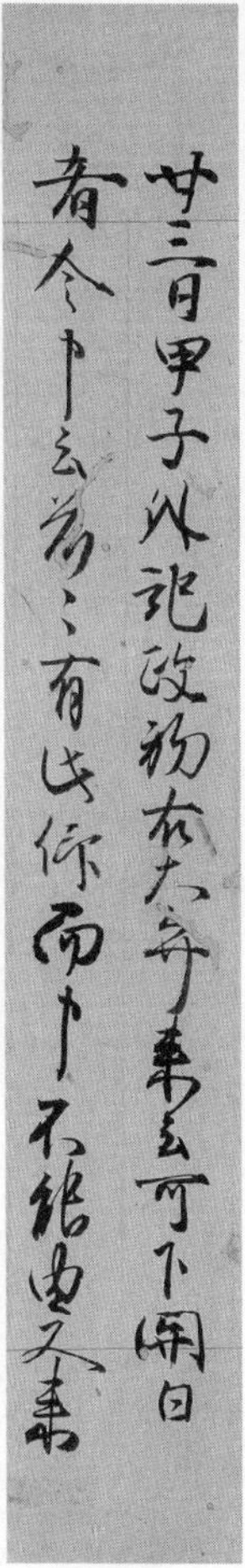

八月二十三日条（古写本〈師実筆〉）内覧宣旨を蒙る／藤原妍子・藤原娍子に女御宣下

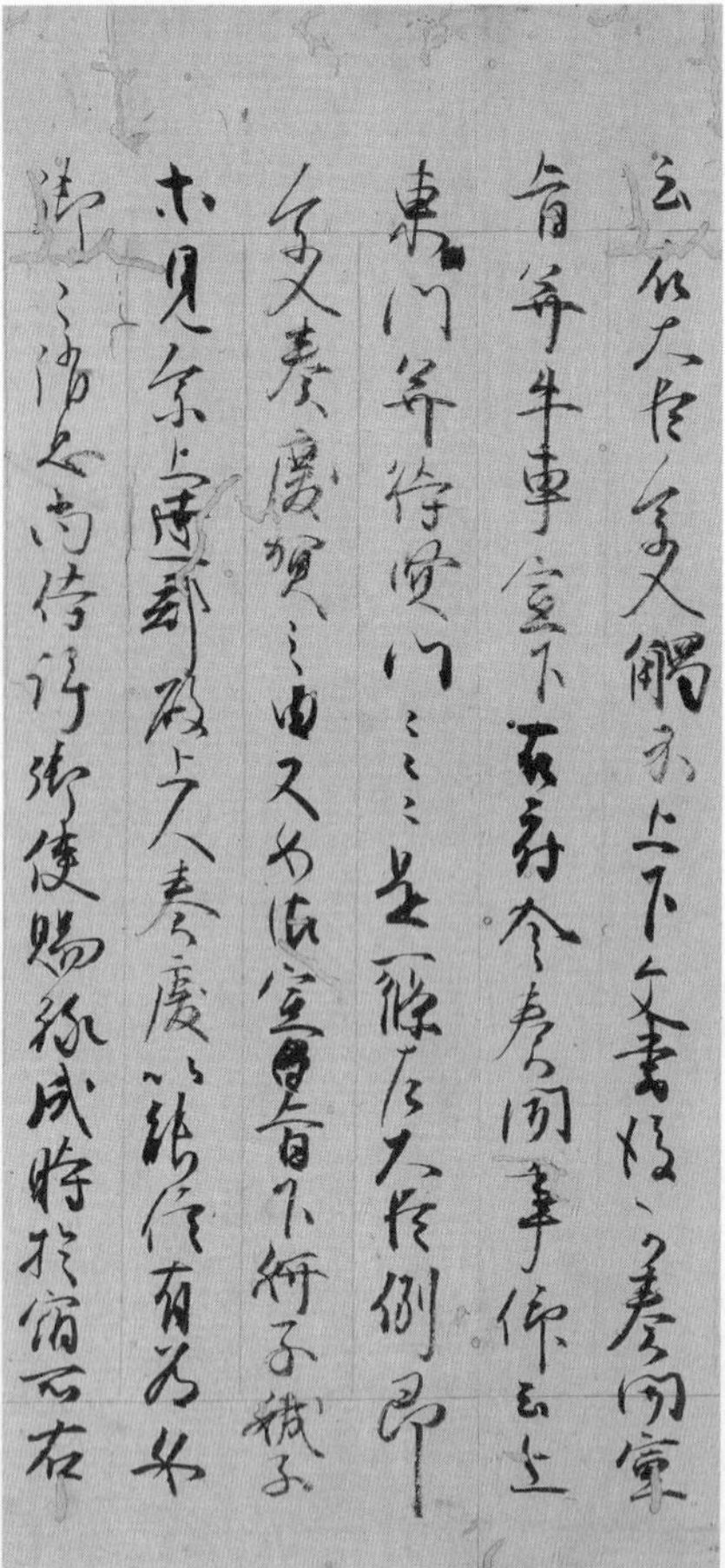

（中略）

廿三日、甲子、外記政初、右大弁来云、可下関白者、令申云、前々有此仰、而申不能由、又来云、右大臣参入、触示上下文書後可奏聞宣旨幷牛車宣下、右府令奏聞事、仰云、上東門幷待賢門、々々々是一条左大臣例、即参入、奏慶賀之由、又女御宣旨下、妍子・娍子等、見参上達部・殿上人奏慶、以能信、有為女御々消息尚侍許、御使賜禄、

……

関白事御対面之後度々有

二十三日、甲子。外記政《げきせい》を始めた。右大弁《うだいべん》（源道方《みちかた》）が来て、三条天皇の仰せを伝えて云ったことには、「汝《なれ》（藤原道長）に関白詔《かんぱくしょう》を下すこととしよう」と。私が申させて云ったことには、「これまでにも、この仰せが有りました。ところが私は、それはできないということを申してきました」と。また右大弁が来て、云ったことには、「右大臣《うだいじん》（藤原顕光《あきみつ》）が内裏に参入し、『上奏《じょうそう》や下達《かたつ》の文書《もんじょ》を、左大臣《さだいじん》（道長）に内覧させた後に天皇に奏聞《そうもん》せよ』という宣旨《せんじ》、および牛車宣旨《ぎっしゃせんじ》を下しました。右大臣は、殿が牛車で出入りできる門について奏上させました。天皇がおっしゃって云われたことには、『上東門《じょうとうもん》と待賢門《たいけんもん》とする』ということでした」と。待賢門というのは、これは一条左大臣《いちじょうさだいじん》（源雅信《まさのぶ》）の例である。すぐに内裏に参入し、慶賀《けいが》を天皇に奏上した。また、女御宣旨《にょうごせんじ》が下った。（藤原）妍子と（藤原）娍子であった。参入していた公卿や殿上人《てんじょうびと》が、慶賀を奏上した。（藤原）能信《よしのぶ》を遣わして、女御とするという天皇の御書状を、尚侍《ないしのかみ》（妍子）の許《もと》に届けさせた。御使に私から禄《ろく》を下賜《かし》した。

……

私の関白の事について、天皇が故一条院と御対面された後、度々

仰、而今年依可重慎、所辞申也、

仰せが有った。ところが、今年は重く慎しむべきであったので、辞退し申したものである。

三条は、六月二日に一条と対面して以来、道長に関白就任を要請していた。道長は、今年は重く慎しむべきであるという理由で、これを拒否しつづけたのであるが、慎しみが明けた翌年以降にも関白には就いていないのであるから、これはもう自分の政治意思という他はない。こうなると、道長を関白として優遇したい（もしくは、取り込みたい）三条と、あくまで内覧兼左大臣として太政官《だいじようかん》をも把握したいという道長との間の、政治抗争の観を呈している。結局、この折衝は三条が妥協し、八月二十三日に道長に内覧宣旨《ないらんせんじ》を下すことで決着している。

そして同日、妍子と娍子に女御宣旨が下った。すでに尚侍に任じられて従二位《じゆにい》という位階を帯している妍子はともかく、長徳元年（九九五）の疫病《えきびよう》で薨去《こうきよ》している大納言《だいなごん》を父に持つだけで無位《むい》の娍子も女御の地位に上げるというのは、三条の強い意志が感じられる。

この部分は古写本であるが、「関白事」で行替えをおこなっている。おそらくは自筆本でも、ここで行替えがおこなわれていたのであろう。すでにそれ以前から裏書《うらがき》に入っていたはずであるが、道長は、自分が関白にならない事情を、行を替えてこの日の記事の末尾に記しておいたのであろう。

なお、師実《もろざね》筆（「大殿御筆」）の古写本は、日付の「廿」の書き方に特色があることも付記しておく。師実は、「廿」の下の横線を引かずに「サ」のような字になるのである。

長和元年（一〇一二）　妍子・娍子、立后

　正月三日、妍子《けんし》を立后《りつごう》せよとの三条《さんじょう》天皇の宣旨《せんじ》が道長にもたらされ、二月十四日、妍子は立后した。三条としても、妍子から皇子を儲けて、それを道長に後見《こうけん》してもらうという皇位継承プランも考えていたのであろう。道長は我が女《むすめ》二人を中宮《ちゅうぐう》に立てたのである。

　ところが三月に入ると、今度は三条は、娍子《せいし》を皇后《こうごう》に立てるという意向を示した。いくら三条個人の寵愛《ちょうあい》が六人の皇子女《こうしじょ》を産んでいる娍子にあったにせよ、すでに十七年前に薨去《こうきょ》している大納言《だいなごん》の女に過ぎず、後見も参議《さんぎ》に上ったばかりの異母弟の通任《みちとう》しかいない娍子を立后させるというのは、あまりに無理がある。公卿《くぎょう》社会の常識を逸脱《いつだつ》した娍子立后によって、三条と道長の関係は決定的に悪化した。

　道長は、娍子立后の日と決まっている四月二十七日に妍子の内裏参入《だいりさんにゅう》をかち合わせた。当日、公卿のほとんどは妍子参入の儀に参列し、娍子と三条は自己の立場を認識することとなった。

　道長は五月末から重く病悩《びょうのう》した。公卿が多く集まり、頼通《よりみち》などは簾中《れんちゅう》で声をあげて涕泣《ていきゅう》する有様であった。道長は六月に内覧《ないらん》と左大臣《さだいじん》の辞表《じひょう》を奏上《そうじょう》したが、八日の第二度の上表《じょうひょう》については、三条はこれをすぐに返却することはなかった（『小右記』）。このまま辞表が返却されないと、本当に辞任しなければならないということになる。

ただし、十月には妍子が懐妊《かいにん》し、両者の関係が元に戻る最後のチャンスとなった。

正月十六日条（自筆本）　月蝕／藤原顕信、出家

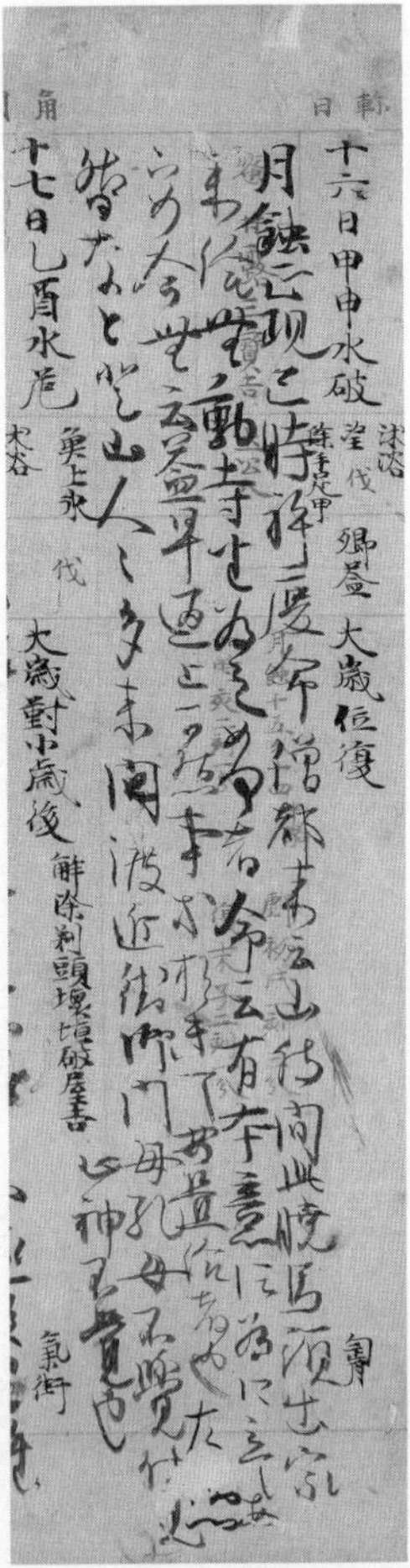

十六日、甲申、「月蝕十五分十四半弱、欠初戌一刻三分、加時亥二刻一分、復末子二刻一分、」
月蝕正現、巳時許慶命僧都来云、山侍間、此暁馬頭出

十六日、甲申。「月蝕《げっしょく》は十五分の十四〈半弱。〉。欠け始めは戌《いぬ》一剋三分、戻り始めは亥《い》二剋一分、末に復するのは子《ね》二剋一分。」

月蝕が正現《せいげん》した。巳《み》剋の頃に、慶命僧都《きょうみょうそうず》が来て云ったことには、「比叡山《ひえいざん》におりましたのですが、この暁の頃に、右馬頭《うまのかみ》（藤原顕《あき》

家、来給無動寺坐、為之如何者、命云、有本意所為にこそあらめ、今無云益、早返上、可然事等おきて、可置給者也、左衛門督など登山、人々多来問、渡近衛御門、母・乳母不覚、付見心神不覚也、

信《のぶ》）が出家《しゅっけ》しました。無動寺《むどうじ》に来ておられます。これをどうすればよいのでしょうか」と。私が云ったことには、「本意《ほい》が有って行なったものであろう。今さら云っても益の無いことである。早く山に帰り上って、然《しか》るべき事を差配《さはい》して、置いておかれるべきである」と。左衛門督《さえもんのかみ》（藤原頼通）たちが比叡山に登った。人々が多く土御《つちみ》門第《かどてい》に来訪してきた。近衛御門《このえみかど》（源明子《めいし》）の許《もと》に赴いたところ、母（明子）も乳母《めのと》も、不覚《ふかく》となっていた。これを見るに付け、私も心《しん》神《しん》の具合が不覚となった。

月蝕の詳細は前年に具注暦《ぐちゅうれき》に記されていたものであるが、天文博士《てんもんはかせ》が記した月蝕に関する朱書《しゅしょ》は、別の暦注があったため、割と下の方に記されていた。道長は月蝕を記した上に重ねて自分の日記を記したので、朱書は見づらくなっている（「慶命僧都」以下の記事の下に、わずかに見える）。この時の月蝕は、暦どおりに正現したようである。

満月の日には不吉なことが起こるとされており、まして月蝕は天文変異《てんもんへんい》だったのであるが、その日、明子所生の三男である十九歳の顕信が行願寺《ぎょうがんじ》に到り、皮聖《かわひじり》（行円《ぎょうえん》）によって剃《てい》髪《はつ》し、比叡山の無動寺に登って突然出家するという事件が起こった。前年の蔵人頭《くろうどのとう》就任をめぐる人事の不満によるものと思われる。道長は冷静に対処しているが、他人の出家に感動するのは、いつものことである。

自分の台詞《せりふ》を漢字仮名交じりで記しているのは、正確を期したものであろう。あるいは複雑な心理描写をともなう台詞は漢文では記せなかったのであろうか。

ただし道長は、心神不覚となった明子に接すると、自らも不覚となっている。やはり父ゆえのことか。もっとも、これが明子ではなく嫡妻《ちゃくさい》の倫子《りんし》の産んだ子であったならば、道長の対応も、まったく違ったものとなっていたはずである。

二月二十五日条〈自筆本・古写本〈平定家筆〉〉　うわなり打

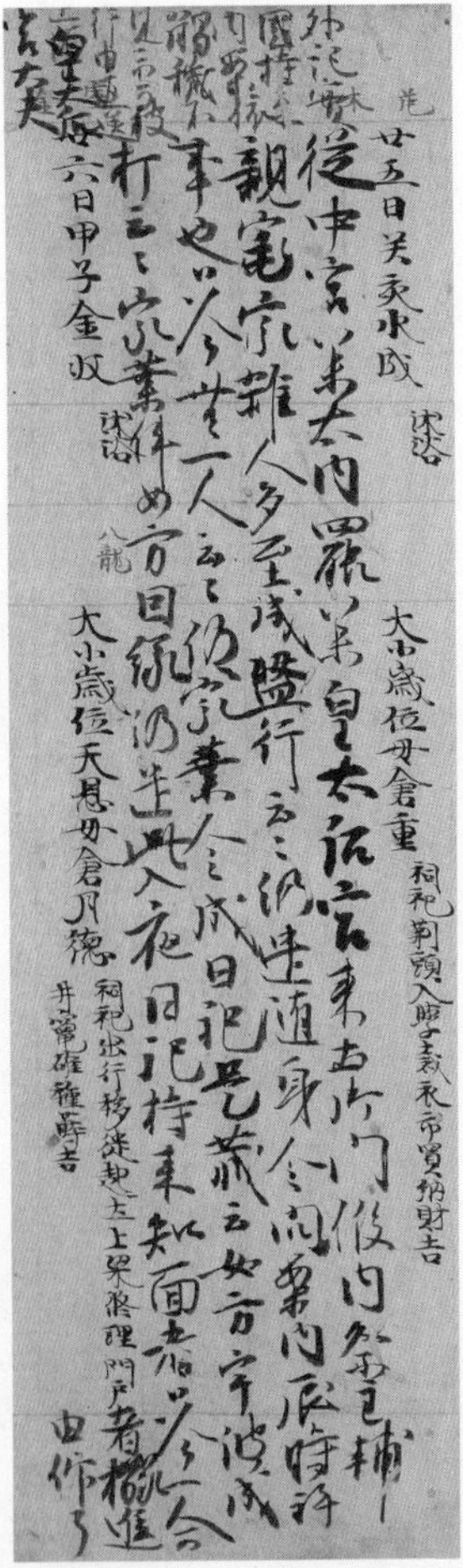
自筆本

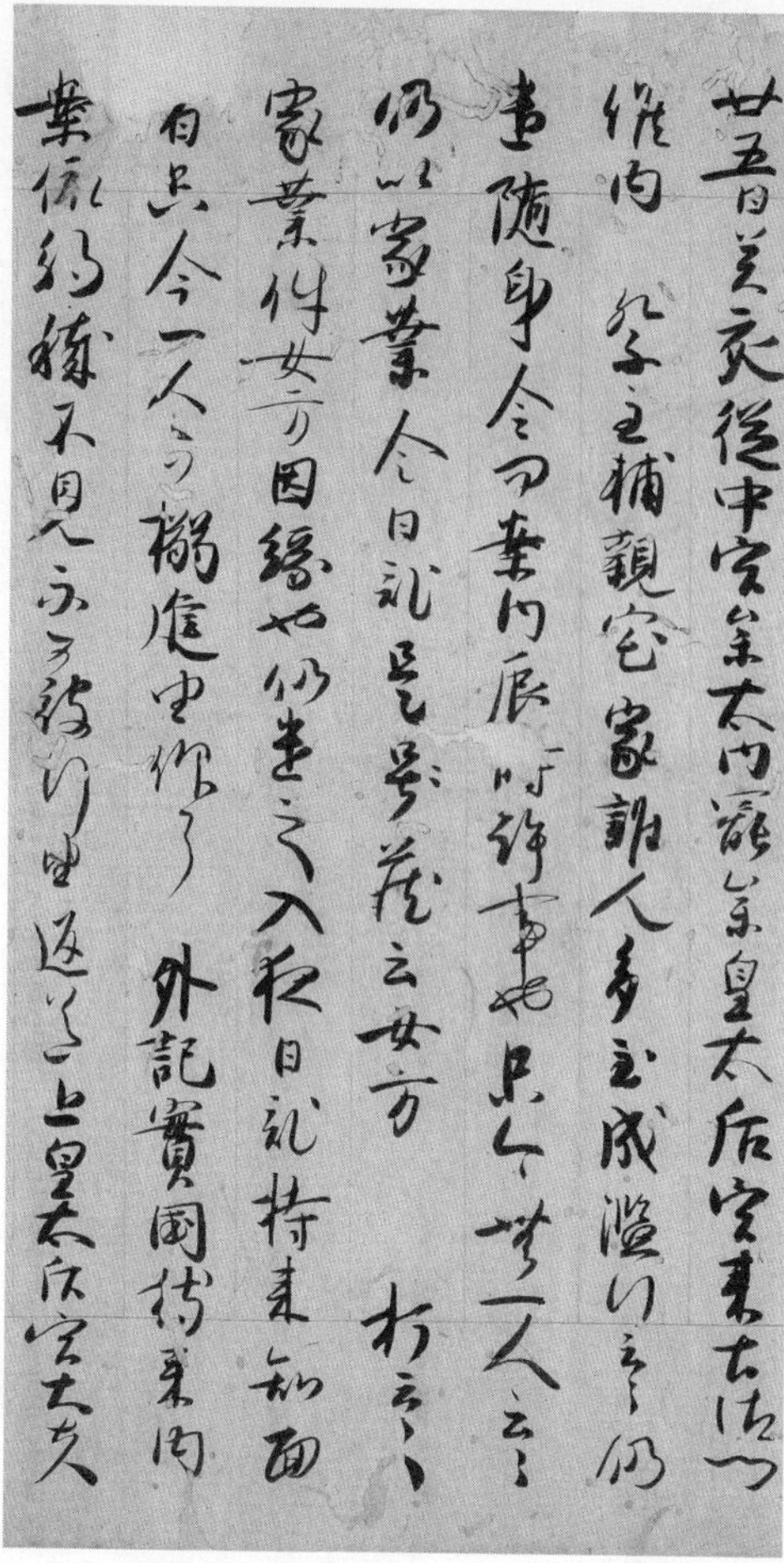

古写本

廿五日、癸亥、従中宮参太一二十五日、癸亥。中宮（藤原妍子）の許から内裏に参った。退出《たいしゅつ》し

内、罷参皇太后宮、来土御門、候内祭主輔親宅家雑人多至成濫行云々、仍遣随身令問案内、辰時許事也、只今無一人云々、仍以家業令成日記、是蔵云女方うは成打云々、家業件女方因縁、仍遣此、入夜日記持来、知面者只今一人可者、搦進由仰了、

「外記実国持来内案、依触穢不見、示可被行由返送、上皇大后宮大夫、」

て皇太后宮《こうたいごうぐう》（藤原彰子《しょうし》）に参り、土御門第に帰って来た。内裏に伺《し》候《こう》していたところ、「祭主《さいしゅ》（大中臣《おおなかとみの》）輔親《すけちか》の宅に、殿の家の雑人《ぞうにん》が多く到って、濫行《らんぎょう》を行ないました」ということだ。そこで随身《ずいじん》を遣わして、情況を問わせた。「辰《たつ》剋の頃の事です。ただ今は、一人もおりませんでした」ということだ。そこで（藤原）家業《いえなり》を遣わして日記《にっき》を作成させた。「これは、蔵命婦《くらのみょうぶ》と云う女房《にょうぼう》の『うわなり打』です」ということだ。家業は、その女房の姻戚《いんせき》である。そこでこの者を遣わしたのである。夜に入って、家業は日記を持って来た。「顔を知っている者は、ただ今は一人だけです」ということだ。それを逮捕して連行するよう命じた。

外記《げき》（菅野《すがのの》）実国《さねくに》が、文書《もんじょ》の案文《あんもん》を持って来た。触穢《しょくえ》であったので見なかった。それを行なわれるよう指示して返し送り、皇太后宮大《こうたいごうぐうだい》夫《ぶ》（源俊賢《としかた》）に進上《しんじょう》した。

「うわなり打」とは、離縁された前妻（こなみ）が後妻（うわなり）に嫌がらせをする習俗をいう。前妻が憤慨《ふんがい》して、親しい女子をかたらって箒《ほうき》やすりこ木をもって後妻を襲撃し、後妻の方でも親しい女子を集めて防戦に努めたという。まことに恐ろしい風習である。

なお、『御堂関白記』自筆本《じひっぽん》の三行目から四行目にかけての「これは、蔵命婦と云う女房

の『宇波成打《うわなりうち》』です」という言葉が、文献上の「うわなり打」という語の初例ではないだろうか。

　平安時代からはじまり、戦国時代に盛んになったというが、これはごく初期の史料である。蔵命婦なる女性（道長五男である教通《のりみち》の乳母《めのと》）が、前夫であった大中臣輔親の宅である六条院《ろくじょういん》を襲撃したというのである。

　じつはこの蔵命婦は、二年前の寛弘七年（一〇一〇）にも、故源兼業《かねなり》の妻の居住していた鴨院《かもいん》の西対《にしのたい》を襲撃している。教通の随身、および下女《しもおんな》三十人ほどが乱入してきて濫行を起こし、内部の財物《ざいもつ》や雑物《ぞうもつ》を破損したのである。そこに輔親が何日か「寄宿《きしゅく》」していたことに対する嫉妬《しっと》のためとのことであった（『権記』）。

　今回の「うわなり」が誰なのかは断定できないが、蔵命婦というのは、よくよく嫉妬深い女性のようである。輔親の方にも問題はあるのであろうが。なお、輔親は当時、すでに五十九歳。有名な歌人伊勢大輔《いせのたゆう》の父である。まったくいい年齢をして、と言いたくもなる。

　この日の記事、自筆本では「うわなり打」以外のもの（外記が文書の案文を持って来たというもの）は頭書《とうしょ》に記している。これも裏書《うらがき》を避けたものと解釈すべきであろう。

　なお、古写本《こしゃほん》では頭書もつづけて書写しているが、「宇波成打」の部分は、意味がわからなかったのか（草仮名《そうがな》とは知らず、無理やりに漢文で読もうとしたのであろうか）、あるいは漢文で記述しようとしたものの結局はできなかったのか、四行目の「□□□打」は、三文字分の空白となっている。

付け加えると、道長が倫子腹の子、特に頼通だけを優遇していたことはよく知られているが、この教通という人物も、儀式をちゃんと学ばないで道長に叱責されたり、家人を摂津《せっつ》国まで派遣して摂津守《せっつのかみ》の居所を捜索させて訴えられたり、はては紀伊《きい》国からの帰途に和泉《いずみ》国の饗応《きょうおう》が気に入らないとして饗饌《きょうせん》を馬で蹴散らさせるなどの濫行を演じている（『小右記』）。道長が頼通を可愛がったり、頼通が教通の昇進を抑えたりしたのも、まったく故のないことではないのであった。

三月七日条（自筆本）　藤原娍子立后宣旨

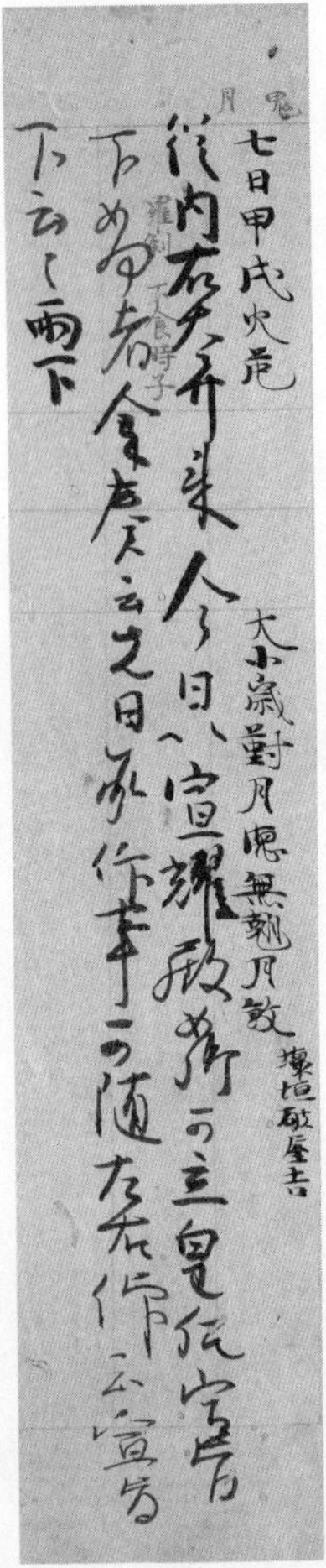

七日、甲戌、従内右大弁来、今日以宣耀殿女御、可立皇后宣旨下如何者、令奏

七日、甲戌。内裏から右大弁《うだいべん》（源道方《みちかた》）が来て、三条天皇の仰せを伝えて云ったことには、「今日、宣耀殿女御《せんようでんにょうご》（藤原娍子）を皇后に立てるという宣旨を下すのは如何《いかが》であろう」と。奏上させて云った

云、先日承仰事、可随左右
仰云、宣旨下云々、雨下、

ことには、「先日、その仰せを承《うけたまわ》りました。いずれにしても、仰せに随います」と云った。「宣旨が下った」ということだ。雨が降った。

三月に入ると、三条は娍子について、道長にとんでもない提案をおこなった。何と娍子を皇后に立て、「一帝二后《いっていにこう》」をふたたび現出させようとしたのである。娍子の父である藤原済《なり》時《とき》は大納言に過ぎず、しかもはるか昔に薨去してしまっているのである。多数の皇子女を産んでいるとはいえ、無理に参議に引き上げたばかりの異母弟通任しか後見に持たない娍子を皇后に立てるというのは、いくら何でも無理というものであろう。ここには、娍子、ひいては敦明《あつあきら》親王をはじめとする皇子たちの存在意義を低下させまいという三条の強い意志がうかがえる。

この数日のやりとりは、娍子立后宣旨《りつごうせんじ》が下った三月七日の『御堂関白記』の記事から推測できる。数日前（おそらくは三日）に示された三条の意向にうんざりして、突き放している様子が、ありありとわかる書き様である。字も心なしか乱雑に書いたように見えるから不思議である。

「雨が降った」というのも、道長の何らかの心象の表われであろうか。道長は雨が嫌いなのである。儀式の主宰者として、雨が降ると「雨儀《うぎ》」という変則的な式次第《しきしだい》に変更しなければならないし、当時の衣裳は雨に弱かったためとも考えられる。また、身体に種々の病気を抱えている道長は、雨が降ると体調が悪くなったのかもしれない。

　道長の方は、四月九日に、娍子立后の日と決まっている二十七日に妍子を内裏に参入させることを決定して対抗した。妍子の内裏参入の前後に延々と饗宴《きょうえん》がつづき、娍子立后の儀に参列する卿相《けいしょう》が少なくなるであろうことは、誰しも予測できたところである。

　これらの措置に対し、三条は、「左大臣（道長）は、私に対して礼を欠くことは、もっとも甚だしい。この一、二日は、寝食も通例のように摂《と》れない」という言葉を発し、実資《さねすけ》を方人《かたひと》（味方）とするという意志を示している（『小右記』）。実資としても、道長との関係を悪化させている三条から頼りにされても、ありがた迷惑なところだったであろうが。

四月二十七日条（自筆本）　中宮妍子、内裏参入／藤原娍子、立后

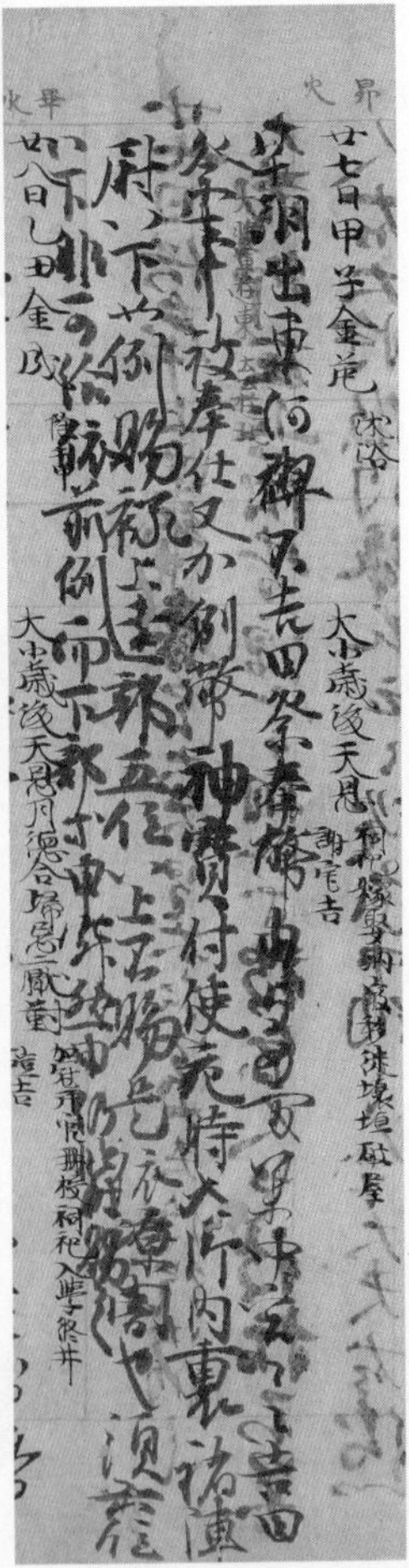
自筆本表

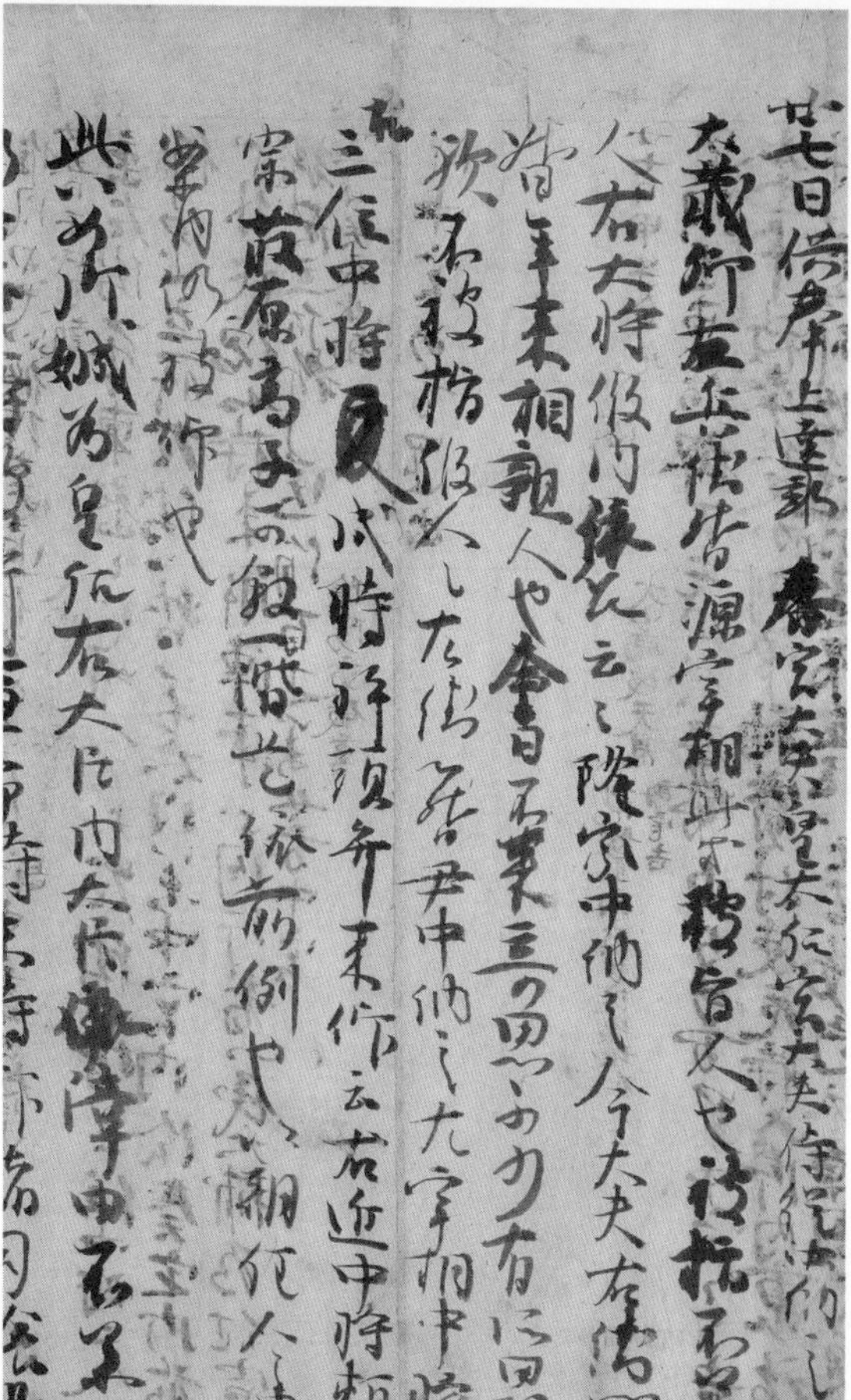

自筆本裏

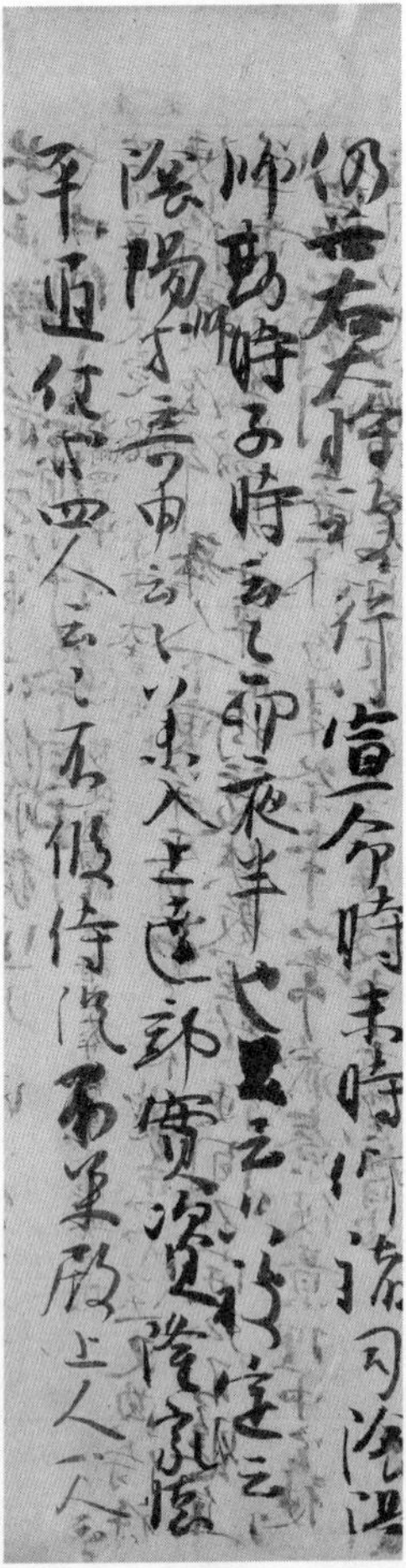

廿七日、甲子、早朝出東河禊、不吉田祭奉幣由、与女方参中宮、々々吉田祭事被奉仕、又加例幣、神宝付使、亥時入御内裏、諸陣尉以下如例賜禄、上達部・五位以上不賜、是依涼闇也、須六位以下非可給、依前例、而下部等申寂然由、仍

二十七日、甲子。早朝、鴨川《かもがわ》に出て、禊《みそぎ》を行なった。吉田祭《よしだのまつり》に奉幣《ほうべい》しない由《よし》の禊である。女方《にょうぼう》（源倫子）と中宮（藤原妍子）の許《もと》に参った。中宮は、吉田祭に際しての饗宴と禄《ろく》を奉仕された。また、例《れい》幣《へい》に加えて、神宝《じんぽう》を使を介して奉納《ほうのう》した。亥《い》剋に、中宮は内裏に御《ぎょ》入《にゅう》された。諸衛府《しょえふ》の尉以下《じょういげ》に、常のように禄《ろく》を下賜《かし》したが、公卿と五位《ごい》以上には下賜しなかった。これは諒闇《りょうあん》によるものである。本来ならば六位《ろくい》以下にも賜うべきであったのに、賜わなかったのは、前《ぜん》例《れい》による。ところが下部《しもべ》たちは、それでは寂しいということを申してきた。そこで臨時に禄を下賜した。

臨時賜之、
廿七日、供奉上達部春宮大夫・皇太后宮大夫・侍従中納言・大蔵卿・左兵衛督・源宰相、此等被旨人也、被指不参人右大将候内、依召云々、・隆家中納言今大夫、・右衛門督年来相親人也、今日不来、奇思不少、有所思歟、不被指候人々左衛門督・尹中納言・左宰相中将・三《右》位中将廿八、戌時許頭弁来仰云、右近中将頼宗・藤原高子可叙一階、是依前例也、以朝任令申案内、仍被仰也、
此以女御娍為皇后、右大臣・内大臣申障由不参、仍

二十七日。供奉《ぐぶ》した公卿は、春宮大夫《とうぐうだいぶ》（藤原斉信《ただのぶ》）・皇太后宮大夫《こうたいごうぐうだいぶ》（源俊賢《としかた》）・侍従中納言《じじゆうちゆうなごん》（藤原行成《ゆきなり》）・大蔵卿《おおくらきよう》（藤原正光《まさみつ》）・左兵衛督《さひようえのかみ》（藤原実成《さねなり》）・源宰相《げんさいしよう》（源頼定《よりさだ》）、これらは指名しておいた人である。指名しておいたのに参らなかった人は、右大将《うだいしよう》（藤原実資）〈「内裏に参っていた。三条天皇の召しによる」ということだ。〉・（藤原）隆家中納言《たかいえちゆうなごん》〈今日、新皇后（藤原娍子）の皇后宮大夫《こうごうぐうだいぶ》に任じられた。〉・右衛門督《えもんのかみ》（藤原懐平《かねひら》）〈長年、私と相親しんでいる人であるのに、今日は来なかった。不審に思ったことは少なくなかった。思うところが有るのであろうか。〉。指名していないのに供奉した人々は、左衛門督（藤原頼通）・尹中納言《いんちゆうなごん》（藤原時光《ときみつ》）・左宰相中将《ささいしようちゆうじよう》（源経房《つねふさ》）・右三位中将《うさんみちゆうじよう》（藤原頼宗《よりむね》）であった。戌剋《いぬ》の頃、頭弁《とうのべん》（源道方）が来て、天皇の仰せを伝えて云ったことには、「右近中将《うこんのちゆうじよう》頼宗と藤原高子《こうし》に一階を叙《じよ》す」と。これは前例によるものである。（源）朝任《あさとう》を遣わして叙人《じよにん》の名を天皇に申させておいたのである。そこで天皇からおっしゃられてきたのである。

この日、女御《によう》娍子を皇后に立てた。右大臣《うだいじん》（藤原顕光《あきみつ》）と内大臣《ないだいじん》（藤原公季《きんすえ》）は、障《さわ》りを申して立后の儀に参らなかった。そこで天

召右大将被行宣命、時未時　皇は右大将を召して、立后宣命《りつごうせんみょう》の上卿《しょうけい》を務めさせられた。時に未剋《ひつじ》
仰諸司、陰陽師勘時子時　に、諸司《しょし》に立后宣命の作成を命じた。「陰陽師《おんみょうじ》の勘申《かんじん》した時剋《じこく》は子《ね》
云々、而夜半也云云只被定　剋であった」ということだ。「ところが、『その時剋は夜半である』
云々、陰陽等《師》奇申云々、参　ということで、天皇はただ未剋に定められた」ということだ。「陰
入上達部実資・隆家・懐　陽師たちは、『不審なことだ』と申した」ということだ。「参入した
平・通任等四人云々、不候　公卿は、実資・隆家・懐平・通任の四人であった」ということだ。
侍従、不参殿上人一人　「侍従《じじゅう》は伺候しておらず、殿上人《てんじょうびと》は一人も参らなかった」というこ
云々、……　とだ。……

四月二十七日、娍子が皇后に立つ儀式（立后宣命の作成、宮司除目《みやづかさじもく》、本宮《ほんぐう》の儀）と、それに道長がかち合わせて中宮妍子が内裏に参入する儀式が同日におこなわれる日がやってきた。

後見のない娍子の立后に対して、道長をはじめとする公卿社会全般が批判的な感情を抱いていたことは確実であろう。結局、娍子立后の儀に参列するために内裏に集まった公卿は、実資のほか、中関白家《なかのかんぱくけ》の隆家、実資の兄の懐平、娍子の異母弟の通任の四人であった。立后宣命の作成に際しては、土御門第で草案《そうあん》を内覧した道長は、二度にわたって熱心にその不備を訂正し、正式な后妃《こうひ》が妍子であることを確認させている（『小右記』）。

『御堂関白記』では娍子立后に関してはほとんど筆を費やさず（その場にいなかったのであ

るから当然である)、妍子関係の記事を詳しく記しているが、そのなかでも特筆すべきは、裏書の二行目から五行目に「指名しておいたのに参らなかった人」として、実資・隆家・懐平の名を挙げ、それぞれ注を付けていることである。元来が自己の主宰する儀式への出席を非常に気にする道長であったが、欠席した人に対する考えを記すというのは、きわめて異例のことである。

また、指名もせず、来もしなかった人のなかに、婚礼で来られなかった公任《きんとう》と教通がいる(この日、道長五男の教通は公任の女と婚礼の儀をおこなっている)。公任がこの日に婚礼の儀を設定したのは、妍子参入に供奉して実資に怒られるのを避けるためだったのかとも考えてしまう。道長は当初は「指名していないのに供奉した公卿」として、裏書の六行目に「三位中将二人」(頼宗・教通のこと)と記していたのに、後で「二人」を消して「右」を傍書《ぼうしょ》として書き加え、「右三位中将」(頼宗のこと)としている。道長は、元々教通の出席を予定していたのに、おそらくは公任の要請によって、この婚礼が急遽、この日と定められたことを推測させる。

なお、裏書の十行目から十二行目、娍子立后の記事において、陰陽師たちが勘申した時剋について云々しているが、これは時剋が前後していれば、二つの行事を同日にかち合わせても差し支えないとの俊賢の教唆《きょうさ》によって(『小右記』)、道長が妍子の内裏参入を亥剋(午後九時から午後十一時)におこない、娍子立后を子剋(午後十一時から午前一時)におこなうと定めたにもかかわらず(そうすれば、妍子の内裏参入に供奉してきた公卿たちが、そのまま娍子立后の儀にも参列することができたかもしれなかったのである）、三条が、それは夜半であるということで、立后を未剋（午後一時から三時）に改め定めたということについて、陰陽師や道長が不審に思っているという文脈である。

道長は、娍子立后の儀の方に参入した四人も、裏書の十二行目から十三行目に官名ではなくわざわざ実名で記しているし、裏書十三行目に侍従や殿上人が参らなかったことも記しているから、娍子立后の儀にも大きな関心を持っていたことは確実であろう。ただし、裏書九行目で「此日以女御娍子為皇后、」と書くべきところを「此以女御娍為皇后、」などと記している。やはり心の乱れが誤記を生んだのであろうか。

また、古写本では、娍子は「娍子」と意味不明の人名になっている。もはや古写本が書写された時代には、娍子の名など、摂関家《せっかんけ》のなかでは忘れ去られていたのであろう。

なお、さすがは道長、翌四月二十八日には多数の公卿を中宮妍子の御在所《ございしょ》に集めて、饗饌を設けた。集まったのは、実資・斉信・俊賢・頼通・隆家・行成・忠輔《ただすけ》・懐平・経房・正光・実成・頼定・教通・頼宗の十四人（『御堂関白記』）。前日、娍子立后の儀に参入した四人の公卿のうち、通任をのぞく三人が馳せ参じている点に注目すべきである。彼らを完全な反対派の立場に置くことを避けるための配慮と考えるべきであろう。

長和二年（一〇一三）　禎子内親王誕生（「つぼみはな」）

　正月十日、妍子《けんし》が出産に備えて東三条第《ひがしさんじょうてい》に退出《たいしゅつ》したが、十六日にはすぐに焼亡《しょうぼう》し、その後も怪異《かいい》がつづいた。そして七月六日、妍子は土御門第《つちみかどてい》で御産を迎えたが、生まれたのは皇《こう》女《じょ》であった。後に禎子《ていし》と名付けられ、後朱雀《ごすざく》天皇（敦良《あつなが》親王）の妃《ひ》として尊仁《たかひと》親王（後の後三条《ごさんじょう》天皇）を産んだ皇女である。道長は、露骨に怒りを表わしたという。尊仁の即位《そくい》によって、摂関政《せっかんせい》治《じ》は決定的な打撃を蒙《こうむ》ることになるのであるが、それは後の話である。

　この年、十一月に石清水八幡宮《いわしみずはちまんぐう》、十二月に賀茂社《かもしゃ》への行幸《ぎょうこう》がおこなわれている。在位中の三条《さんじょう》天皇の神社行幸は、この二例のみである。

二月二十六日条（古写本〈平定家筆〉・平松本〈自筆本系〉）　重厄の夢想／道長家請印

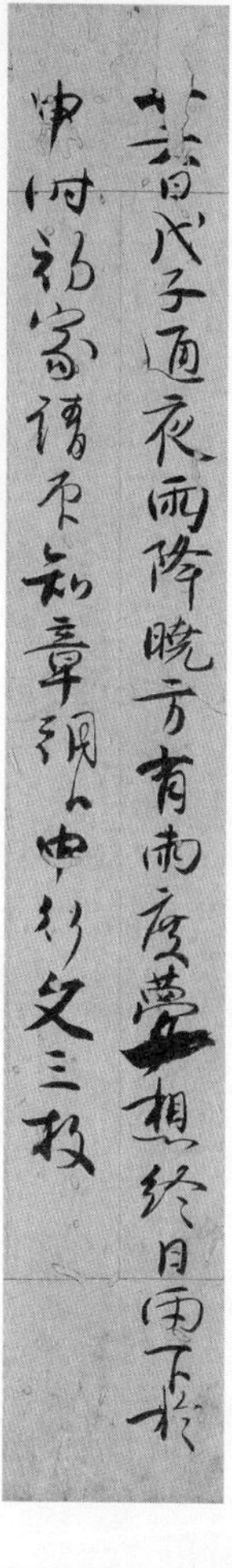

古写本

平松本

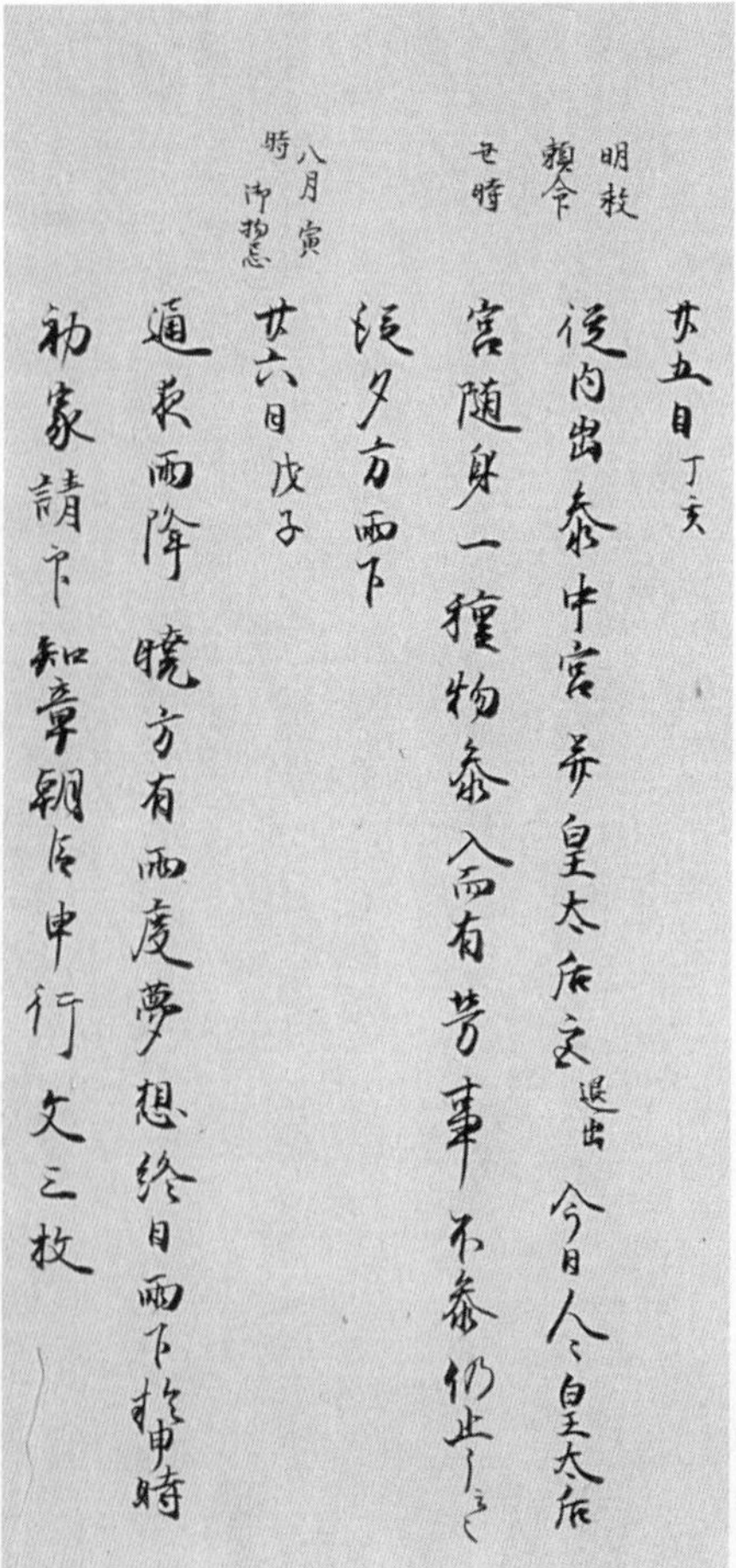
廿五日丁亥　従内出参中宮并皇太后宮 退出 今日人々皇太后
明救
頼命
丑時
宮随身一種物参入而有労事不参仍止了
従夕方雨下
八月寅
時
御物忌
廿六日戊子
通夜雨降　暁方有雨度夢想終日雨下於申時
初家請下知章朝臣申行文三枚

「明救・頼命、丑時、」――「明救《みょうぐ》・頼命《らいめい》を招請《しょうせい》した。丑《うし》剋に夢想《むそう》があった。」

「八月、寅時、御物忌、」――「八月に厄《やく》があるという夢想であった。寅《とら》剋に、また夢想があっ

廿六日、戊子、通夜雨降、暁方有両度夢想、終日雨下、於申時初家請印、知章朝臣申行文三枚、

た。物忌《ものいみ》であった。」
二十六日、戊子。夜通し、雨が降った。暁方、二度の夢想が有った。一日中、雨が降った。申《さる》剋に、我が家の請印《しょういん》を始めた。（藤原）知章《ともあきら》朝臣《あそん》が、文書《もんじょ》三枚の請印を行なった。

「　」に入れたのは、元々自筆本《じひつぼん》に記されていた頭書《とうしょ》を平松本《ひらまつぼん》（あるいはその祖本）が書写したものである。本文だけを見ると、道長に二度の夢想があったことしかわからないのであるが、この頭書と『小右記』を併せると、道長にたいへんなことが起こっていることがわかるのである。

　二十六日に道長家の請印をおこなった道長の家司《けいし》である藤原知章が、三月一日に『小右記』の記主《きしゅ》の実資《さねすけ》に告げたところによると（知章は実資の姻戚《いんせき》でもあった。知章の女《むすめ》は実資の養子である資平《すけひら》の妻となり、『春記《しゅんき》』の記主である資房《すけふさ》を産んでいる）、最初の夢は重く慎《つつ》しまねばならないというもので、道長は起きて仏前に詣で、祈請《きしょう》をおこなったとある。そしてふたたび眠った際、八月に重い厄があるという夢を重ねて見て恐怖していたというのである。

　最初の夢を見た際に起き出さずに眠りつづけていれば、道長のこと、それも忘れ、二度目の夢も見ないですんだであろうに。脳生理学的には夢は記憶のよみがえりなのであるから、

最初の夢の記憶に基づいて二度目の夢を見るというのは、当たり前の話である。『御堂関白記』の頭書は、この二つの夢に関わるメモであったことがわかる。この年は『御堂関白記』の自筆本は残っていないのであるが、前半だけは自筆本を転写した系統の平松本が残っている。この頭書は、はじめのものが、丑剋（午前一時から三時）に夢を見たこと、明救・頼命に祈請をおこなわせることを語っており（二十五日条の上部に記されているが、二十六日条の頭書であることは明らかである）、後のものが、寅剋（午前三時から五時）に二度目の夢を見たこと、八月に厄があるということ、夢想物忌《むそうものいみ》となったことを語っているのである（「御物忌」の「御」は平松本の書写者が付けたものか）。

一般に道長は『御堂関白記』には自分に都合の悪いことは書かないことが多い。夢に関しても、その具体的な内容を記した記事はない。書くとそのことが確定してしまうとでも考えていたのであろうか。単に曖昧模糊《あいまいもこ》とした夢の内容を漢文で書くことができなかったためかもしれないが。いずれにせよ、この頭書によって、はからずも夢の内容が明らかになってしまったのである。

この年に限って、平松本が古写本《こしやほん》ではなく自筆本系を書写したものであることの有り難さである。古写本を見てみても、本文のみを書写して、自筆本の頭書を写していない。単なる暦注《れきちゆう》だと思ったのであろう。「夢」の字の箇所に横線の印を付けているが。

三月二十日条（古写本〈平定家筆〉）　皇后娍子、内裏参入／「伊賀人、伊勢人を借る」

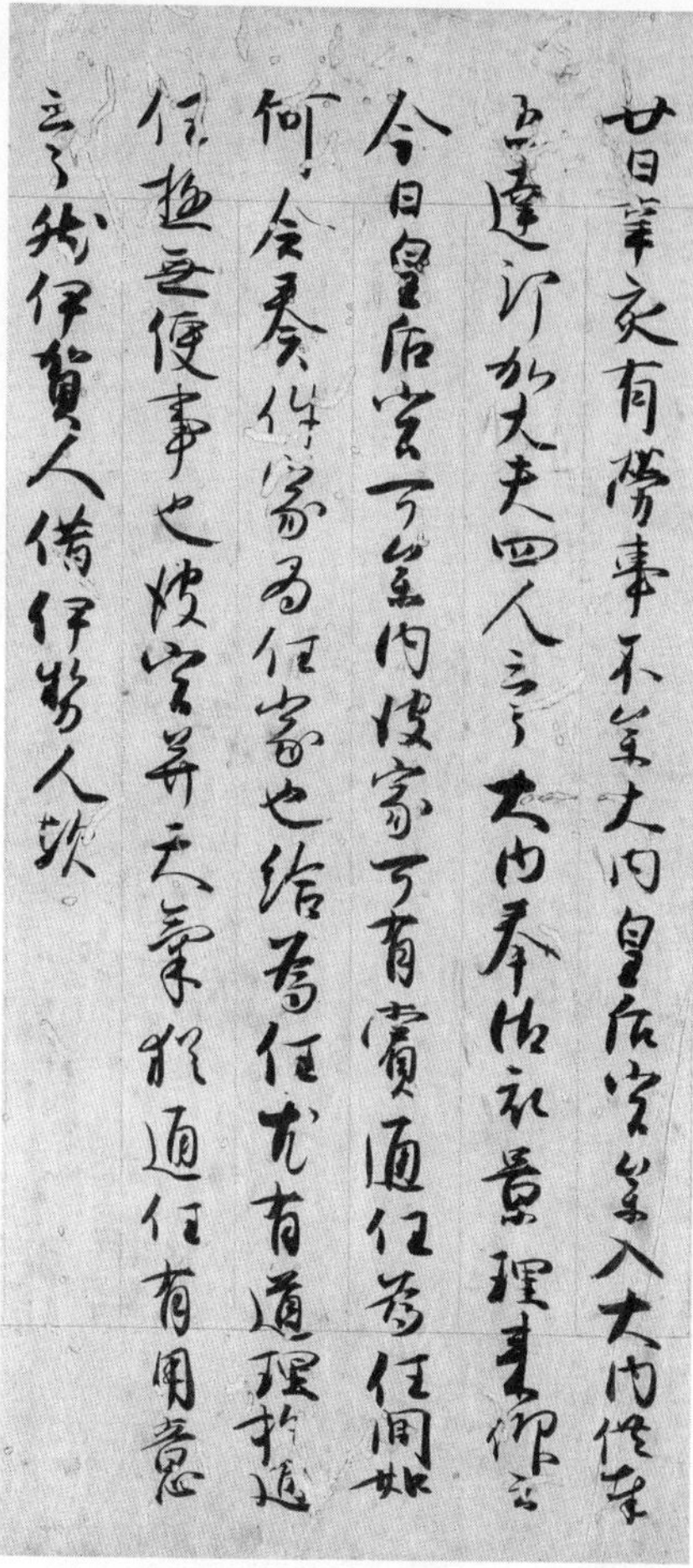

廿日、辛亥、有労事、不参大内、皇后宮参入大内、供

二十日、辛亥。病悩《びょうのう》してしまったので、内裏《だいり》に参らなかった。「皇《こう》后宮《ごうぐう》（藤原娍子《せいし》）が、内裏に参入《さんにゅう》された。供奉《ぐぶ》の公卿《くぎょう》は、皇后宮大《こうごうぐうだい》

奉上達部加大夫四人云々、大内奉御衣、景理来仰云、今日皇后宮可参内、彼家可有賞、通任・為任間如何、令奏、件家為任家也、給為任尤有道理、於通任極無便事也、彼宮幷天気猶通任有用意云々、然伊賀人借伊勢人歟、

夫《ぶ》（藤原懐平《かねひら》）を加えて四人であった」ということだ。大内《おおうち》（三条天皇）に御衣《おんぞ》を献上した。（大江《おおえの》）景理《かげまさ》が来て、天皇の仰せを伝えて云ったことには、「今日、皇后宮が、内裏に参ることになっている。御在所《ございしょ》であった家に賞を賜うべきである。（藤原）通任《みちとう》と（藤原）為任《ためとう》に賜わっては如何《いかが》であろう」と。私が奏上《そうじょう》させたことには、「皇后宮が御在所とされていた家は、為任の家です。為任に賜わられるのが、最も道理《どうり》が有るでしょう。通任に賜わられるというのは、極めて具合の悪い事でしょう」と。「皇后宮、および天皇の御意思としては、やはり通任に用意が有る」ということだ。そうすると、まるで伊賀人《いがびと》が伊勢人《いせびと》を騙《かた》るようなものではないか。

出産のために内裏を退出した妍子に代わって、娍子が内裏に参入したが、道長の許《もと》に、娍子の兄弟である通任と為任に賞を与えようという三条の意向が伝えられた。道長はそれに対し、娍子が里居《さとい》をつづけていたのは為任の家であるから、為任に賞を賜うのが道理であり、通任に賞を与えるのは、伊賀人が伊勢人を騙るようなものであるとの警句《けいく》を記している。

道長は、「伊」勢と「伊」賀との一字の通字《つうじ》と、通「任」と為「任」との一字の通字とを、パラレルな関係に置いて対比し、道長が賞を与えるべきであると考えていた兄の為任を、伊勢神宮《いせじんぐう》も鎮座《ちんざ》する大国《たいこく》としての伊勢、今回は賞に与《あずか》るべきではないと考えていた弟の

通任を、山中の下国《げこく》である伊賀に、それぞれ譬《たと》えたものである。伊勢と伊賀とが、隣国であり名前も似ているというばかりではなく、実力が隔絶しているものであったという点がポイントとなる。

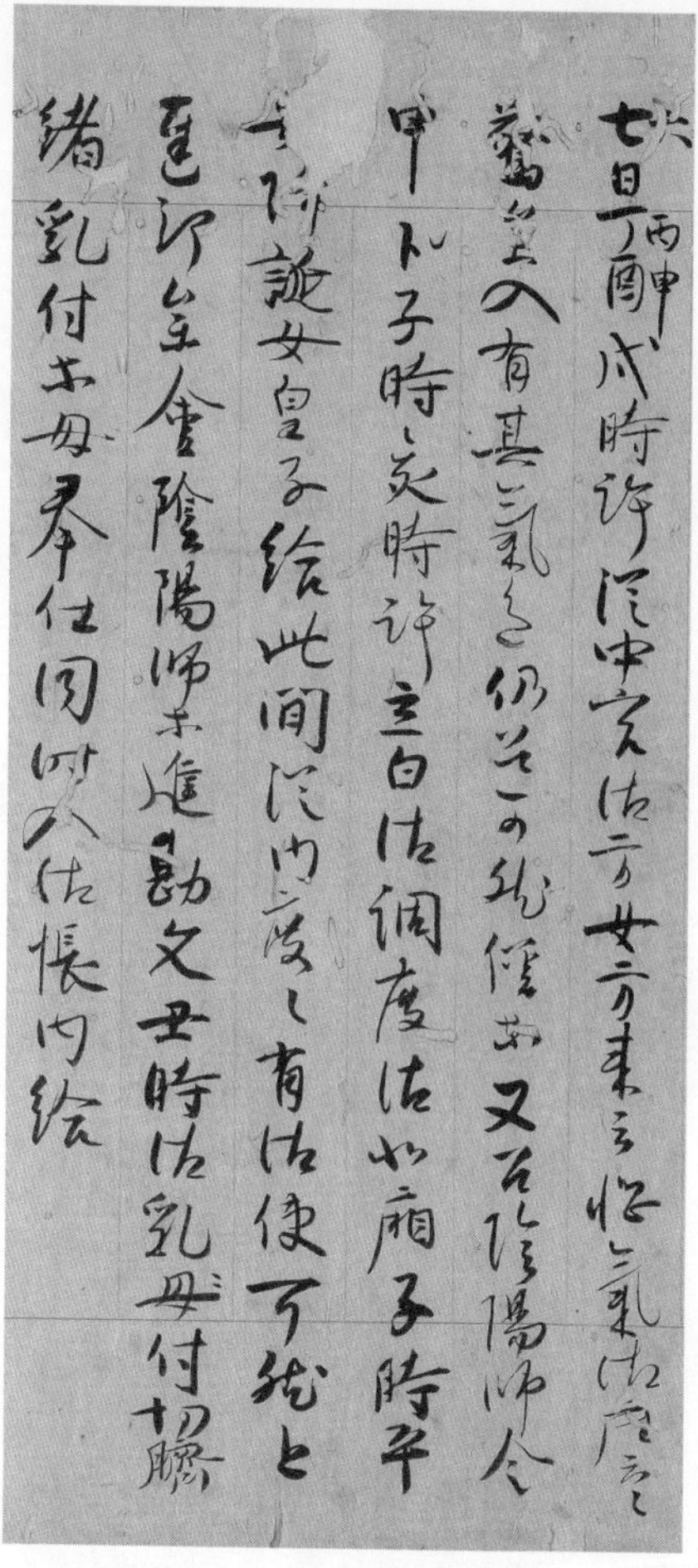

七月六日条（古写本〈平定家筆〉）　皇女禎子誕生

七《六》日、丁酉《丙申》、戌時許、従中宮御方女方来云、悩気御座云々、驚参入、有其気色、仍召可然僧等、又召陰陽師令申ト、子時、亥時許立白御調度御北廂、子時平安降誕女皇子給、此間従内度々有御使、可然上達部参会、陰陽師等進勘文、丑時御乳母付、切臍緒、乳付等母奉仕、同時入御帳内給、

六日、丙申。戌《いぬ》刻の頃、中宮《ちゅうぐう》（藤原妍子）の御方（土御門第）から女方《にょうぼう》（源倫子《りんし》）が来て云ったことには、「中宮が産気《さんけ》付かれました」ということだ。驚いて参入した。御産の気配が有った。そこで然《しか》るべき僧たちを召した。また、陰陽師《おんみょうじ》を召して、卜占《ぼくせん》し申させた。子《ね》刻ということであった。亥《い》刻の頃、白い御調度《ちょうど》を立てて、土御門第寝殿《しんでん》の北廂《きたびさし》に移られた。子刻に、平安《たいらか》に女皇子《おんなみこ》（禎子内親王）を降誕《こうたん》された。この間、内《うち》（三条天皇）から、度々御使が有った。然るべき公卿《くぎょう》が参会《さんかい》した。陰陽師たちは、勘文《かんもん》を進上《しんじょう》した。丑《うし》刻に御乳《ち》付《つけ》を行ない、臍緒《へそのお》を切った。乳付は、母（倫子）が奉仕した。同じ時刻《じこく》に、中宮は御帳《みちょう》の内に入られた。

戌刻（午後七時から九時）に産気づいた妍子は、子刻（午後十一時から午前一時）、「平安に」皇女を産んだ。後に禎子と名付けられ、後朱雀天皇（敦良）の妃として尊仁親王（後の後三条天皇）を儲け、摂関政治を終わらせることになる皇女である。

『御堂関白記』には皇女誕生について何の感慨も記されていないが、『小右記』によれば、道長は公卿や殿上人《てんじょうびと》に会うことはなく、「悦《よろこ》ばない様子が、甚だ露《あら》わであった」という。

古写本では、七日の日付と干支《かんし》を記した後、六日の皇女誕生の記事を写し忘れていたことに気づき、日付と干支を訂正している。何故に六日の記事を見落としたのであろう。まさか裏書《うらがき》だったわけではあるまいに。とまれ、はじめから日付の記されている具注暦《ぐちゅうれき》に記す自筆本と異なり、古写本は自分で日付も記さねばならないので、こういうことも起こり得るのである。

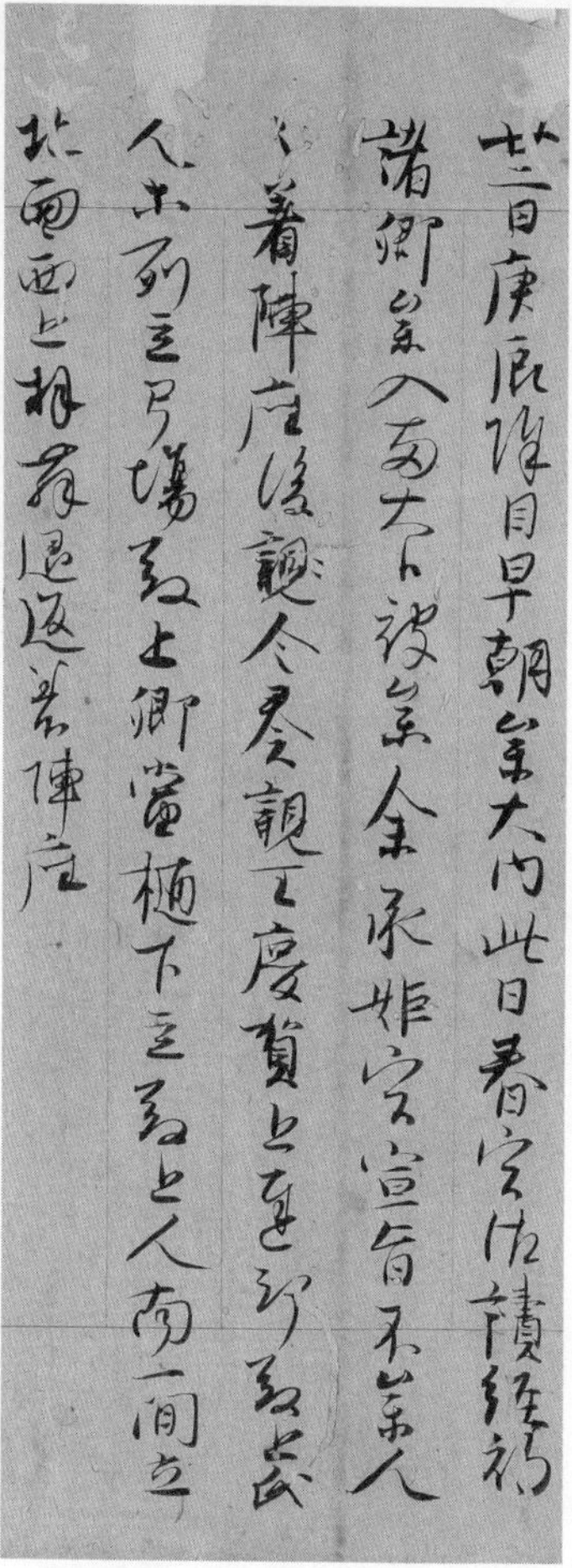

十月二十二日、二十三日条（古写本〈平定家筆〉）　除目／東宮御読経始／皇女禎子に親王宣下

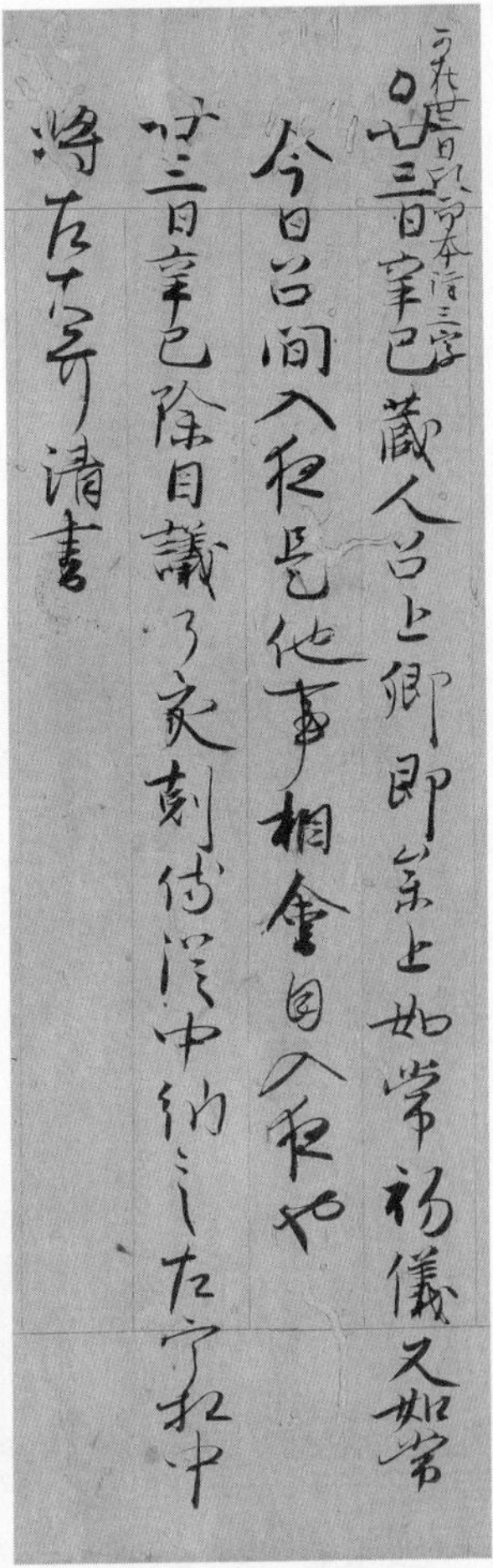

廿二日、庚辰、除目、早朝参大内、此日春宮御読経初、諸卿参入、両大臣被参、余承姫宮宣旨不参、人々着陣座後、親令奏親王慶賀、上達部・殿上氏人等列立弓場殿、上卿当樋下立、殿上人南一間立、北面

二十二日、庚辰。除目《じもく》の議があった。早朝、内裏に参った。この日、東宮《とうぐう》（敦成《あつひら》親王）の御読経《みどきょう》を始めた。諸卿が参入した。両大臣《だいじん》（藤原顕光《あきみつ》・藤原公季《きんすえ》）も参られた。私は、姫宮《ひめみや》（禎子）の親王宣《しんのうせん》旨《じ》を承《うけたまわ》ったので、参らなかった。人々が陣座《じんのざ》に着した後、親王の慶賀《けいが》を奏上《そうじょう》させた。公卿や殿上人《てんじょうびと》で藤原氏の人たちが、弓場殿《ゆばどの》に列《れつ》立《りつ》した。公卿は、樋《ひ》の下に当たって立った。殿上人は、南の第一間に立った。北面《ほくめん》して西を上座《じょうざ》とした。拝舞《はいぶ》した。退いて、陣座に着した。

西上、拝舞、退返着陣座、

「可在廿二日歟、而本注三字、」
○廿三日、辛巳、蔵人召上卿、即参上如常、初儀又如常、今日召間入夜、是他事相会、自入夜也、
廿三日、辛巳、除目議了、亥刻、侍従中納言・左宰相中将・左大弁清書、

「二十二日に在るべきか。ところが元は『三』の字が記してあった。」

二十三日、辛巳。蔵人《くろうど》が公卿を召した。すぐに三条天皇の御前《ごぜん》に参上したことは、常と同じであった。除目の議を始めたことは、また常と同じであった。今日、召しがあった頃、夜に入っていた。これは、他の事が重なって、自ずと夜に入ってしまったのである。

二十三日、辛巳。除目の議が終わった。亥剋であった。侍従中納言《じじゅうちゅうなごん》（藤原行成《ゆきなり》）が、左宰相中将《さざいしょうちゅうじょう》（源経房《つねふさ》）と左大弁《さだいべん》（源道方《みちかた》）に除目の清書《せいしょ》を行なわせた。


二十二日条には東宮御読経始と皇女禎子に親王宣下《せんげ》があったという記事がある。そしてその後、古写本では、「廿三日、辛巳」という日付と干支を持つ記事が二つ存在する。

これは次のような事情によるものであろう。自筆本の段階で、二十二日条の東宮御読経始と皇女禎子の親王宣下の記事を「退返着陣座、」まで書き終えた道長は、ついで「蔵人召上卿」から「是他事相会、自入夜也、」までの除目に関する記事を紙背《しはい》に裏書として記した。その際、道長は、「二十三日」という誤った日付を紙背に記してしまったのであろう。したがって、この裏書、ひいては二十二日条が何日に記されたのかは、定かではないことになる

（表の二十三日条を記した二十四日の朝が、もっとも可能性が高い）。もっとも、日付を間違えることは、我々でもよくあることであるが。

一方、自筆本を見てそれを書写した古写本の書写者である平定家は、当然のこと、裏書も表と同一の面に写していったが、裏書に「二十三日、蔵人召上卿、……」とある記事を見て、それに二十三日の干支である「辛巳」を付け加えた。

「二十三日、辛巳、蔵人召上卿、……」と記していった定家は、これらの記事が除目のはじまりであって、内容的に二十二日のものであり、別に二十三日条（「除目議了、」以下）が存在することに気づいた。そこで、自筆本で誤って他の日付の下に書いた文を正しい日付の下に移す際に用いる「○」印を行頭に冠し、それだけでは物足りずに、右傍に傍書《ぼうしよ》を記したのであろう。

その傍書の意味は、「以下の記事は本来、二十二日の箇所にあるべきであろうか。ところが本の自筆本には『(二十)三』と記してあった」というものである。

長和四年（一〇一五）　三条天皇との対立

『御堂関白記』は長和三年（一〇一四）の記事をまったく欠いている。眼病《がんびよう》を患《わずら》った三条天《さんじよう》皇に対し、道長が退位《たいい》を要求したこの年の記事は、早くから失なわれているようである。『入道殿御暦目録《にゆうどうどのごりやくもくろく》』には、「(長和)三年、本より欠か。目録に載せず」とあるが、もしかしたら、道長自身の手によって「破却」されたのかもしれない。

それに対し、長和四年が残されているのは、後に述べる准摂政《じゅんせっしょう》や明年の譲位《じょうい》など、自分の身分や皇位に関わる重要な出来事がつづいたためであろう。

長和四年には、道長をはじめとする公卿《くぎょう》層による三条の退位工作が激しくなり、それに対抗する三条の闘いがくりひろげられた。三条は伊勢《いせ》勅使発遣《ちょくしはっけん》と、前年に焼亡《しょうぼう》した内裏《だいり》を造営し、新内裏に還御《かんぎょ》することを希望したが、道長の意を汲む官人たちは、なかなかそれらに応じようとはしなかった。

八月になると、三条は政務運営に関して、道長に新たな提案をおこなった。眼病の間、道長が官奏《かんそう》を覧《み》て下すようにとの命を、直接、仰せたのである。しかし道長は、これを拒否した（『小右記』）。「眼病の間」というのでは、その後の政務運営や政権構造に対して、曖昧《あいまい》であると考えたのであろう。

十月二十七日、道長に准摂政宣旨が下り、十一月五日、ついに三条は道長に明春の譲位を語った（『小右記』）。道長の世が、ついに到来することになったのである。ただし、三条は敦明《あつあきら》を新東宮《とうぐう》に立てることを条件としていた。

四月十日条（古写本〈平定家筆〉）　孔雀、産卵

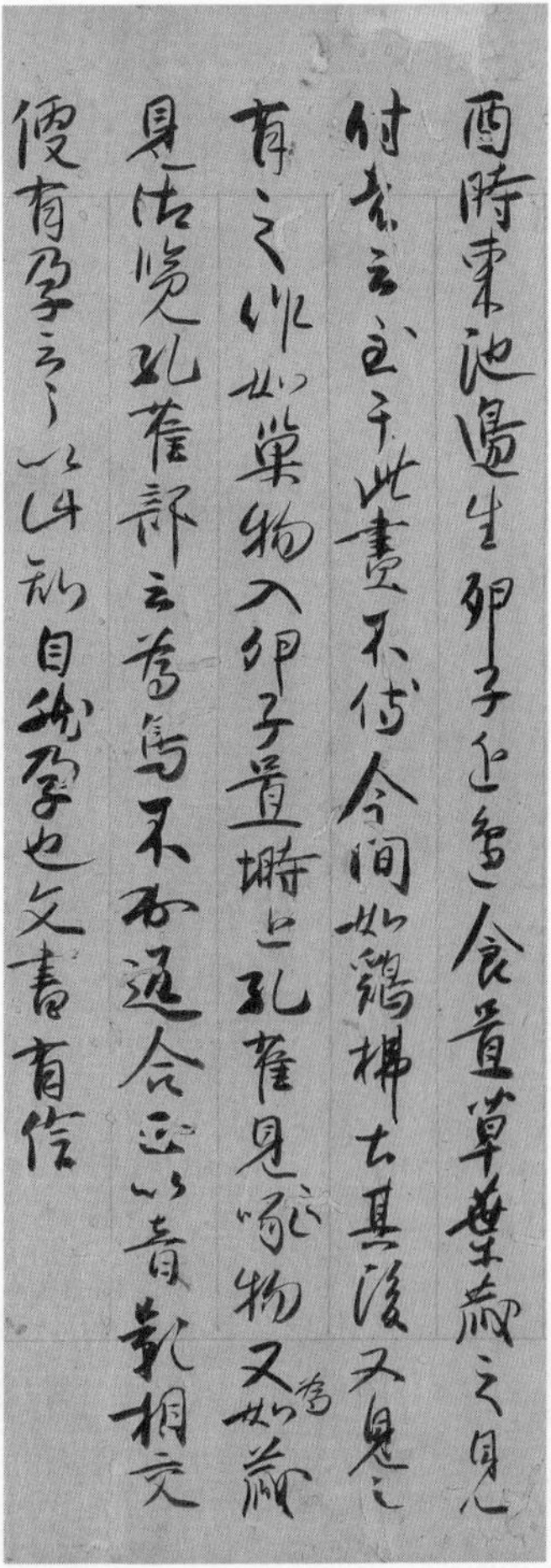

十日、己未、依物忌籠、蔵規朝臣所献孔雀未弁雄雌、酉時東池辺生卵子、近辺食置草葉蔵之、見付者云、至于此昼不侍、今間如鶏払土、其後又見之有之、作如巣物入卵子、置埘上、孔雀

十日、己未。物忌《ものいみ》であったので、小南第《こみなみてい》に籠《こも》った。（藤原）蔵規《まさのり》朝臣《あそん》が献上した孔雀《くじゃく》は、未だ雄雌《ゆうし》が判明しなかったけれども、酉《とり》剋に、小南第の東池の辺りにおいて、卵を産んだ。近辺に食い置いていた草葉に、卵を蔵していた。見付けた者が云ったことには、「この昼には、卵はございませんでした。ついさっき、鶏のように土を払っていました。その後、また見ましたところ、この卵が有りました。巣のような物を作って卵を入れ、寝床の上に置きました。孔雀

見啄之物、又如為蔵、見御覧孔雀部云、為鳥不必匹合、正以音影相交、便有孕云々、以此知自然孕也、文書有信、

は、これを見て物を啄《ついば》み、また、卵を抱くような様子がありました」と。『修文殿御覧《しゅうぶんでんぎょらん》』の孔雀部を見たところ、「鳥というものは、必ずしも交合《こうごう》しなくても、音影《おんえい》によって相交り、それで孕《はら》むということが有る」ということだ。これによって、自然に孕むということがわかった。文書《もんじょ》には信が置けるものである。

孔雀は、すでに『日本書紀《にほんしょき》』に推古《すいこ》六年（五九八）、新羅《しんら》から貢献《こうけん》された記録があり、その後もしばしば日本に渡来しているが、数が少なく、また生産・誕生の象徴として珍重された。

道長は、一羽しかいない孔雀が卵を産んで抱いていることに対して、古典を引いて感動している。もちろん、これは無精卵であり、孵化《ふか》することはあり得ない。

しかし、承平《じょうへい》四年（九三四）頃に源 順《したごう》によって編まれた漢和辞書である『倭名類聚《わみょうるいじゅう》鈔《しょう》』にも、「この鳥は、或いは音響《おんきょう》でもって相接し、或いは雄《おす》を見ればすぐに子ができる」と書いてあるので、道長周辺の科学知識を笑うわけにはいかない。

道長が参照した『修文殿御覧』とは、中国の北斉《ほくせい》の時代に編集された類書《るいしょ》形式で三六〇巻の百科事典である。寛弘七年（一〇一〇）八月二十九日条に見える、道長の蒐《しゅう》集《しゅう》した書物のなかに含まれている。

七月八日条（古写本〈師実筆〉）　藤原教通、二星会合を見る

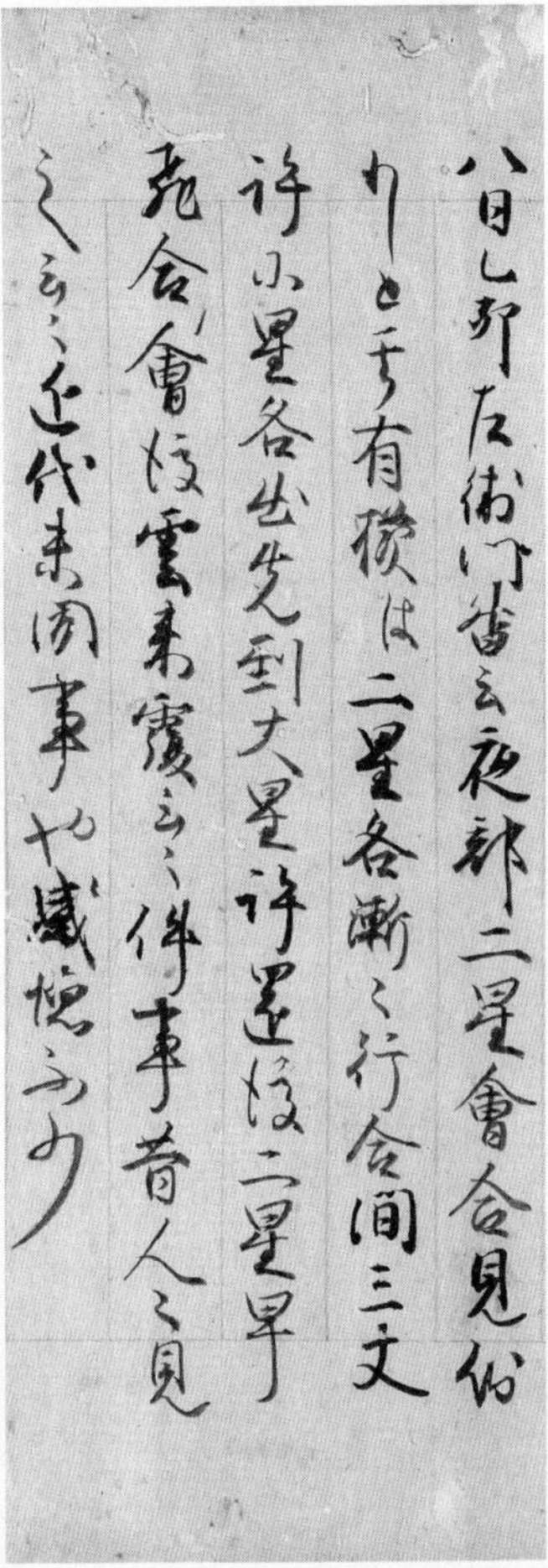

八日、乙卯、左衛門督云、夜部二星会合見侍りしと、其有様は、二星各漸々行合、間三丈許、小星各出、先到大星許、還後二星早飛

八日、乙卯。左衛門督《さえもんのかみ》（藤原教通《のりみち》）が云ったことには、「夜分、二《に》星会合《せいかいごう》を見ました」と。「その有様は、二星が、各々、ゆっくりと行き合って、間が三丈《じょう》ほどになりました。小星がそれぞれから出てきて、まず大星の許《もと》に到りました。小星が元に還った後に、二星が早く飛んで会合しました。後に雲が来て、会合している二星を覆《おお》い

合レ会、後雲来覆云々、件事
昔人々見之云々、近代未聞
事也、感懐不少、

ました」ということだ。「この事は、昔の人々は見ていた」ということだ。近代《きんだい》は、未だ聞いたことがない事である。感懐《かんかい》は少なくなかった。

七月七日におこなわれる星祭では、織女《しょくじょ》（こと座のアルファ星ヴェガ）に因んで、中国から輸入された乞巧奠《きこうでん》の行事と、日本古来の棚機女《たなばたつめ》（棚の機中にいる女の意で、村の神女の中から選り出されて神の嫁となる処女が、棚作りの建物に住んで神の訪れを待ち、来るべき神のために機を構えて布を織るという）に関する信仰とが習合された。『万葉集《まんようしゅう》』以来、牽牛《けんぎゅう》（わし座のアルファ星アルタイル）と織女が天の川を渡って逢瀬《おうせ》を楽しむ二星会合を詠《よ》んだ歌が多い。ただし、中国では織女が橋を渡って牽牛の許を訪れる（父《ふ》系《けい》制）のに対し、日本では牽牛が船に乗って織女の許に通う（妻問婚《つまどいこん》）という筋書きとなっている（日本古代には、瀬田《せた》橋・宇治《うじ》橋などの例外をのぞいて、ほとんど大きな橋がなかった）。

ここで教通は、二星会合を見たと道長に語っている。小星が二星からの使者、大星が二星というつもりなのであろう。二星が会合している際には雲がベールとなっていたなど、手の込んだ話となっている。教通の台詞《せりふ》を、仮名を使って記すなど、言葉そのままを記録しようとした態度が読み取れる。

道長もそれを聞いて感動しているなど、当時の人びとの天文知識というのは、深いのか浅いのか、よくわからない。また、教通という人の個性も、数々の事件に名前が登場することも含め、一度よく考えてみる必要があろう。

七月二十七日条（古写本〈師実筆〉）　内裏に二つの死穢／伊勢奉幣使延引

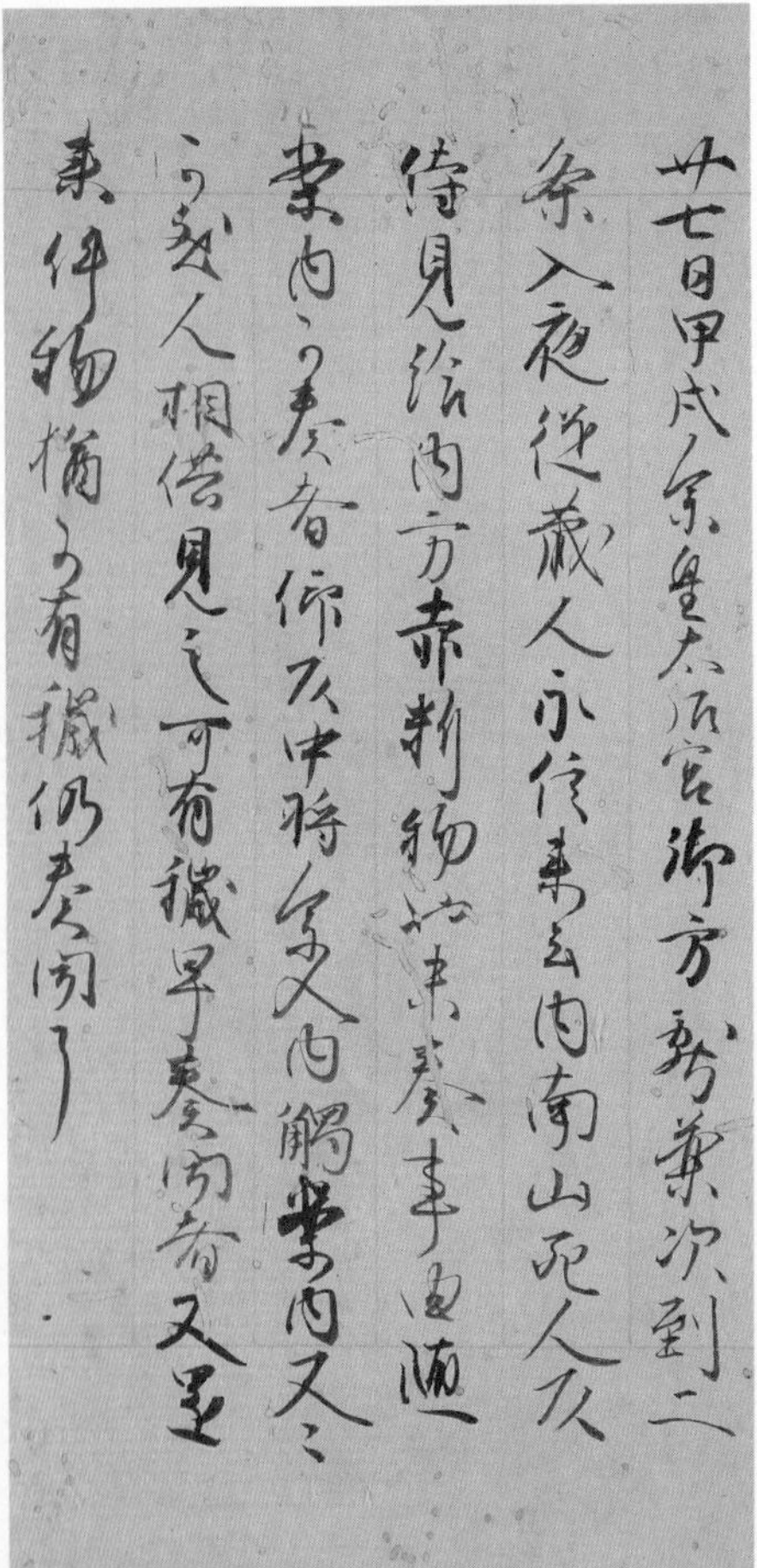

廿七日、甲戌、参皇太后宮御方、献薬、次到二条、入夜従蔵人永信来云、内南山死人頭侍、見給、内方赤料物也、未奏事由、随案内可奏者、仰頭中将、参入内触案内、又々可然人相供見之、可有穢、早奏聞者、又還来、件物猶可有穢、仍奏聞了、

二十七日、甲戌。皇太后宮《こうたいごうぐう》（藤原彰子《しょうし》）の御在所《ございしょ》（土御門第寝殿《つちみかどていしんでん》）に参って、薬を献上した。次に二条第《にじょうてい》に到って、造営《ぞうえい》を検分した。夜に入って、内裏《だいり》（枇杷殿《びわどの》）から蔵人《くろうど》（藤原）永信《ながのぶ》が来て、頭中《とうのちゅう》将《じょう》（藤原資平《すけひら》）からの報告を伝えて云ったことには、「内裏の南山《なんざん》に死人の頭がございました。検分させましたところ、内の方が赤い、新しい物でした。未だこの事を三条天皇には奏上《そうじょう》しておりません。ご指示に随って奏上しようと思います」と。私が指示したことには、「頭中将に命じて、内裏に参入《さんにゅう》して情況を伝え、もう一度、然《しか》るべき人と一緒にその頭を見て、穢《え》が有るのならば、早く天皇に奏聞《そうもん》せよ」と。また、永信が還って来た。「あの物は、やはり穢が有るようです」と云った。そこで天皇に奏聞させた。

三条が眼病平癒《へいゆ》の最後の切り札と考えたのが、伊勢神宮《いせじんぐう》に勅使を派遣することであった。閏六月四日に発遣することが、六月二十七日に定められたが（『小右記』）、この伊勢勅使をめぐって、この後、三条と道長との間で攻防がはじまることとなる。

表立って天皇に反対できなかった当時、選ばれた手段は、発遣の直前に関係者の周囲に「穢」を発生させ、発遣を延引《えんいん》させるという陰湿なものであった。この七月二十七日の夜に

は内裏に死穢《しえ》が発生した。しかも二つである。『御堂関白記』によれば、南山に内が赤い新しい死人の頭が置かれており、『小右記』によれば、紫《し》宸殿《しんでん》の橋の下に時間が経った半破の白い頭が置かれていたという。内裏を死穢に陥らせようとした者が二勢力いたということになる。

当然、これで内裏触穢《しょくえ》ということになり、五度目の延期となった（結局は七回、延期されている）。

十月二十五日条（古写本〈師実筆〉）　道長五十歳算賀法会

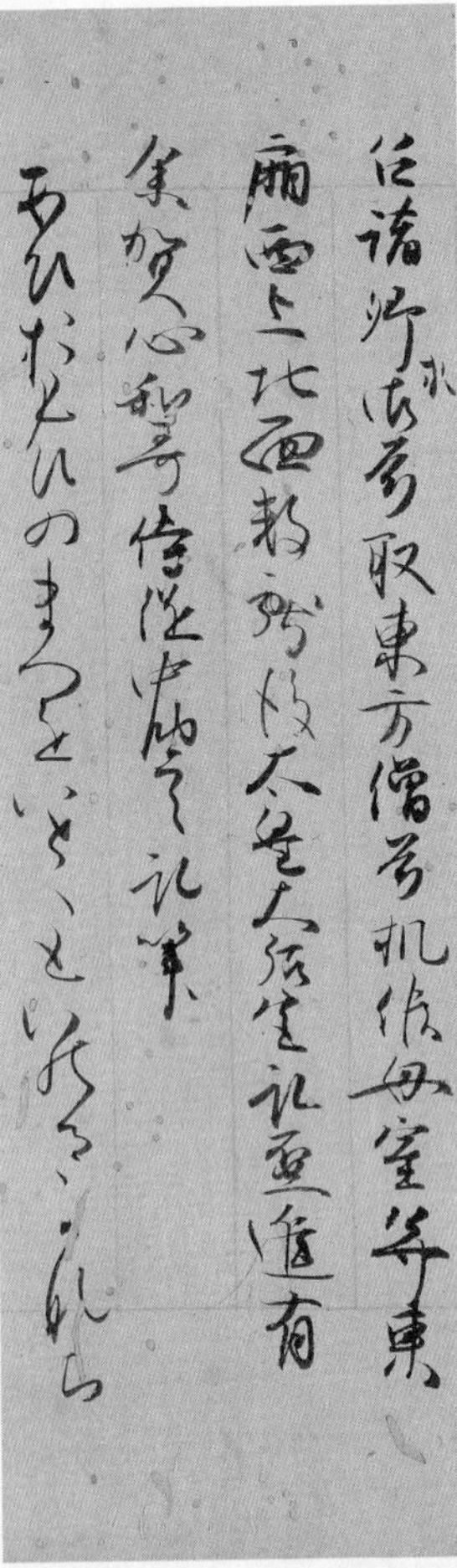

……召諸卿於御前、取東方僧前机、候母室幷東廂、西上北面、数献後、太皇大后宮取盃進、有余賀心和哥、侍従中納言取筆、あひおいひのまつをいとゝもいのるかなちとせのかけにかくるへ

……諸卿を皇太后宮（藤原彰子）の御前《ごぜん》に召した。東方の僧は、前の机を取り払って、母屋《もや》、および東廂《ひがしびさし》に伺候《しこう》した。西を上座《じょうざ》として北面《ほくめん》した。数献《こん》の宴飲《えんいん》の後、太皇太后宮大夫《たいこうたいごうぐうだいぶ》（藤原公任《きんとう》）が盃を取って進み、私を祝う賀心《がしん》の和歌を詠んだ。侍従中納言《じじゅうちゅうなごん》（藤原行《ゆき》成《なり》）が筆を取って、これを書いた。

相生《あいおい》の松を糸とも祈るかな千歳《ちとせ》の影に隠るべければ

（＝相生の松を糸のように祈るばかりです。私は千歳の影に隠れる

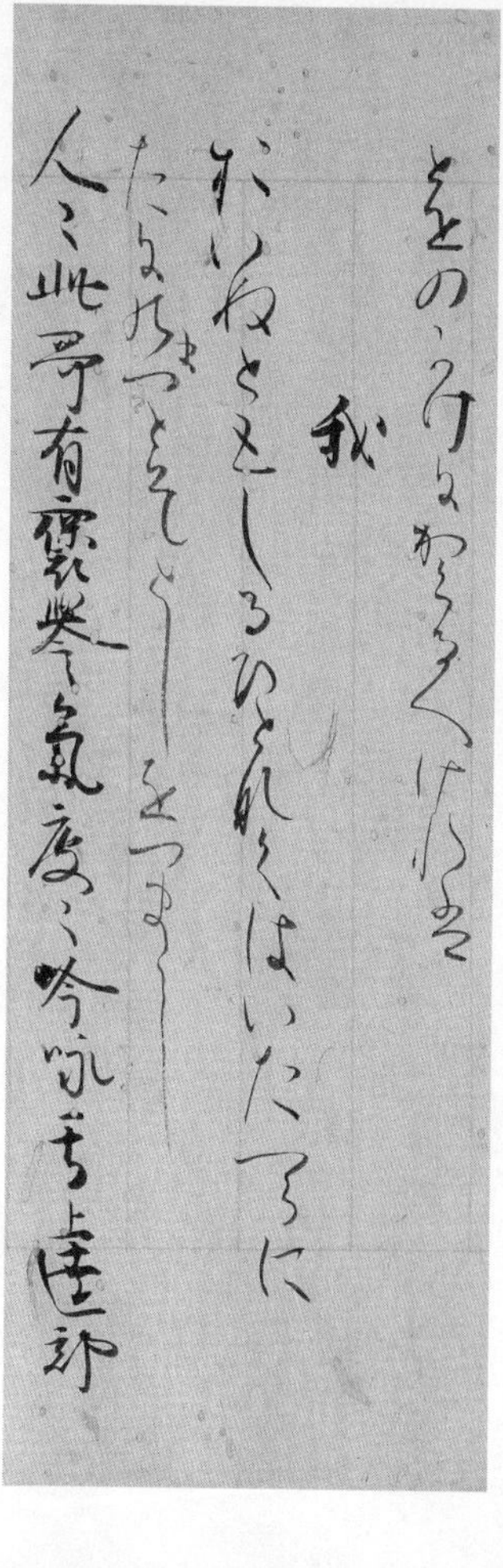

けれは　我
おいぬともしるひとなくは
いたつらにたにのつとそと
しをつま〻し
人々此哥有褒誉気、度々吟
詠、……

（私の歌は、次のようなものであった。
老いぬとも知る人無くはいたづらに谷の松とぞ年を積ま〻し
（＝老いたとしても、それを知ってくれる人がいなかったならば、
いたずらに谷の松のように年を積むだけであろう）
人々は、この歌を褒誉《ほうよ》してくれる様子が有った。度々、吟詠《ぎんえい》した。
……に違いないので）

この年は、道長が五十歳、三条が四十歳にあたる年であり、本来ならば算賀《さんが》（長寿の祝い）がおこなわれるはずであった。しかし道長は、前年十二月に、三条の算賀をおこなえない以上、自分が算賀をおこなえば謗難《ぼうなん》があるに違いないとの理由で、辞退するとの意向を示した（『小右記』）。自分がおこなわない以上、三条もおこなうわけにはいくまいといったところであろうか。

ところが実際には、十月二十五日、彰子主催ということで道長五十歳の算賀の法会《ほうえ》のみが盛大におこなわれた。道長が自分の詠んだ和歌を『御堂関白記』に記すのは、きわめて珍しいことである。

先に挙げた寛弘元年（一〇〇四）二月六日条（頼通春日祭使《よりみちかすがさいし》）の裏書《うらがき》と、この長和四年十月二十五日条（道長五十歳算賀法会）、それに寛仁元年（一〇一七）三月四日条（頼通任大《にんだい》

臣大饗《じんだいきょう》）の三首のみである。長和四年と寛仁元年は古写本《こしゃほん》であるが、その記事の分量と和歌の記された位置から見て、元々自筆本《じひつぼん》の段階では紙背《しはい》に記された裏書であったことは確実である。

また、二首には公任がからんでいることも見逃せない。道長は寛弘二年（一〇〇五）四月一日にも公任と和歌の贈答をおこなっているし（『小右記』）、寛弘七年（一〇一〇）三月十五日にも公任に和歌を送っている（『御堂関白記』）。道長の和歌に対する認識、また裏書の機能、公任の和歌の世界における立場を考えるうえで、興味深い事実である。

道長の詠んだ和歌に対し、「人々は、この歌を褒誉してくれる様子が有った。度々、吟詠した」というのは、後年の「この世をば」と考え併せると興味深い。もっとも、道長の長寿を祝う儀式に参列した人びとにとっても、道長のめでたい和歌を聞いたら、褒誉する他はなかったであろうが。土御門第に響きわたる吟詠の大音声《だいおんじょう》というのは、想像するだけでも壮観だったことであろう。

十月二十七日条（古写本〈師実筆〉）　道長に准摂政宣旨／直廬において除目をおこなう

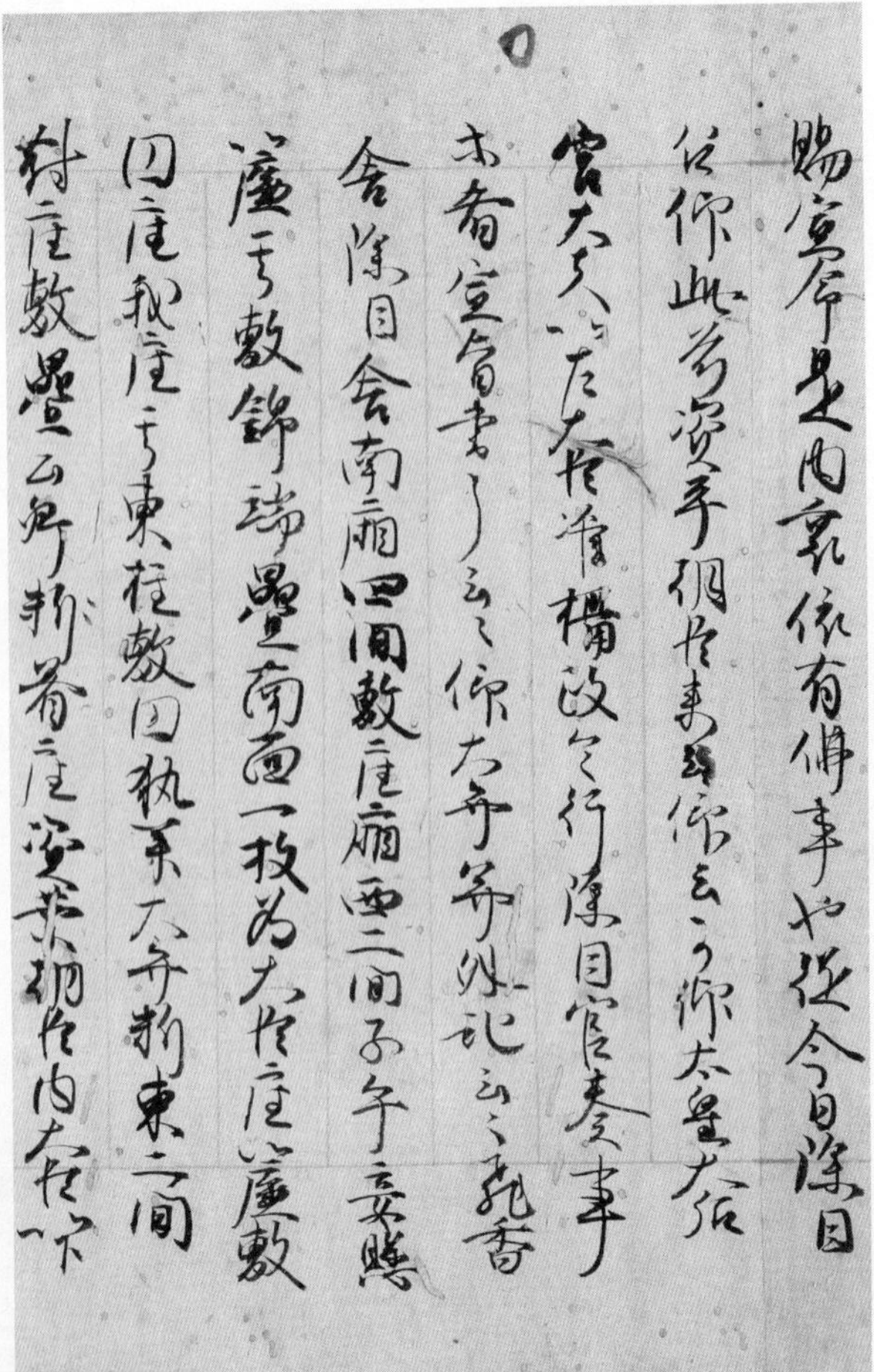

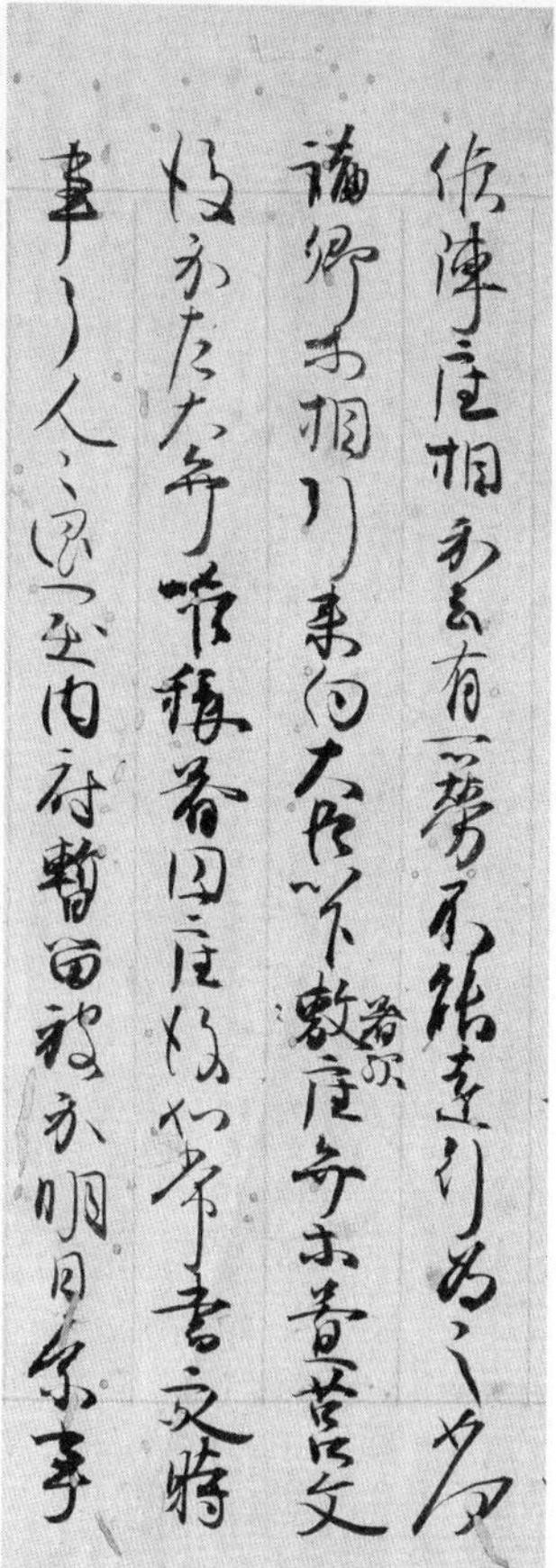

廿七日、甲辰、春日社奉幣、修理大夫使、左衛門陣賜宣命、是内裏依有仏事也、従今日除目召仰、此前資平朝臣来莕仰云、可仰太皇大后宮大夫、○以左大臣准摂政令行除目・官奏事

二十七日、甲辰。春日社奉幣《かすがしゃほうへい》を行なった。修理大夫《しゅりだいぶ》（藤原通任《みちとう》）が使者となった。左衛門陣《さえもんのじん》において、宣命《せんみょう》を賜わった。これは内裏において仏事《ぶつじ》が行なわれていることによるものである。今日から除目《じもく》の召仰《めしおおせ》が有る。これより前に、（藤原）資平朝臣が来て、三条天皇の仰せを伝えて云ったことには、「太皇太后宮大夫（藤原公任）に、『左《さ》大臣《だいじん》（藤原道長）を以て、摂政《せっしょう》に准じて除目や官奏を行なわせよ』と命じる宣旨を下させるように」と。「宣旨は書き終わり

等者、宣旨書了云々、仰大弁幷外記云々、飛香舎除目、舎南廂四間敷座、廂西二間子午妾懸簾、其敷錦端畳、南面一枚、為大臣座、簾敷円座、我座、其東柱敷円、執筆大弁料、東二間対座敷畳、公卿料着座、資業朝臣、内大臣以下候陣座相示云、有所労不能遠行、為之如何、諸卿等相引来向、大臣以下敷《着歟》座、弁等置筥文後、示左大弁、唯称着円座後如常書、亥時事了、人々退出、……

ました」ということだ。「大弁《だいべん》（源道方《みちかた》）、および外記《げき》（小野文義《おののふみよし》）に仰せ下しました」ということだ。飛香舎《ひぎょうしゃ》の私の直盧《じきろ》において、除目を行なった。飛香舎の南廂《みなみびさし》の四間に座を敷いた。南廂の西二間に、南北を妻《つま》として簾《すだれ》を懸けた。その下に錦端《にしきべり》の畳を敷いた。南面《なんめん》して一枚であった。これを大臣《だいじん》の座とした。簾の下に円座《わろうだ》を敷いた。これを私の座とした。その東柱に円座を敷いた。執筆《しゅひつ》の大弁のための座である。東二間に、対座《たいざ》して畳を敷いた。公卿がそれに着《ちゃく》座《ざ》した。（藤原）資業《すけなり》朝臣を遣わして、内大臣《ないだいじん》（藤原公季《きんすえ》）以下《いげ》の、陣座《じんのざ》に伺候《しこう》している公卿に伝えて云ったことには、「私は病悩《びょうのう》していて、遠くまで出向くことができない。これをどうすればよいであろう」と。諸卿たちは、連れ立って私の直盧にやって来た。大臣以下が着座した。弁《べん》が筥文《はこぶみ》を置いた後、私は左大弁《さだいべん》（道方）に指示した。左大弁は、称唯《いしょう》して円座に着した後、いつものように書いた。亥《い》剋に除目の議が終わった。人々は退出《たいしゅつ》した。……

政務に支障を来した三条は、ついに道長に准摂政宣旨を下した。宣旨には「労《いたつ》き御《おわ》す間（三条の病悩の間）」という文言《もんごん》はなく、完全な政務委譲ということになる（『小右記』）。

道長はさっそく、自分の直廬において除目をおこなった。病気だから遠く（とはいえ清涼《せいりよう》殿《でん》東廂）まで行けないので、どうすればよいのだろう、などと言って公卿を呼びつける言い訳も、いかにも道長らしい。

その除目は大臣も参らなかったということで、「（大納言《だいなごん》たちにはかってやればいいのに）独身《ひとりみ》（独断）で意に任せて補任《ぶにん》したことは、甚だ不都合であった」というやり方であった（『小右記』）。頼通を左大将《さだいしよう》に任じたのも、その一環であろう。

三条は実資《さねすけ》に、「政務を左大臣に譲ることとする。もし左大臣の行なうところに非が有ったならば、必ず天譴《てんけん》に当たるであろう。これはうまく考えて思い付いたところであって、かえって左大臣にはよくない結果となって、我の息災《そくさい》となるであろう」と説明している（『小右記』）。しかし年末には、敦明親王を新東宮に立てることを条件に譲位を決意することとなった。

この日の記事、准摂政宣旨の箇所の行頭に「○」があるのは、何らかの目印なのであろう。また、「南北を妻として」という部分の原文は、「子午妾」である。当時、日本では「妻」も「妾」もともに「ツマ」あるいは「メ」と訓んで通用されていたために、建物の妻（屋根の棟と直角な面）を表わすこの場合にも、「妾」という字を当ててしまったのである。特に道長の自筆本では、配偶者も建物の妻もすべて「妾」という字を当てている。師実が書写した古写本も、「妾」という字を当てている例が多い（配偶者はすべて「妾」という字を当てている）。

第三章　望月と浄土

長和五年（一〇一六）　後一条天皇即位／摂政就任

長和五年、道長《みちなが》にとっては、東宮敦成《とうぐうあつひら》親王の即位《そくい》（後一条《ごいちじょう》天皇）、それにともなう自らの摂政《せっしょう》就任と、まさに「我が世」の到来であった。

しかも、清和《せいわ》朝の藤原良房《よしふさ》・一条《いちじょう》朝の藤原兼家《かねいえ》以来、三例目の外祖父《がいそふ》摂政、かつ国母《こくも》（彰《しょう》子《し》）が存命していて天皇父院《ちちいん》（一条《いちじょう》天皇）がすでに崩御《ほうぎょ》しているという、考え得るかぎり最高のミウチ的結合を完成させたのである。

一条と道長、三条《さんじょう》と道長との関係は外舅《がいきゅう》（母方の叔父）であって、ミウチではあっても外祖父と比べると関係は薄い。また、一条生母の詮子《せんし》が存命の間は一条と道長をつなぐ絆があったが、長保三年（一〇〇一）に詮子が崩じてからは、道長は一条と二人だけで政務を総攬《そうらん》しなければならなくなっていた。ましてや三条生母の超子《ちょうし》は早くに崩じており、三条と道長はとかく意思の疎通を欠くことが多かったのである。

道長が強引な手段を使ってまで敦成の即位を望んだのも、故のないことではないのである。そしてそれは、ほとんどの公卿《くぎょう》層にとっても望むところであったはずである。

残る問題は、将来における後一条（この年、九歳）の元服《げんぷく》とキサキ、そして三条天皇退位《たいい》と引き替えに東宮となった三条皇子敦明《あつあきら》親王（二十三歳）の存在だけであった。道長は、東宮の護り刀である壺切《つぼきり》の太刀を、ついに敦明に渡すことはなかった。

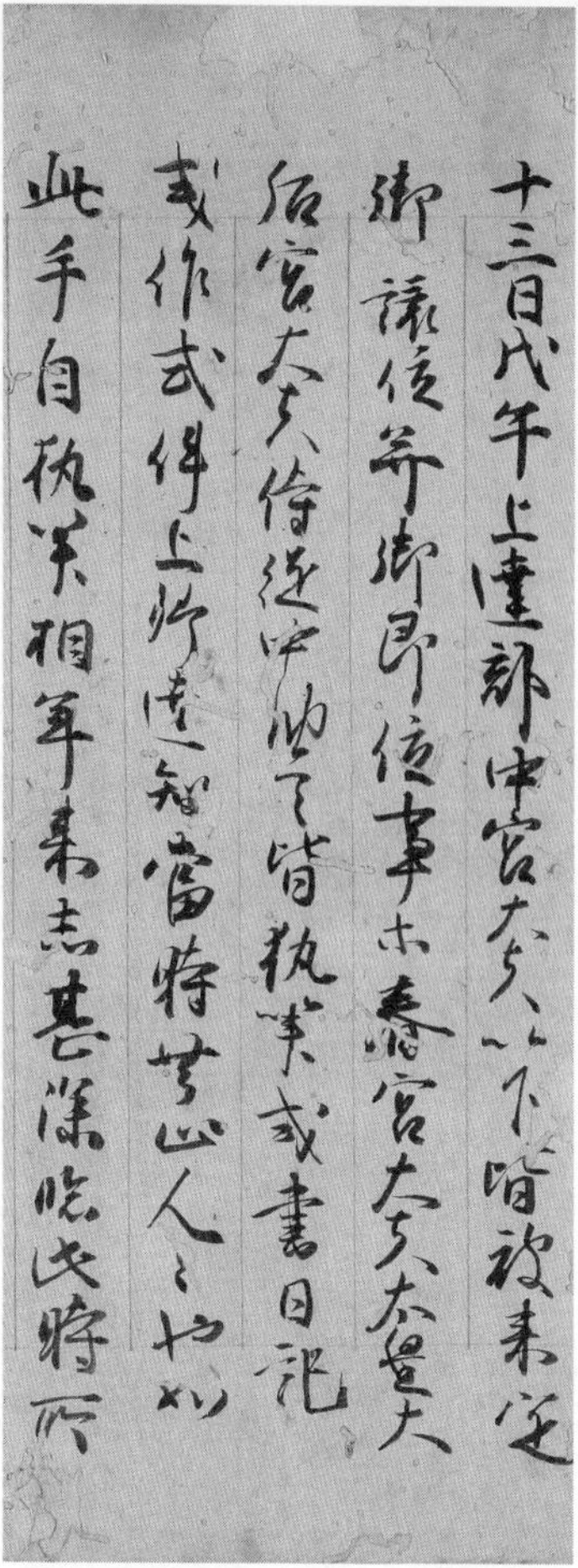

正月十三日条（古写本〈師実筆〉）　三条天皇譲位・東宮即位定

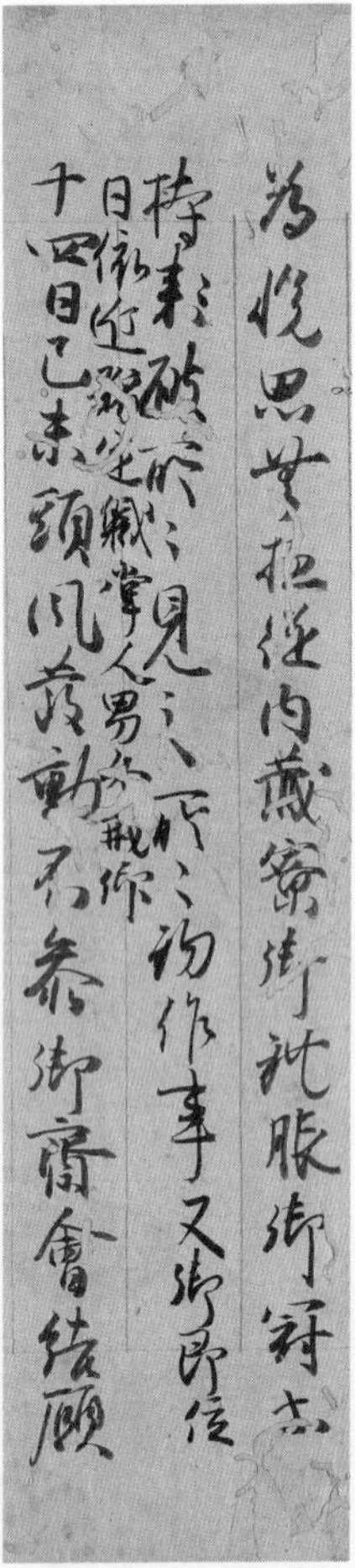

十三日、戊午、上達部中宮大夫以下皆被来、定御譲位幷御即位事等、春宮大夫・太皇大后宮大夫・侍従中納言皆執筆、或書日記、或作式、件上卿達智当時無止人々也、如此手自執筆、相年来志甚深、臨此時所為悦思無極、従内蔵寮御礼服・御冠等持来、破所々見之、

十三日、戊午。公卿が、中宮大夫《ちゅうぐうだいぶ》（藤原道綱《みちつな》）以下《いげ》、皆、小南第《こみなみてい》に来られた。三条天皇の御譲位《じょうい》、および東宮（敦成親王）の御即位について定めた。春宮大夫《とうぐうだいぶ》（藤原斉信《ただのぶ》）・太皇太后宮大夫《たいこうたいごうぐうだいぶ》（藤原公《きん》任《とう》）・侍従中納言《じじゅうちゅうなごん》（藤原行成《ゆきなり》）が、皆、定文《さだめぶみ》を執筆《しゅひつ》した。或いは日《にっ》記《き》から先例《せんれい》を繙《ひもと》き、或いは式次第《しきしだい》を作った。これらの公卿たちは、現在の身分の高い人々である。このように自ら執筆なさるというのは、お互いに年来の芳志《ほうし》が甚だ深いからである。この時に臨んで、悦《よろこ》びとした思いは、極まり無かった。内蔵寮《くらりょう》から御礼服《らいふく》と御冠を持って来た。所々が破れているのを見付けた。新帝《しんてい》（敦成親王）の御《ご》所《しょ》となる土御門第《つちみかどてい》の所々の修築を始めた。

所々初作事、又御即位日依近、予定職掌人男女戒仰、

また、御即位の日が近いので、あらかじめ定めておいた職掌《しきしょう》を奉仕する男女に対して、戒《いまし》め仰せた。

ついに道長が権力の頂点に立つ日がやってくることになった。それは長く辛い三条天皇の時代が過ぎ去ったことを意味した。ほとんどの貴族層にとっても、三条の時代は辛いものだったであろうし、執政者と天皇が日常的に抗争と折衝、妥協をくりかえしている時代というのは、けっして望ましいものではなかったはずである。

この日、諸卿（実資《さねすけ》も含む）は道長の小南第に集まり、三条の譲位、および敦成の即位についての雑事《ぞうじ》を定めた。寛平《かんぴょう》（醍醐《だいご》天皇）・延長《えんちょう》（朱雀《すざく》天皇）・天慶《てんぎょう》（村上《むらかみ》天皇）・安和《あんな》（円《えん》融《ゆう》天皇）の即位時の日記を参照して定められた結果は、斉信・公任・行成が定文（議定の結果をまとめた文書《もんじょ》）として執筆した。

道長は、身分の高い公卿たちが集まって、執筆してくれたということで、年来の芳志の深さを感激しているが、これは取りも直さず、敦成即位に対する皆の期待、裏返せば三条の時代への批判につながるものである。

後半には、即位《そくい》式《しき》の礼服と冠、それに御所や雑役《ぞうやく》を準備している様子が記されている。新帝の礼服や冠が破損しているとの記述が見えるが、三条の即位からとなると、五年ぶりということになり、それほど破損しているとは思えない。もしかしたら、三十年前の寛和《かんな》二年

（九八六）の一条の即位式で使用した礼服と冠のことではないかとも思えてくる。
三条は即位時には成人しており、九歳の敦成が使うべき幼帝《ようてい》のための礼服と冠となると、七歳で即位した一条が使用したものと考えるのが穏当であろう。いずれにしても、高揚して準備に奔走する道長の心の内がよくわかる記事である。「戒め仰せ」られた男女の人びとも、さぞやたいへんだったことであろう。

師実《もろざね》は自《じ》筆本《ひっぽん》の十三日条を、「所々初作事、」までの表の記事を書写し、つづけて「頭風発動、」以下の十四日条の表の記事を書写した後に、十三日条に短い裏書《うらがき》があったことに気づいたようである。しかたなく、十三日条の「所々初作事、」の下に「又御即位」までの四文字を書写し、「日依近」以降を十四日条との行間に挿入して記している。

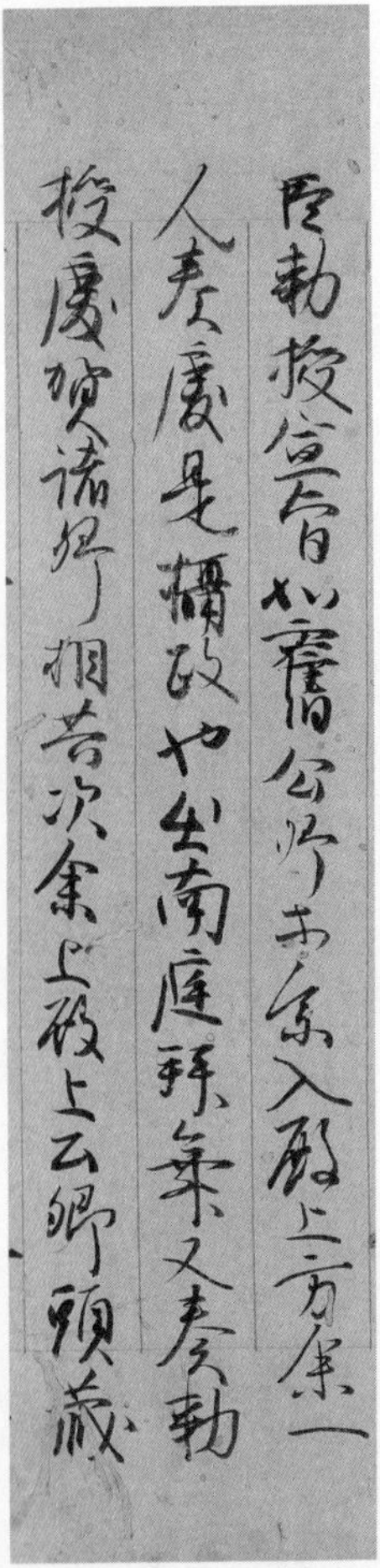

正月二十九日条（古写本〈師実筆〉）　三条天皇譲位／後一条天皇践祚／道長を摂政とする

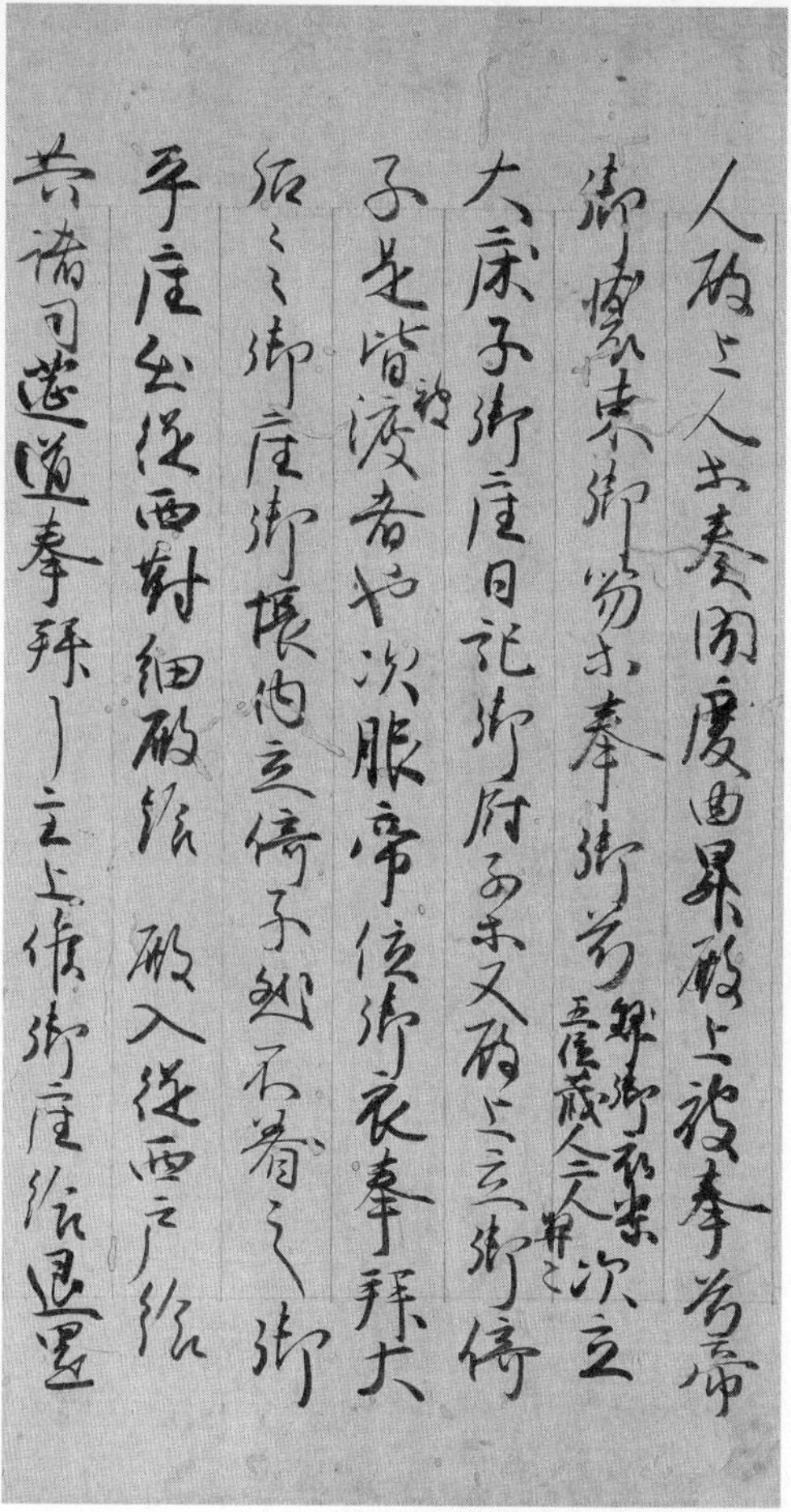

……余一人奏慶、是摂政也、出南庭拝舞、又奏勅授——……私は一人で、慶賀《けいが》を奏上《そうじょう》した。これは摂政に任じられたものである。南庭《なんてい》に出て拝舞《はいぶ》した。また、勅授帯剣《ちょくじゅたいけん》の慶賀を奏上した。諸

慶賀、諸卿相共、次余上殿上、公卿・頭・蔵人・殿上人等奏聞慶由、昇殿上、被奉前帝御装束・御笏等奉御前舁御衣案、五位蔵人二人舁之、次立大床子御座・日記御厨子等、又殿上立御倚子、是皆被渡者也、次服帝位御衣、奉拝大后、々々御座御帳内立倚子、然不着之御平座、出従西対細殿給、殿入従西戸給、共諸司莚道、奉拝了主上候御座給、……

卿も共に行なった。次に私は、殿上間《てんじょうのま》に上った。公卿・蔵人頭《くろうどのとう》・蔵人・殿上人《てんじょうびと》は、慶賀を奏聞《そうもん》し、殿上間に上った。前帝《ぜんてい》（三条天皇）から奉られた御装束《しょうぞく》と御笏《しゃく》を、新帝（後一条天皇）の御前《ごぜん》に献上した〈御衣《おんぞ》の机は、五位蔵人《ごいのくろうど》二人が担いだ。〉。次に大床子《だいしょうじ》の御座《ござ》と、日記の御厨子《みずし》を立てた。また、殿上間に御倚子《いし》を立てた。これらは皆、前帝から受け継がれたものである。次に帝位《ていい》の御衣を着されて、大后《おおきさき》（藤原彰子）を拝し奉った。大后の御座は、御帳《みちょう》の内に倚子を立てた。ところが、大后はこれに着されずに、平座《ひらざ》に着された。西対《にしのたい》の細殿《ほそどの》から出られて、寝殿《しんでん》の西の戸から入られた。諸司《しょし》は莚道《えんどう》を供した。拝し奉り終わって、主上《しゅじょう》（後一条天皇）は御座に候《こう》じられた。……

この日、敦成が践祚《せんそ》（後一条天皇）するとともに、道長が摂政に拝された。これまで長く政権の座にあったとはいっても、それはあくまで内覧《ないらん》兼一上《いちのかみ》（太政官《だいじょうかん》首班）として、時の天皇や公卿層との間で協調と妥協、そして抗争をくりひろげながら、政権運営をつづけてきたに過ぎないのであった。

ところが摂政となると、天皇がおこなう政事（マツリゴト）、つまり政務や儀式を幼少の天皇に代わって行使することを意味する。特に人事決定権を一手に握れるということは、その権力を万全のものとした。

道長は、土御門第においておこなわれた敦成の践祚の儀については詳細な記載をしているものの、三条の譲位については、「御譲位、」としか記していない。やはり思いの違いによるものであろう。これからしばらく、道長の望月《もちづき》への道がつづくことになる。

なお、この日も後一条は帝位の御衣を着すと大后（彰子）を拝しているし、翌三十日、道長に随身《ずいじん》・兵仗《へいじょう》を給うという勅書《ちょくしょ》が下された際にも、まず母后《ぼこう》（彰子）に申し、ついで上卿《しょうけい》に命じている（『小右記《しょうゆうき》』）。この勅書の作成過程が、この政権の性格をよく物語っている。摂関政治《せっかんせいじ》とは、取りも直さず国母《こくも》政治でもあったのである。

二月一日には後一条の即位を奉告《ほうこく》する伊勢《いせ》奉幣使《ほうべいし》の発遣《はっけん》をおこなうため、道長は多くの公卿を引き連れて八省院《はっしょういん》（朝堂院《ちょうどういん》）に出向いた。本人は、「天皇の行幸《ぎょうこう》が行なわれない時に、未だこのように公卿が八省院に付き従ってくれるという儀はなかった。これは私が八省院に参ったことによるものである」と感激しているが（『御堂関白記』）、摂政であるから当たり前の話である。なお、道長はこの後、大極殿《だいごくでん》の北にある小安殿《しょうあんでん》の北の石階で倒れ臥し、表《うえの》袴《はかま》を汚損している（『小右記』）。

七月二十一日条（古写本〈平定家筆〉）　土御門第・法興院、焼亡

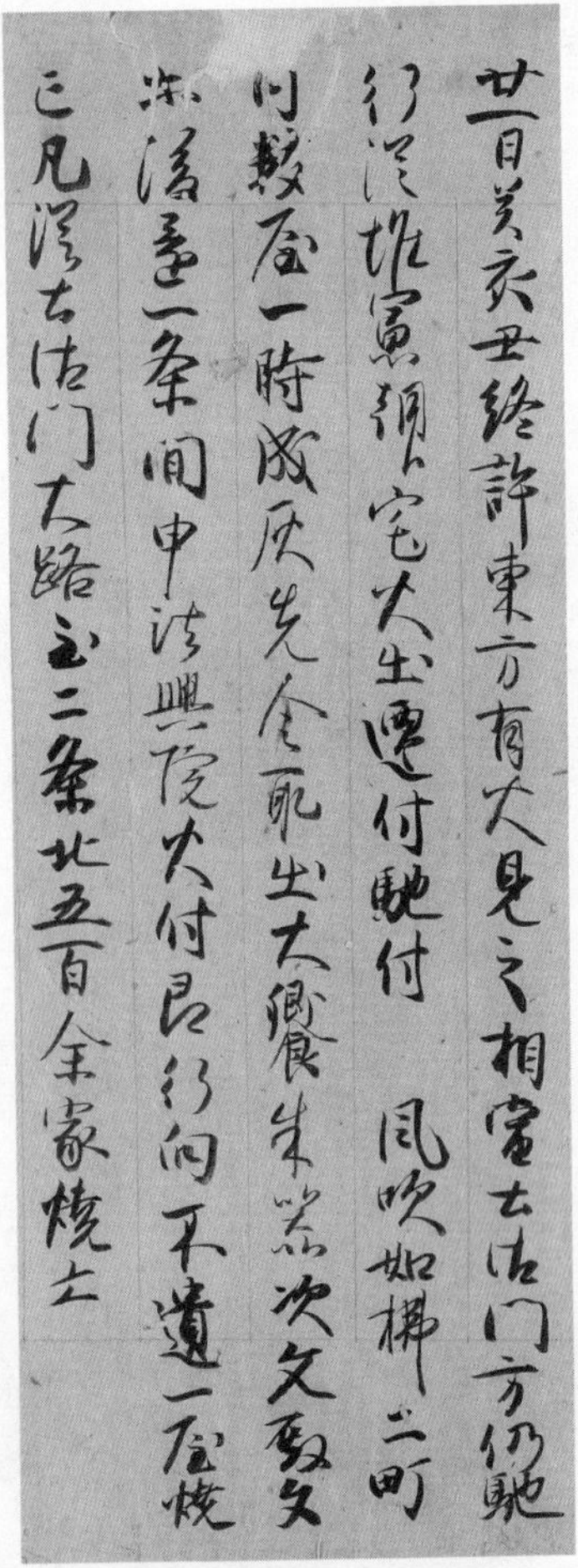

廿一日、癸亥、丑終許東方有火、見之相当土御門方、仍馳行、従惟憲朝臣宅火出遷付、馳付　風吹如払、二

二十一日、癸亥。丑《うし》の終剋の頃、東の方角に火事が有った。これを見ると、土御門第の方角に相当していた。そこで馳せて行った。（藤原）惟憲朝臣《これのりあそん》の宅から火が出て、延焼《えんしょう》した。馳せて着いた。風が吹いたことは、払うようであった。二町《ちょう》の範囲で、数屋が一時に

町同数屋一時成灰、先令取出大饗朱器、次文殿文等、後還一条間、申法興院火付、即行向、不遺一屋焼亡、凡従土御門大路至二条北五百余家焼亡、

灰となった。先ず大饗《だいきょう》の朱器《しゅき》、次に文殿《ふどの》の書を取り出させた。後に一条第《いちじょうてい》に還っている時、「法興院《ほこいん》に火が付いた」と申す者があった。すぐに向かった。一屋も遺《のこ》さず焼亡《しょうぼう》した。おおよそ、土御門大《つちみかどおお》路《じ》から二条大路《にじょうおおじ》の北に至る五百余家が焼亡した。

この時の火災は、随分な大火だったようである。土御門大路から二条大路に至るというと、当時の上級公卿の邸第《ていだい》のかなりの部分が、このなかに含まれるのである。兼家が創建し、道隆《みちたか》が完成させた法興院（積善寺《しゃくぜんじ》）は、しばしば焼亡の憂き目に遭っているが、この時にも焼亡している。それよりも、道長の本邸である土御門第が焼亡していることが特筆される。道長は、慌てて氏長者《うじのちょうじゃ》のシンボルである朱器と、文殿の書籍・文書を取り出させているが、自邸の焼亡そのものについて、大きく嘆いている様子とも見えない。

翌日からは諸卿が続々と見舞いに駆けつけ、二十四日からは諸国の受領《ずりょう》たちが、連日、見舞いに訪れている（播磨《はりま》・伊勢《いせ》・越前《えちぜん》・尾張《おわり》・美濃《みの》・備前《びぜん》・備中《びっちゅう》と、近国《きんごく》から順々に駆けつけている）。

そして、二十五日にはさっそく造営始《ぞうえいはじめ》・立柱上棟《りっちゅうじょうとう》の日時を勘申《かんじん》させ、八月十九日には造営始、十一月には寝殿《しんでん》・対屋《たいのや》をはじめとする殿舎《でんしゃ》の立柱上棟がおこなわれている。この後も道

長は頻繁に造営を検分している。よほど建築の様子を見るのが好きな人だったのであろう。

この折の造営には、諸国の新旧受領に寝殿の柱間《はしらま》一間ずつ造営を割り充てるという、内裏《だいり》造営と同じ方式を採っている（『小右記』）。道長としてみれば、天皇の住む内裏と摂政である自分の住む土御門第という公私の別は、それほど厳密に認識してはいなかったのであろう。

寛仁元年（一〇一七）　敦良親王立太子

この年の三月、早くも道長は摂政《せっしょう》を辞し、内大臣《ないだいじん》に上った嫡男《ちゃくなん》の頼通《よりみち》にそれを譲った。それは摂関家《せっかんけ》という家の形成の端緒《たんしょ》であった。この後も道長は、「大殿《おおとの》」と呼ばれて権力を行使しつづけ、時には頼通を勘当《かんどう》（叱責）したりしている。それも外孫《がいそん》の後一条《ごいちじょう》天皇が在位していること、そしてその生母である彰子《しょうし》が存命していること、加えて八月以降は東宮《とうぐう》も外孫であるというミウチ的結合に基づくものである。

一方、四月から時行《じぎょう》（流行病）に冒された三条院《さんじょういん》は、五月九日、ついに崩御《ほうぎょ》した。その結果、東宮敦明《あつあきら》親王の権力基盤は、きわめて脆弱《ぜいじゃく》なものとなり、八月四日、東宮の地位を降りるという意思を表明した。道長は、すぐさま彰子所生の敦良《あつなが》親王を新東宮に立てた。道長は新年の後一条天皇元服《げんぶく》の加《か》冠《かん》の役を務めるため、年末に太政大臣《だいじょうだいじん》に任じられている。

五月十二日条（古写本〈師実筆〉）　故三条院葬送

十二日己酉早朝右大夫文為院御葬令進勤矢仍

定行雑事成將衛入棺等衛公以已將進

左大夫參見二葺衛骨所返來　寺後山吉

所や又為相共定卜衛墓所舟岳東北

方者以頼光綱信　薬由令奏内檢察

大納言行間閉事不付置云々仍有勞不

俊衛共是隋役不能行歩又病後無力

無極仍不宜仕此芝忘不任方

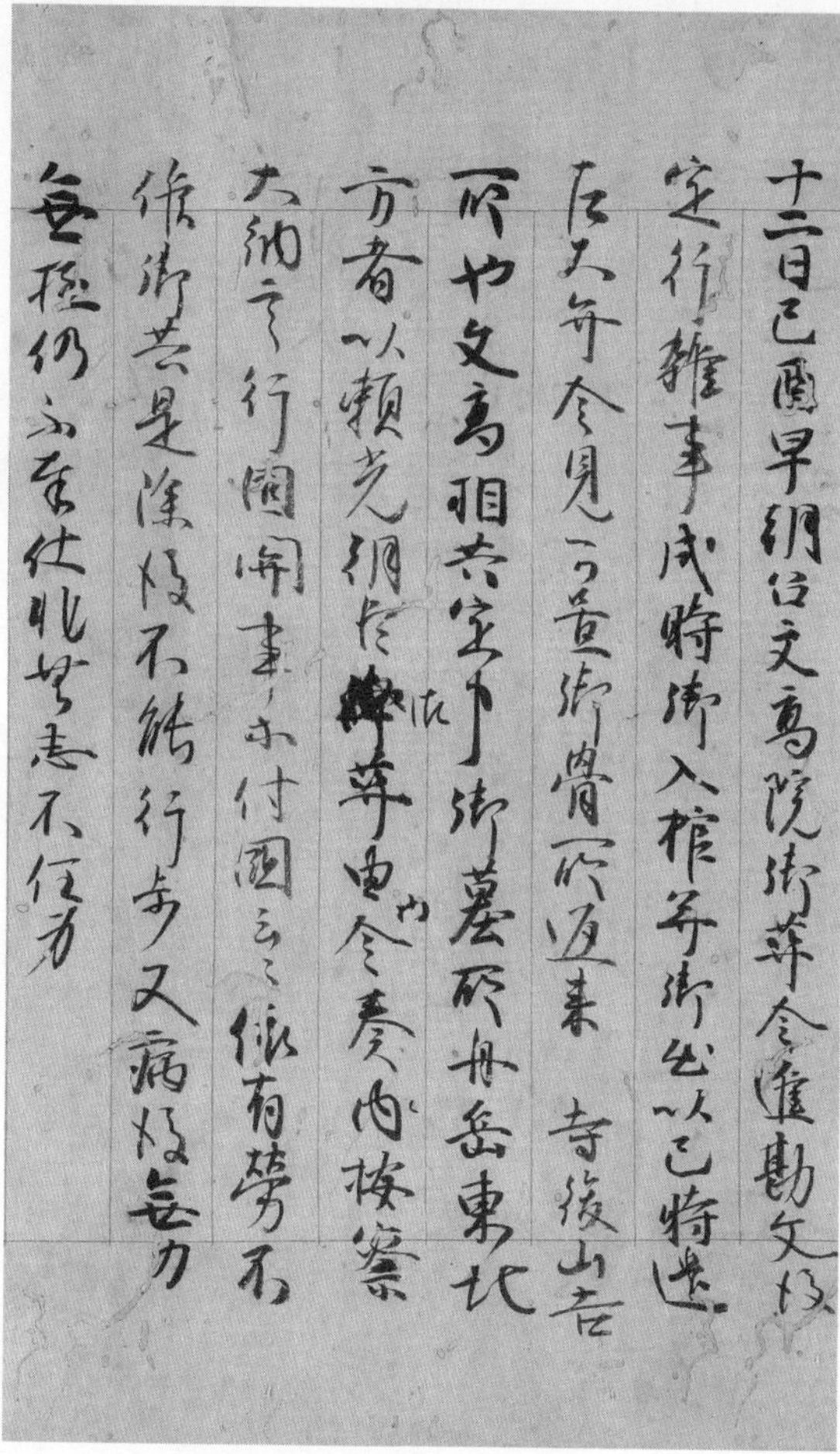

十二日、己酉、早朝召文高、院御葬令進勘文、後定行雑事、戌時御入棺幷御出、以巳時遣左大弁、令見可置御骨所、返来、　寺後山吉所也、文高相共定申御墓所、舟岳東北方者、以頼光朝臣御葬由令奏内（内）、按察大納言行固関事等、付国云々、依有労不候御共、是除後不能行歩、又病後無力無極、仍不奉仕、非無志、不任身、

十二日、己酉。早朝、（秦《はたの》）文高《ふみたか》を召して、故三条院の御葬送《そうそう》の勘《かん》文《もん》を進上《しんじょう》させた。後に御葬送の雑事《ぞうじ》を定め行なった。戌《いぬ》剋に、御入《にゅう》棺《かん》、および御出行《しゅっこう》の儀があった。巳《み》剋に左大弁《さだいべん》（源道方《みちかた》）を遣わして、御骨を置いて火葬を行なう所を検分させた。帰って来た。□寺の後ろの山が、吉《よ》い所であった。文高と共に御陵所《ごりょうしょ》を定め申した。「舟岡山《ふなおかやま》の西北方」ということだ。（源）頼光朝臣《よりみつあそん》を遣わして、御葬送について、内《うち》（後一条天皇）に奏上《そうじょう》させた。按察大納言《あぜちだいなごん》（藤原斉信《ただのぶ》）が固関《こげん》の上卿《しょうけい》を務めた。「三関国《さんげんこく》の国司《こくし》に固関符《こげんふ》を託した」ということだ。私は病悩《びょうのう》していたので、故三条院の御葬送の御供に供奉《ぐぶ》しなかった。これは、葬司《そうし》の任命の後、歩くことができなくなったためである。また、病悩の後、無力であることは極まり無かった。そこで御葬送に奉仕しなかったのである。志が無かったわけではない。身に任せなかったのである。

この時期、疫病《えきびょう》が蔓延《まんえん》していたが、三条院もそれに罹《かか》り、五月九日の辰《たつ》剋（午前七時から九時）に崩御《ほうぎょ》した（『御堂関白記』）。

その葬送は十二日におこなわれた。道長は手際よく、この日一日ですべてを済ませたのである。すべての準備をしておいて、さて道長自身は葬送に供奉しなかったのであるが、この

日の言い訳だらけの記述が、三条との関係のすべてを物語っていると言えよう。

現三条天皇陵

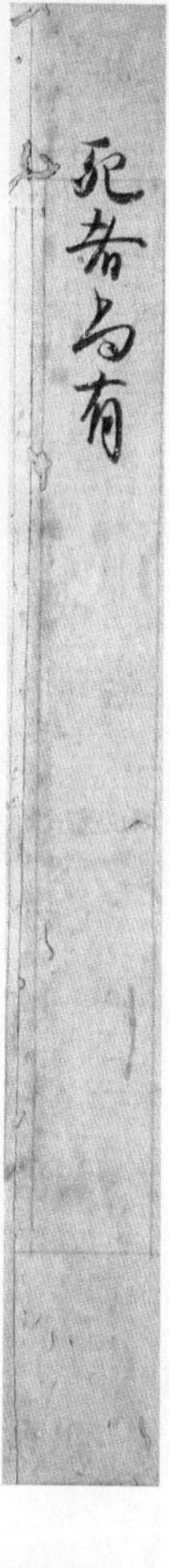

七月（古写本〈平定家筆〉）古写本七月に標紙

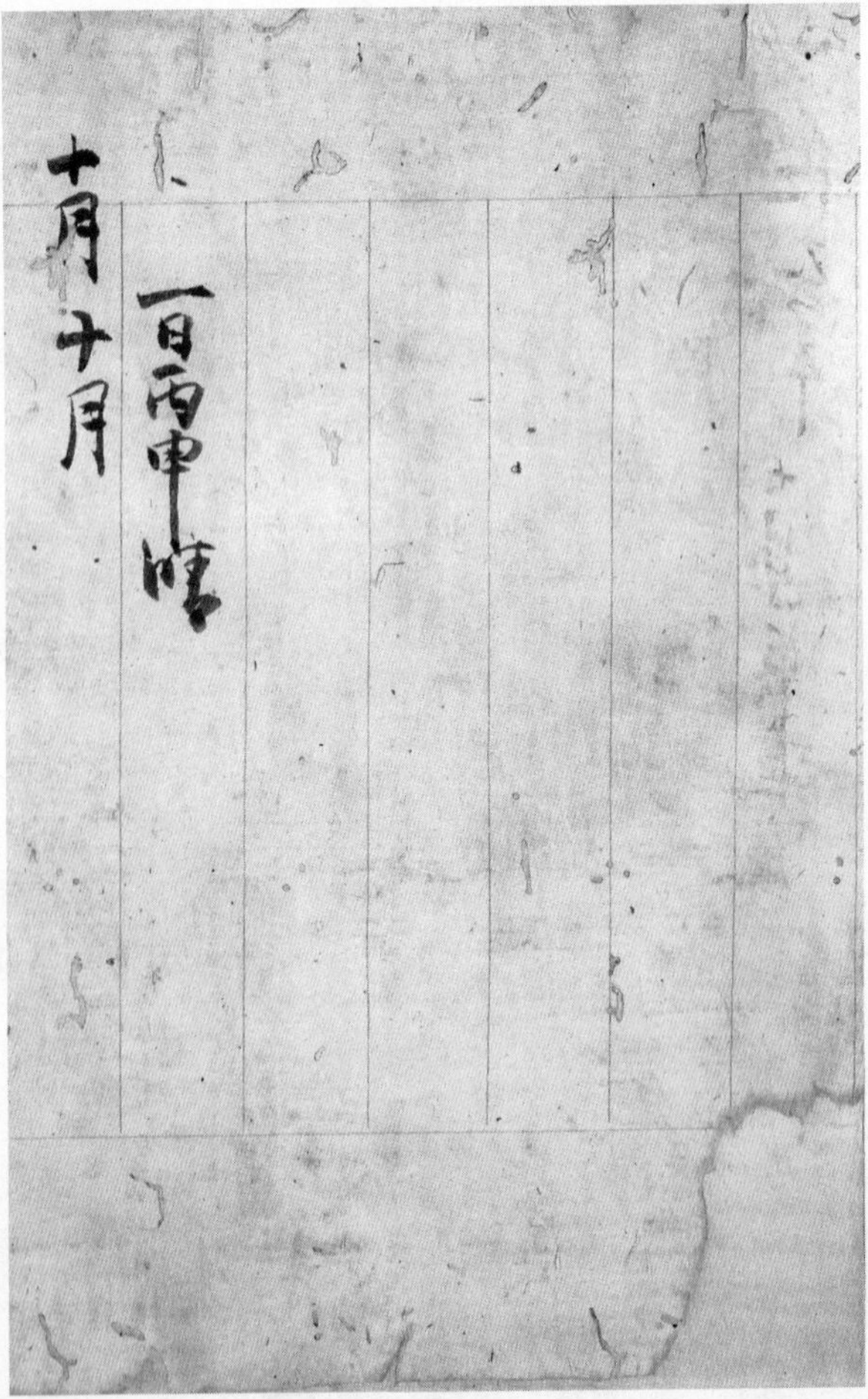
一日丙申　晴
十月　十月

七月
七月小
一日丁酉終日雨下

一日、丙申、晴
十月十月

七月
七月小
一日、丁酉、終日雨下、

——一日、丁酉。一日中、雨が降った。

後に触れるが、長和年間から、『御堂関白記』の記録字数は増えている。自筆本《じひっぽん》は具注暦《ぐちゅうれき》に記録しているので、字数が多くてもほぼ同じ太さの巻物となっているが、古写本《こしゃほん》は原則として一年を一巻にしているので、随分な太巻となってしまっている。

この部分、寛仁元年の六月末と七月初頭の間に、じつは褾紙《ひょうし》が施されていたのである。そこには、「寛仁元年　七月以後」と記されている。結局は七月以降もこの後に貼り継がれ、一年で一巻になっているが、いずれかの時期に、一年を上下二巻に分けることも考えられていたのであろう。

なお、褾紙の裏の「一日、丙申、晴」以下の書き込みは、『御堂関白記』とは関係のないものであり、いつの時点で書き込まれたものかは不明である。

この寛仁元年の古写本は、前半は師実《もろざね》、後半は平定家の筆になるものであるが、このように前半と後半で書写者が異なるのは、他に寛弘六年、長和四年、長和五年がある。

いずれも六月（や閏六月）の末と七月の冒頭で料紙《りょうし》が変わり、間に一行分、あるいは小紙片を貼り継いで一巻としているが（長和四年だけは紙を継ぎ改めたのみである）、このように標紙を施そうとしているのは寛仁元年だけである。

八月四日条（古写本〈平定家筆〉）　東宮敦明親王、遜位の意を伝える

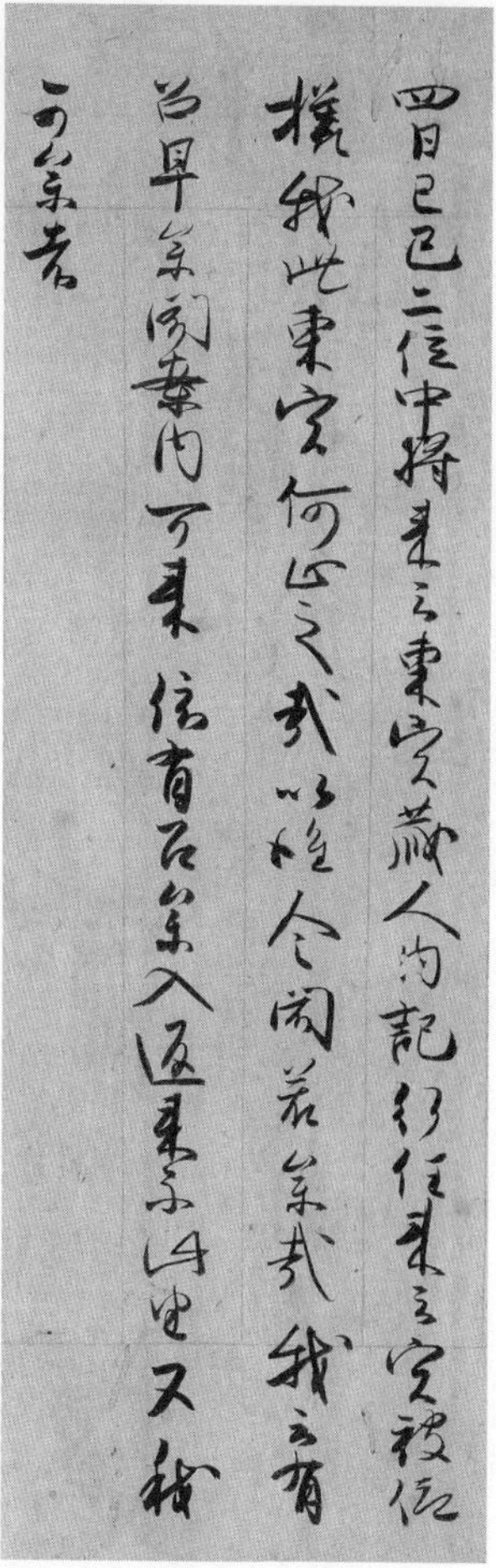

四日、己巳、二位中将来云、東宮蔵人内記行任来云、宮被仰様、我此東宮何

四日、己巳。二位中将《にいちゅうじょう》（藤原能信《よしのぶ》）が来て云ったことには、「東宮《とうぐう》蔵人《くろうど》の内記《ないき》（源）行任《ゆきとう》がやって来て、云いましたことには、『東宮（敦明親王）が、「私は、この東宮の地位を、何とかして辞めたいも

止之哉、以誰令聞、若参哉、我云、有召早参聞案内可来、依有召参入、返来示此由、又我可参者、

のだ」とおっしゃられました』ということでした。誰を遣わして、このご意向を伝えればよろしいのでしょうか。もしかしたら、私（能信）が東宮の許《もと》に参りましょうか」と。私（藤原道長）が云ったことには、「東宮の召しが有ったならば、早く参って事情を聞き、こちらに報告に来るように」と。二位中将は、東宮の召しが有ったので、参入《さんにゅう》した。東宮の許から帰って来て、このご意向を伝えてきた。「また、汝《なれ》（道長）も参入せよ」ということだ。

敦明が東宮の地位を捨てるという噂は以前から流れていたが、実際に彼がそれを表明したという情報は、八月四日に、道長の四男である能信からもたらされた。道長は能信に、敦明の許に参って事情を聞いてくるよう命じ、敦明からも、道長と会いたいとの希望が達せられた。

六日、敦明と道長・頼通・教通《のりみち》・頼宗《よりむね》・能信との会談がおこなわれ、遜位《そんい》が決定した。道長は彰子に報告をおこなったが、「皇太后宮《こうたいごうぐう》（彰子）のご様子は、云うべきではない」というのは（『御堂関白記』）、いまだに敦康《あつやす》親王の立太子《りったいし》を望んでいた彰子の対応（おそらくは怒り）を指しているのであろう。なお、行成《ゆきなり》は何度も敦康の許を訪れている（『立坊部類《りつぼうぶるい》記《き》』所引『権記《ごんき》』）。行成は敦康と何を相談したのであろうか。

七日、立太子の日時が九日と決定した。まったくこういった場合の道長のスピード感とい

うのは、驚き呆《あき》れるほどである。なお、娍子《せいし》はこの件に関して、怒りを露わにした。その時、敦明は、口を閉じて色を失い、頗《すこぶ》る後悔した様子があったという（『立坊部類記』所引『権記』）。

ともあれ、九日、敦良が新東宮に立った。敦良は後に後朱雀《ごすざく》天皇となり、結果的に皇統《こうとう》を伝えていく。これで道長家の永久政権への道が開けたことになる。

八月三十日条（古写本〈平定家筆〉）　摂政頼通、除目について道長に問う

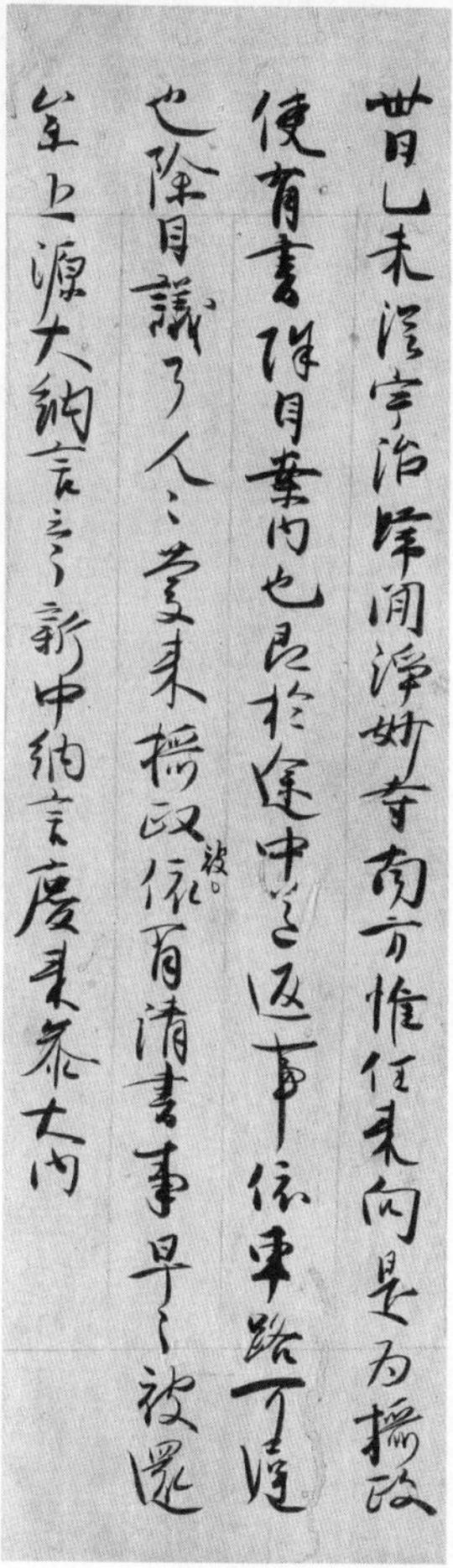

卅日乙未従宇治帰間浄妙寺南方惟任来向是為摂政
使有書除目叢内也於途中返事依東路不遑
也除目議了人々参来摂政依被有清書事早々被還
左上源大納言々々新中納言慶来参大内

卅日、乙未、従宇治帰間、――三十日、乙未。宇治《うじ》の別業《べつぎょう》から帰る際、浄妙寺《じょうみょうじ》の南方に、（藤原）

浄妙寺南方惟任来向、是為摂政使、有書、除目案内也、即於途中送返事、依車路可遅也、除目議了、人々慶来、摂政被○依有清書事、早々被還参、上源大納言云々、新中納言慶来、参大内、

惟任《これとう》が来向した。これは摂政（藤原頼通）の使として来たものであった。書状が有った。除目《じもく》についての問い合わせであった。すぐに途中において返《かえ》り事《ごと》を送った。車路《くるまじ》では遅いであろうことによるものである。「除目の議が終わった。人々が慶賀《けいが》のために来た。摂政は、除目の清書《せいしょ》を行なわなければならなかったので、早々に還り参られた。清書の上卿は源大納言《げんだいなごん》（源俊賢《としかた》）が務めた」ということだ。新中納言《しんちゅうなごん》（藤原能信）が慶賀のために来た。内裏《だいり》（一条院《いちじょういん》）に参った。

道長の宇治別業は、源融《とおる》から源重信《しげのぶ》へと伝領され、道長が長徳四年（九九八）に重信未亡人から購入したものである。寛弘元年（一〇〇四）以来、道長はたびたびここで遊宴を催しており、後にこれを伝領した頼通は、末法《まっぽう》の世に入る永承《えいしょう》七年（一〇五二）、敷地内に平等《びょうどう》院《いん》を建立した。

頼通に摂政を譲って最初の除目ということで、朝議《ちょうぎ》に関わらないことを示すため、道長はこの寛仁元年の八月二十八日に宇治別業に赴いた。人びとはこれに感心せず、「かえって摂政のために烏滸《おこ》（愚か）な事になってしまう」と言い合ったという（『小右記』）。

ところがこの三十日、帰途の木幡《こはた》の浄妙寺の南方辺りで、摂政頼通からの使者と遭遇している。頼通は摂政となって最初の除目について、道長に問い合わせてきたのである。

摂政の座を頼通に譲り、ただの無官になった道長ではあったが（太政大臣に任じられたのは十二月四日のこと）、「大殿」としての権威と、藤原氏・天皇家内部における政治的地位は、まったく衰えてはいなかった。それも外孫の後一条が在位していること、そしてその生母である彰子が存命していること、加えて東宮も外孫であることによる。道長の権力が官職や地位によるものではなく、王権とのミウチ的結合、藤原氏内部での族長権に基づくものであることを、明確に示している。

今回の除目でも、八月二十一日に行成から中納言に任じるべき人について問われた頼通は、「大殿には別に御意向が有るようである。自分はまったく理非《りひ》を申してはならないのである」と答えている（『立坊部類記』所引『権記』）。

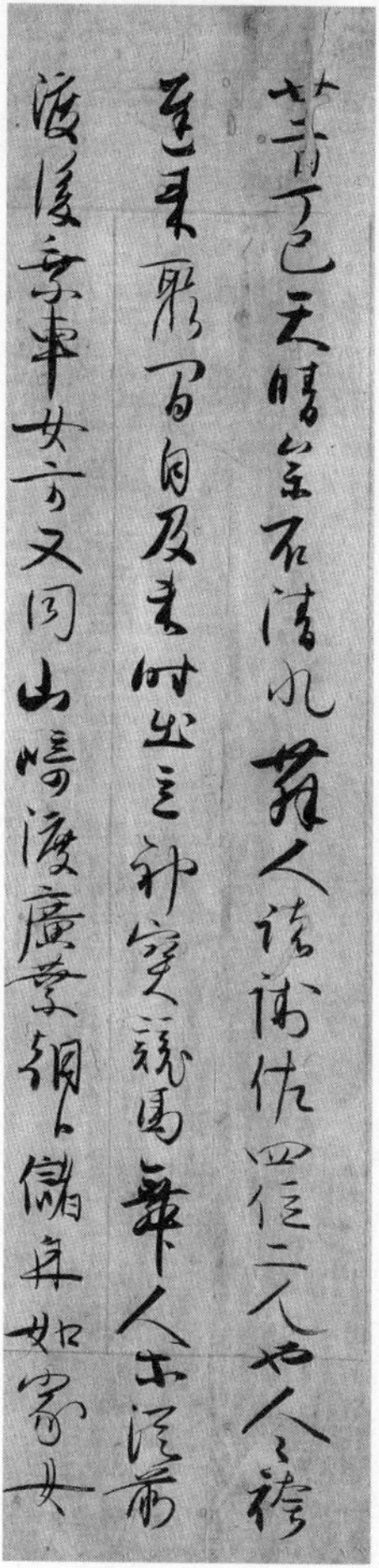

九月二十二日条（古写本〈平定家筆〉）　石清水八幡宮詣

方上達部皆参入於廣大日戌時許着宿院
余車前神寶競馬前人随身陪前車後陪従其次女
方車唐車金作車副十人青褐黄下重袴陪前
十一人々給車三其次摂政車是上官中宮大夫源大
納言俊賢中納言々々参車相従左大将右衛門督新中納
言左大弁左兵衛督右兵衛督三位中将右大弁車
前参馬
廿三日戊午天晴宣旨女二宮令参上又次女方参摂政参上

廿二日、丁巳、天晴、参石清水、舞人諸衛佐四位二人也、人々袴遅来聚間、自及未時出立、神宝・競馬・舞人等従前渡、後乗車、女方又同、山崎渡広業朝臣儲舟、如家、女方・上達部皆乗之、猶広大也、戌時許着宿院、

余車前神宝・競馬・舞人・随身・御前、車後陪従、其次女方車唐車、金作、車副十人青褐・黄下重、各御前十四人、々給車三、其次摂政車、具上官、中宮大夫・源大納言・侍従中納言乗車相従、左大将・左衛門督・新中納言・左大弁・左兵衛

二十二日、丁巳。天が晴れた。石清水八幡宮《いわしみずはちまんぐう》に参詣《さんけい》した。舞人《まいびと》は、諸衛府《しょえふ》の佐《すけ》の四位《しい》二人であった。人々の袴《はかま》を調達するのが遅れたため、自ずと未剋《ひつじ》に及んで出立《しゅったつ》した。神宝《じんぽう》・競馬《くらべうま》・舞人は、行列の前を進み、私は後ろで車に乗っていた。女方《にょうぼう》（源倫子《りんし》）も、また同じく車に乗った。山崎渡《やまざきのわたし》に、（藤原）広業《ひろなり》朝臣が舟を準備していた。その舟は、家のような立派なものであった。女方や公卿《くぎょう》は、皆、これに乗った。まだ広大であった。戌剋《いぬ》の頃、石清水八幡宮の宿院《しゅくいん》に到着した。

私の車の前には、神宝・競馬・舞人・随身《ずいじん》・前駆《ぜんく》があり、車の後ろには陪従《べいじゅう》が扈従《こしょう》した。その次に女方の車〈唐車《からぐるま》で金作《こがねづくり》であった。〉が続いた。車副《くるまぞい》十人は、青褐《あおかち》の上衣に黄の下重《したがさね》を着していた。女方の前駆は十四人であった。人に貸した副車《そえぐるま》は、三両《りょう》であった。その次に摂政（藤原頼通）の車が続いた。太政官《だいじょうかん》の上官《じょうかん》を引き連れていた。中宮大夫《ちゅうぐうだいぶ》（藤原道綱《みちつな》）・源大納言（源俊賢）・侍従中納言《じじゅうちゅうなごん》（藤原行成）が、車に乗って摂政に扈従していた。左大将《さだいしょう》（藤原教通）・左衛門督《さえもんのかみ》（藤原頼宗）・新中納言（藤原能信）・左大弁（源道方）・左兵衛督《さひょうえのかみ》（源頼定《よりさだ》）・右兵衛督《うひょうえのかみ》（藤原公信《きんのぶ》）・三位中将《さんみちゅうじょう》（藤原道《みち》

督・右兵衛督・三位中将・――雅《まさ》）・右大弁《うだいべん》（藤原朝経《あさつね》）が、私の車の前を、馬に乗って扈従した。

右大弁車前乗馬、

これは石清水詣の記事であるが、古写本でもかなり珍しい例である。一行目の「天晴、」から普通に記しはじめ、四行目の「戌時許着宿院、」まで記して一段落した。その後は車や前駆の様子、それに付き従った公卿の名が列記してあり、「余車前神宝」から裏書《うらがき》だなと感じる部分である。ところが古写本をよく見ると、「余車前神宝」以下の六行は縦の罫線《けいせん》がない紙に記されている。横の界線《かいせん》はあるが、それ以前とそれ以降とは高さが異なる。六行書いた後、二十三日条がはじまるが、ここには縦の罫線がある。

つまり、古写本の書写者である平定家は、二十二日条に裏書があったのを見落とし、二十三日条を書写してしまった。後で裏書を発見したものの、二十三日条の前の行間に書くには長過ぎたので、古写本の料紙《りょうし》を切り、そこに紙を貼り継いで二十二日条の裏書を書写したのである。

十二月四日条　（古写本〈平定家筆〉）　任太政大臣大饗

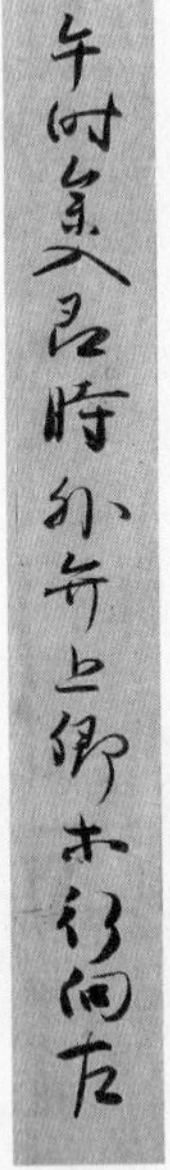

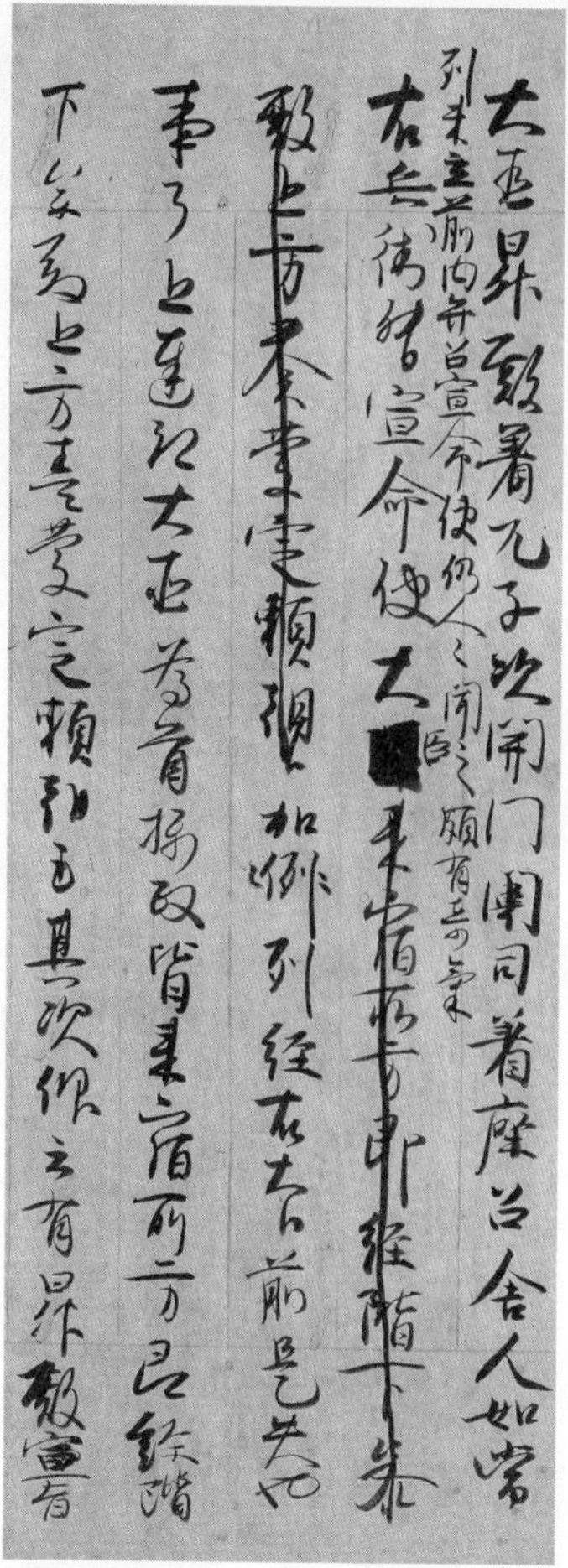

四日、戊辰、此日大饗、午時参入、即時外弁上卿等行向、左大臣昇殿着兀子、次開門、闈司着座、召舎人如常、列未立前、内弁召宣命使、仍人々聞之、右兵衛督宣命使、大臣頗有奇気~~来宿所方即経階下参殿上右~~

四日、戊辰。この日、任大臣大饗《にんだいじんだいきょう》を行なった。午《うま》刻に、内裏（一条院）に参入した。すぐに、外弁《げべん》に公卿たちが向かった。左大臣《さだいじん》（藤原顕光《あきみつ》）が、昇殿《しょうでん》して兀子《ごっし》に着した。次に開門《かいもん》を行なった。闈司《いし》が着座《ちゃくざ》した。舎人《とねり》を召したことは、常と同じであった。列に未だ立たない前に、内弁《ないべん》（顕光）が宣命使《せんみょうし》を召した。そこで人々は、これを聞いて、頗《すこぶ》る不審な気が有った。右兵衛督（藤原公信）が宣命使を

奏慶定頼朝臣加俐列、経右大臣前、是失也、事了上達部・大臣、為首摂政皆来宿所方、即経階下参殿上方奏慶、定頼朝臣其次仰云、有昇殿宣旨、……

務めた。大臣が列に加わった。右大臣《うだいじん》（藤原公季《きんすえ》）の前を通った。これは失儀《しつぎ》であった。私の任官が終わって、公卿や大臣は、摂政（藤原頼通）を初めとして、皆、私の直廬《じきろ》の方に来た。すぐに階下《かいか》の路を経て殿上間《てんじょうのま》（一条院北対西廂《きたのたいにしびさし》）の方に参り、後一条天皇に慶賀を奏上した。（藤原）定頼《さだより》朝臣が、そのついでに天皇の仰せを伝えて云ったことには、「昇殿の宣旨《せんじ》が下った」と。……

かなりめだつ抹消が見える。古写本の書写者である平定家は、まず二行目の「召舎人如常、」まで書写した後、一行飛ばして、三行目に「右兵衛督宣命使、大臣」まで書写した。「大臣」の「臣」を書き間違え、真っ黒に抹消して「臣」を書いたことで、一行飛ばしたことに気づいたようで、「列未立前、内弁召宣命使、仍人々聞之、頗有奇気、」を二行目と三行目の行間に補って書写している。

動揺は収まらず（我々もよくあることであるが）、またまた一行飛ばしてしまい、三行目から四行目にかけて、「来宿所方即経階下参殿上方奏慶定頼朝臣」まで書写してしまった。これも気づくのが偉いところであるが、この部分を今度は一本線で抹消し、「加俐列、」以降をつづけて書写している。なお、「例」の両端に「ミ」と「〃」を書き、「列」と記しているが、これは自筆本に「例」とあったが、明らかに間違いなので、「見せ消ち」にして「列」と直したものである。

寛仁二年（一〇一八）威子立后（「この世をば」）

いよいよこの年、道長の栄華が頂点をきわめた。それは外孫《がいそん》である後一条《ごいちじょう》天皇を元服《げんぷく》させたうえで、これに四女（倫子所生では三女）の威子《いし》を入内《じゅだい》させ、中宮《ちゅうぐう》に立てるという手順でおこなわれた。

正月三日、後一条の元服の儀がおこなわれた（『御堂関白記』、『天皇御元服記《てんのうごげんぷくき》』所引『権記』、『台記別記《たいきべっき》』所引『小右記』）。太政大臣《だいじょうだいじん》として道長は加冠《かかん》を務めたが、それは父兼家《かねいえ》が一条《いちじょう》天皇元服の加冠を太政大臣として務めた先例にならったものである。

無事に後一条元服の儀を終えた道長は、「一人《いちにん》（天皇）に師範《しはん》」する地位で、「其の人無くば則ち欠けよ」と規定された人臣最高の官である太政大臣にも固執する気はなかった。もはや道長の権力は、律令官制などに規定される範囲を超えていたのである。

三月七日には、二十歳の威子が十一歳の後一条の後宮《こうきゅう》に入内し、四月二十八日に女御宣旨《にょうごせんじ》を蒙《こうむ》った（『御堂関白記』『小右記』）。

そして十月、威子が中宮に立后《りっこう》した。その本宮《ほんぐう》の儀の穏座《おんのざ》（二次会の宴席）において詠《よ》まれたのが、有名な「この世をば」の歌である。道長がこの世を我が世と認識したのが、政権を取った時点でも、外孫が生まれた時点でもなく、長女の産んだ外孫に三女が入内して立后した時点であるという指摘は、重要なことであろう。

五月二十二日条（自筆本・古写本〈平定家筆〉）　二条第法華三十講

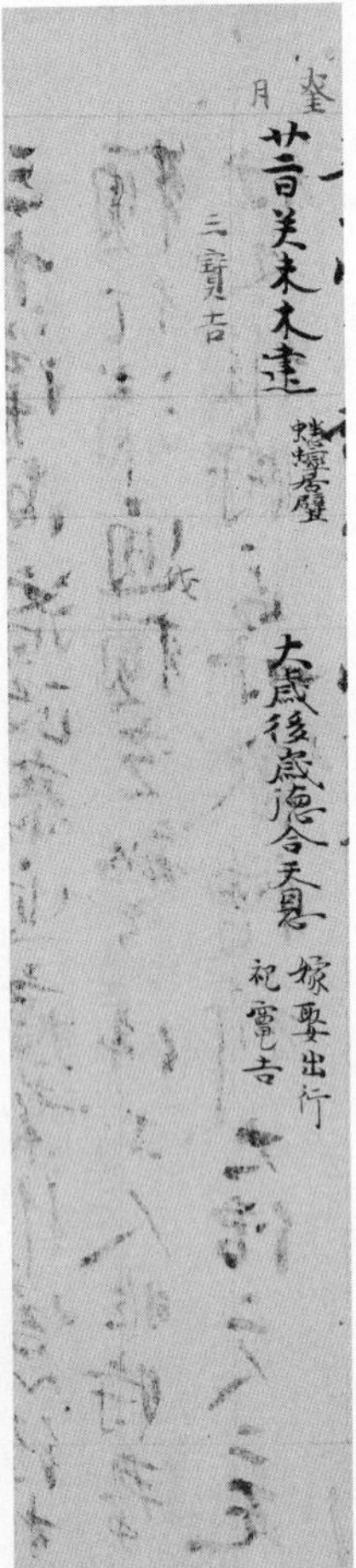

自筆本表

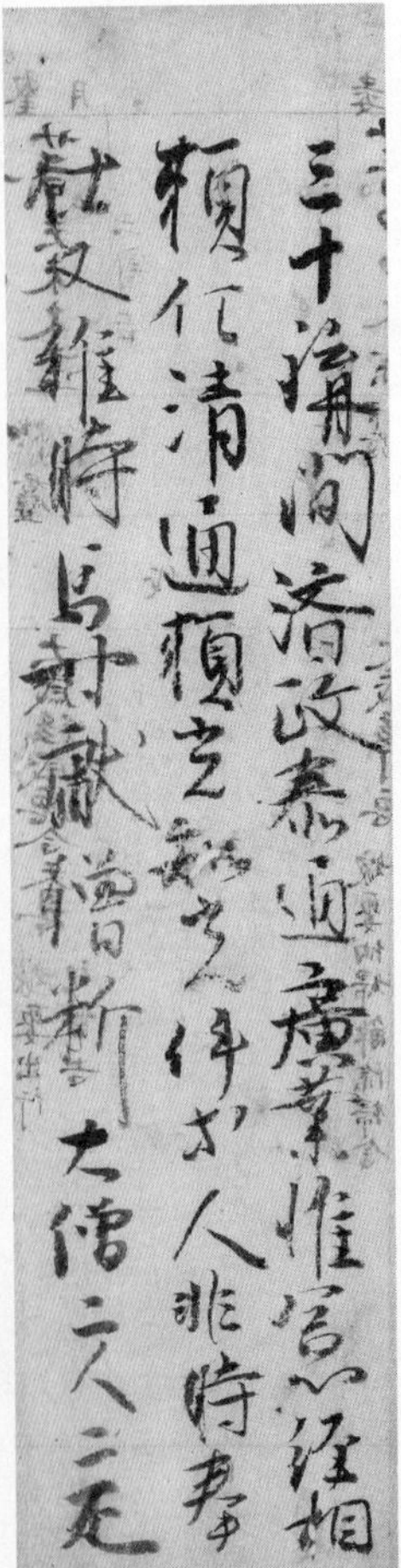

自筆本裏

古写本

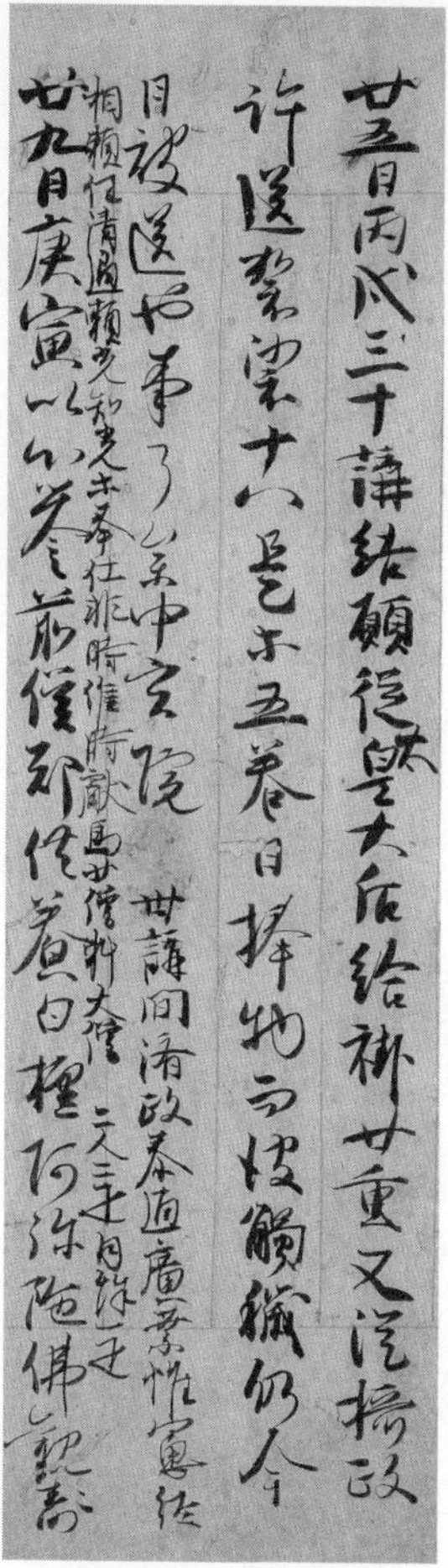

廿二日、癸未、
三十講間、済政・泰通・広業・惟憲・経相・頼任・清通・頼光・知光、件等人非時奉仕、又維時馬廿献、僧

二十二日、癸未。

我が家の法華《ほっけ》三十講《さんじっこう》の期間中、（源）済政《なりまさ》・（藤原）泰通《やすみち》・（藤原）広業《ひろなり》・（藤原）惟憲《これのり》・（源）経相《つねすけ》・（藤原）頼任《よりとう》・（大江《おおえの》）清通《きよみち》・（源）頼光《よりみつ》・（藤原）知光《ともみつ》といった人たちが、非時食《ひじじき》を奉仕した。また、（平）維時《これとき》が馬二十疋を献上してきた。僧のためのものであ

料、大僧二人二疋、自余一
疋、

る。大僧都《だいそうず》二人（院源《いんげん》・慶命《きょうみょう》）に二疋、他には一疋を下賜《かし》した。

これも珍しい例である。自筆本《じひつぼん》の二十二日条の表の具注暦《ぐちゅうれき》には何も書かれておらず、紙背《しはい》には裏書《うらがき》として四十七文字が記されているのである。一方、古写本《こしゃほん》では二十二日条はなく、二十五日条を記した後、二十九日条との行間に、この裏書を挿入している（「……知光等奉仕非時、維時献馬廿、」と書き替えている）。

道長は五月一日から自邸で法華三十講をおこなっていた。それは二十五日に結願《けちがん》するのだが、二十二日条の裏書として記したのは、三十講の期間に饗饌《きょうせん》を奉仕した人を列挙したものと、招請《しょうせい》した僧への布施《ふせ》だったのである。

『小右記』で確認できるのは、八日の済政、十三日の惟憲、十五日の維時というように、十五日のものまでなので、この裏書に記されているのは、三十講の全期間に関わるものとは限らない。古写本の書写者である平定家は、これを二十五日の記事と考え、法華三十講が終わった二十五日条の後に書写したのであろう（裏書の存在に気づいたのは二十九日条を書写した後であったが）。

ただし、何故に道長がこの記事を二十二日条の紙背に記したのかは不明である。考えられる可能性としては、法華三十講が終わった二十五日以降に、法華三十講に関する記事を誤って二十二日条の紙背に記したものか、それとも二十二日にその時点までの饗饌と禄《ろく》をまとめて記したことによるのであろう。

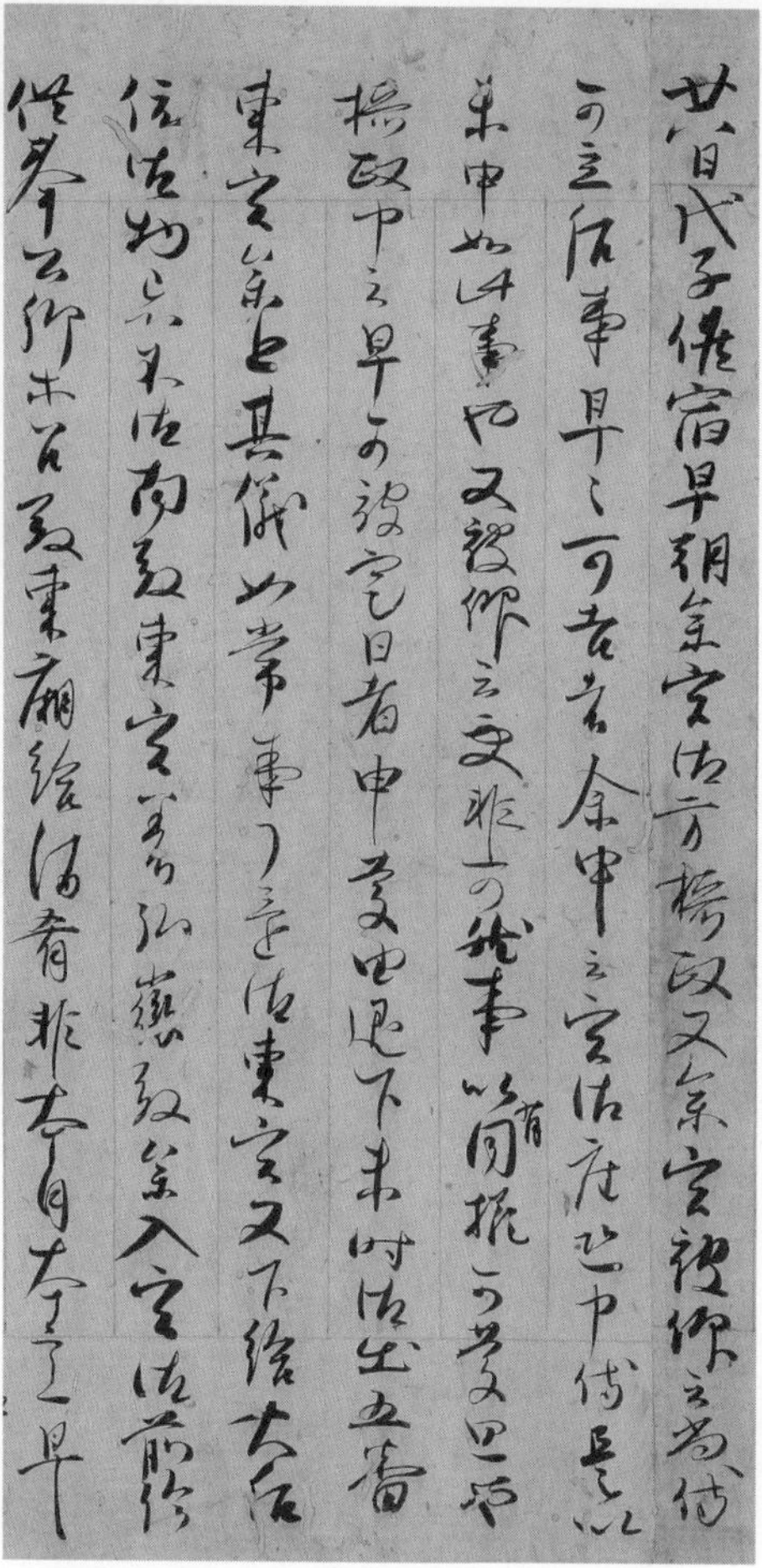

七月二十八日条（古写本〈平定家筆〉）　藤原威子立后の決定

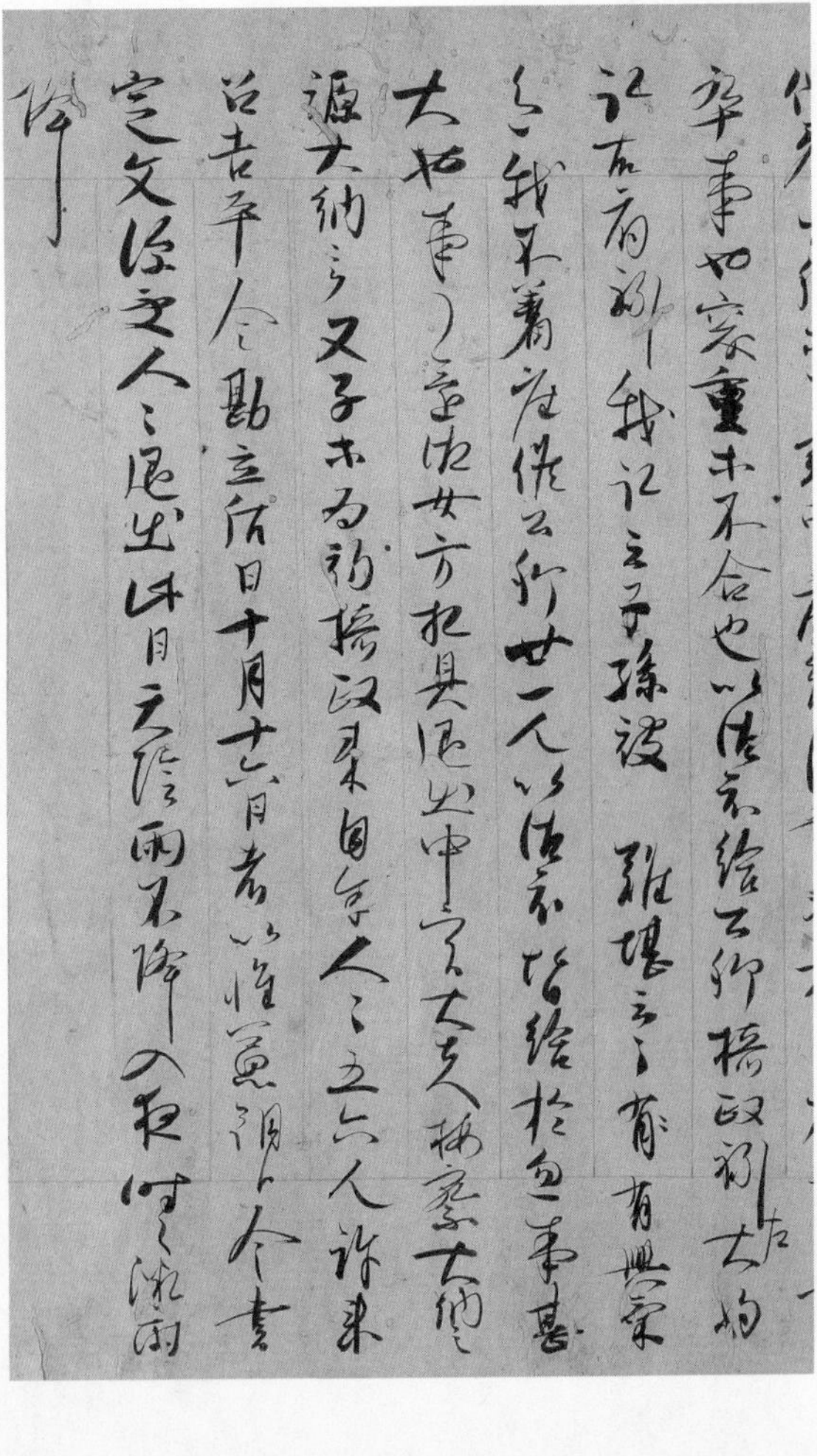

廿八日、戊子、候宿、早朝
参宮御方、摂政又参、宮被
仰云、尚侍可立后事早々可
吉者、余申云、宮御座恐申
侍、是以未申如此事也、又
被仰云、更非可然事、以（有）同
様可慶思也、摂政申云、早
可被定日者、申慶由退下、
未時御出、五番、東宮参
上、其儀如常、事了還御、
東宮又下給、大后依御物忌
不御南殿、東宮着弘徽殿、
参入宮御前給、供奉公卿等
召殿東廂、給酒肴、非本自
本意、早卒事也、突重等不
合也、以御衣給公卿、摂政
禄（左）大将取、右府禄我取云、
子孫被　難堪云々、悕有興

二十八日、戊子。内裏《だいり》に候宿《こうしゅく》していた。早朝、宮《みや》（藤原彰子《しょうし》）の御《ご》在所《ざいしょ》（弘徽殿《こきでん》）に参った。摂政《せっしょう》（藤原頼通《よりみち》）も、また参った。宮がおっしゃって云われたことには、「尚侍《ないしのかみ》（藤原威子）が立后するという事は、早々であることが吉《よ》いでしょう」と。私が申して云ったことには、「宮がいらっしゃるのに、私から言い出すのは、恐れ多いことでございます」と。こういう理由で、未だこのような事を申し出なかったのである。また、宮がおっしゃって云われたことには、「まったくそのような事はございません。同じ様な前例《ぜんれい》も有るのですから、慶《よろこ》びに思うべきでしょう」と。摂政が申して云ったことには、「早く立后の日を定められた方がよろしいでしょう」と。私は、御礼を申して退下《たいげ》した。未剋《ひつじ》に、相撲《すまい》の抜出《ぬきいで》に後一条天皇の出御《しゅつぎょ》があった。五番であった。東宮《とうぐう》（敦良《あつなが》親王）も参上した。その儀は、常と同じであった。抜出が終わって、天皇は還御《かんぎょ》された。東宮も、また退下された。大后《おおきさき》（彰子）は、御物忌《ものいみ》であったので、紫《し》宸殿《しんでん》にいらっしゃらなかった。東宮は弘徽殿に着して、宮の御前《ごぜん》に参入《さんにゅう》された。供奉《ぐぶ》の公卿《くぎょう》たちを弘徽殿の東 廂《ひがしびさし》に召して、酒肴《しゅこう》を賜わった。元から用意していたことではなく、急に思い付いた事である。衝重《ついがさね》も揃わなかった。御衣《おんぞ》を公卿に下賜した。摂政の禄は、左《さ》

気色、我不着座、候公卿廿一人以御衣皆給、於忽事甚大也、事了還御、女方相具退出、中宮大夫・按察大納言・源大納言、又子等為初摂政来、自余人々五六人許来、召吉平、令勘立后日、十月十六日者、以惟憲朝臣令書定文、深更人々退出、此日天陰、雨不降、入夜時々微雨降、

大将《だいしょう》（藤原教通《のりみち》）が取り次いだ。右大臣《うだいじん》（藤原公季《きんすえ》）の禄を私が取り次いで云ったことには、「子孫が□られるというのは、堪え難いほど有り難いことである」ということであった。右大臣には悦気《えっき》（感興《かんきょう》の様子）が有った。私は座に着さなかった。伺候《しこう》していた公卿二十一人全員に、御衣を下賜した。急な事としては甚大な物入りであった。饗宴《きょうえん》が終わって、東宮は還御された。私は女方《にょうぼう》（源倫《りん》子《し》）を連れて退出《たいしゅつ》した。中宮大夫《ちゅうぐうだいぶ》（藤原道綱《みちつな》）・按察大納言《あぜちだいなごん》（藤原斉信《ただのぶ》）・源大納言《げんだいなごん》（源俊賢《としかた》）、また我が子たちが、摂政を初めとして、土御門第《つちみかどてい》に来た。他の人々も、五、六人ほどが来た。（安倍《あべの》）吉平《よしひら》を召して、立后の日を勘申《かんじん》させた。「十月十六日」ということであった。（藤原）惟憲朝臣《これのりあそん》に命じて定文《さだめぶみ》を書かせた。深夜、人々は退出した。この日、天が陰《くも》ったけれども、雨は降らなかった。夜に入って、時々、小雨が降った。

威子の立后が決定した日の「内々の議」の記事である。道長が彰子の許《もと》へ参上すると、威子の早期の立后を、国母《こくも》である彰子が道長と頼通に発議《はつぎ》した。十九年前、国母であった詮子《せんし》が、彰子の立后を一条に指示したことが想起される。

道長としては、彰子がいるので遠慮していたと言っているが、彰子は、遠慮には及ばな

い、威子も立后して中宮になることは、前例もあることだから、慶ぶべきことであると道長を説得している。このあたり、天皇家内部の事、特に後宮関係に関しては国母が主導権を握るという、当時の政治形態がよく表われている。

頼通の方は立后に積極的である。外祖父《がいそふ》としての地位を確立している道長とは違い、頼通にとって、天皇家とのミウチ関係の構築は、これからの重い課題であり、威子の立后に、より積極的になったのであろう。頼通にとっては、彰子が姉、威子が妹であったことも、大きく影響している。頼通は、これまでは後一条にとっては国母の弟に過ぎなかったわけであるが（これは血縁関係の問題である）、威子が立后すれば、中宮の兄ということになり（こちらは姻戚《いんせき》関係となる）、より強いミウチ意識で結ばれることになるわけである。

道長もこの決定に異論はなく、酒宴を急に思いついた。威子立后が決定して上機嫌の大盤《おおばん》振舞《ぶるまい》といったところか。「甚大な物入りだ」などと言いながら公卿全員に禄を与えた道長は、公季には自ら手渡し、公季に冗談を言ったところ（「子孫が栄えるというのは、堪え難いほど有り難いことである」とでも言ったのであろう）、公季はその言葉を聞いて面白がった、と勝手に思い込んでいる。かつて女《むすめ》の義子《ぎし》を一条の女御《にょうご》に入れていた公季は、どのような気持ちでこの言葉を聞いたのだろうか。

酒宴が終わった後、嫡妻の倫子や側近の公卿、それに頼通をはじめとする子息たちを引き連れて自邸に戻った道長は、陰陽師《おんみょうじ》安倍吉平を召して、威子立后に宜しい日時を勘申させ、家司《けいし》の藤原惟憲にその定文を書かせた。かつての彰子立后に際しての時と同様、こういった場合の道長の行動は、きわめて素早い。

深夜、諸卿は退出したが、この夜の道長の満足感は、いかばかりだったことであろうか。

十月十六日条（古写本〈平定家筆〉）　藤原威子立后本宮の儀

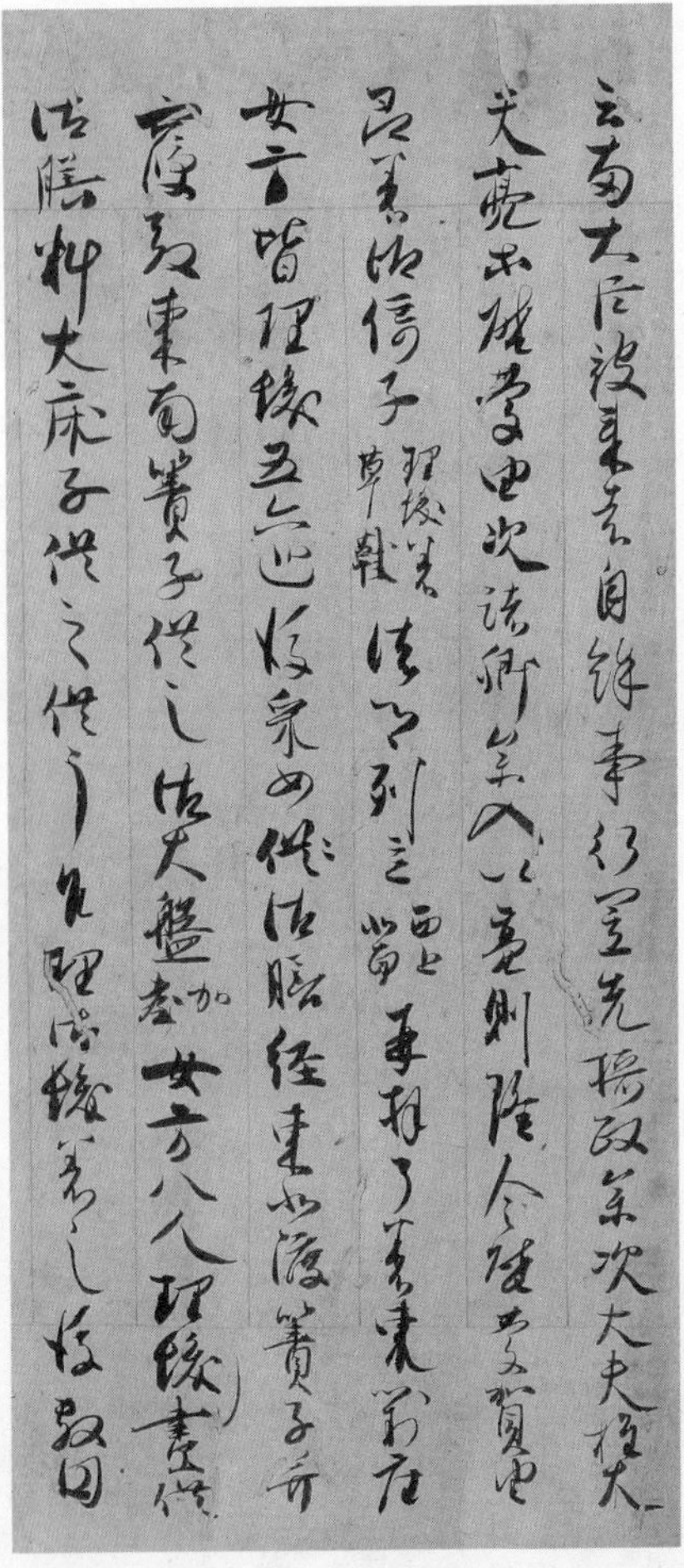

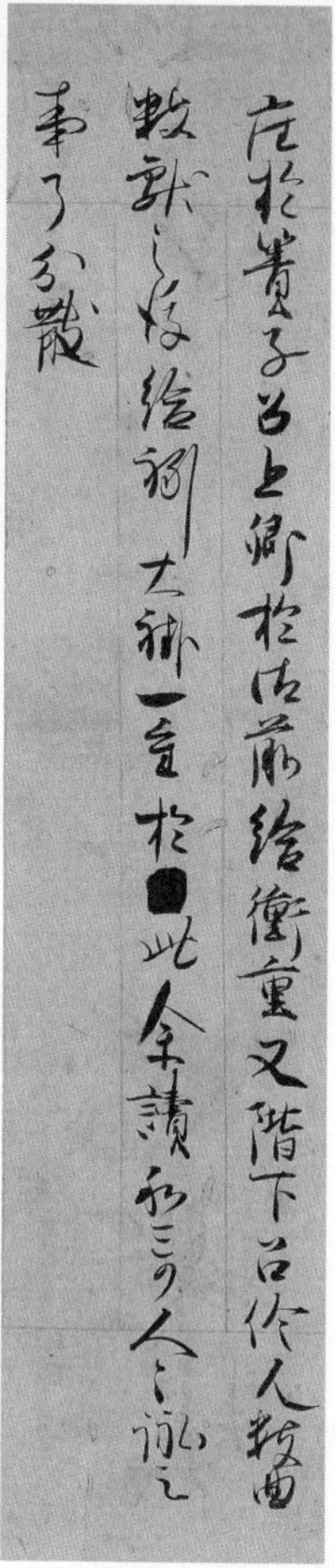

……自余事行置、先摂政参、次大夫・権大夫・亮等啓慶由、次諸卿参入、以亮則隆令啓慶賀由、即着御倚子理髪、着草鞋、諸卿列立西上北面、再拝了着東対座、女方皆理髪、五六巡後、采女供御膳経東北渡簀子幷寝殿東・南簀子供之、御大盤加台、女方八人理髪、昼供レ御膳料大床子供之、供了乍

……私は、土御門第において、他の雑事《ぞうじ》を準備した。まず、摂政（藤原頼通）が土御門第に参った。次に中宮大夫（藤原斉信《ただのぶ》）・中宮《ちゅうぐう》権大夫《ごんのだいぶ》（藤原能信《よしのぶ》）・中宮亮《ちゅうぐうのすけ》（橘則隆《たちばなののりたか》）が、慶賀《けいが》を啓上《けいじょう》した。次に諸卿が参入した。中宮亮則隆を遣わして、慶賀を啓上させた。すぐに中宮（藤原威子）は御倚子《いし》に着された〈理髪《りはつ》されていた。草鞋《そうかい》を着された。〉。諸卿は寝殿《しんでん》の前の庭に列立《れつりつ》した〈西を上座《じょうざ》として北《ほく》面《めん》した。〉。再拝《さいはい》が終わって、諸卿は東対《ひがしのたい》の座に着した。女房《にょうぼう》たちも皆、理髪していた。五、六巡《じゅん》の宴飲《えんいん》の後、采女《うねめ》が、中宮の御膳を東北渡殿《とうほくのわたどの》の簀子《すのこ》、および寝殿の東と南の簀子を経て供した。御大盤《おおばん》であった〈台を加えた。〉。女房八人が、理髪して、昼の御膳のための大床子《だいしょうじ》を供した。供し終わって、中宮は御髪《おぐし》を理《ととの》えたまま、御膳

理御髪着之、後敷円座於簀子、召上卿於御前、給衝重、又階下召伶人数曲、数献之後給禄、大掛一重、於■此余読和哥、人々詠之、事了分散、……

に着された。後に円座《わろうだ》を簀子に敷いた。諸卿を中宮の御前に召して、衝重を賜わった。また、階下《かいか》に楽人《がくにん》を召して、数曲を演奏させた。数献《こん》の宴飲の後、禄を下賜した。大掛《おおうちき》一重《かさね》であった。ここに至って、私は和歌を詠《よ》んだ。人々は、この和歌を詠唱《えいしょう》した。本宮の儀が終わって、人々は分散して帰って行った。……

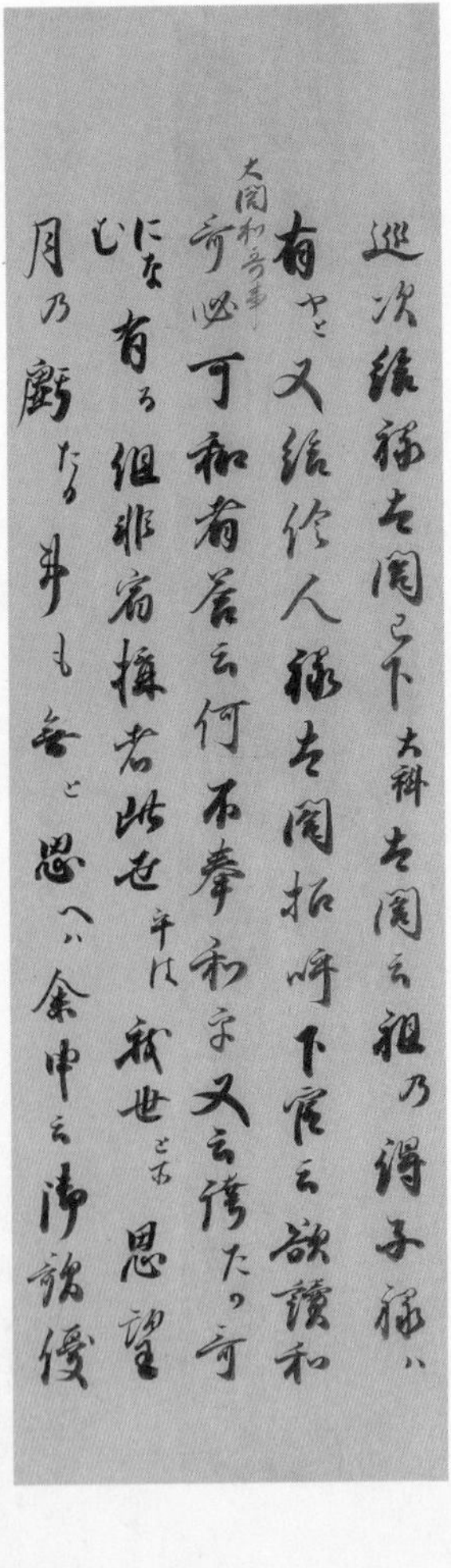
『小右記』（陽明文庫本）

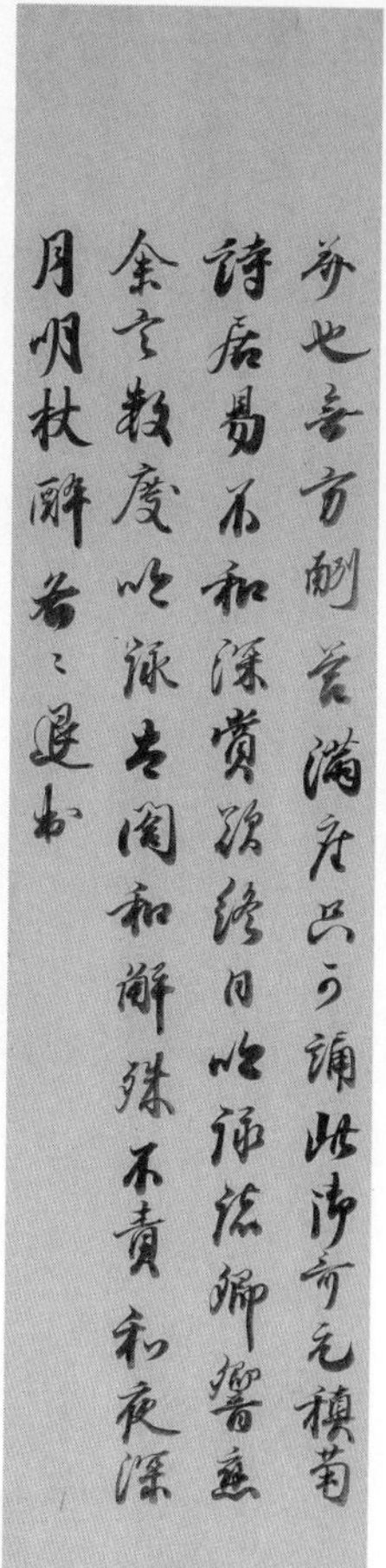

……次給禄太閤已下大褂、太閤云、祖の得子禄ハ有やと、又給伶人禄、太閤招呼下官云、欲読和哥、必可和者、答云、何不奉和乎、又云、誇たる哥になむ有る、但非宿構者、此世乎は我世とそ思望月の欠たる事も無と思へハ、余申云、御歌優美也、無方酬答、満座只可

……次いで太閤《たいこう》（藤原道長）以下に禄〈大褂。〉を下した。太閤が云ったことには、「祖《おや》（道長）が子（藤原頼通《よりみち》）の禄を得るのは、有ったであろうか」と。また楽人《がくにん》に禄を下した。太閤が下官《げかん》（藤原実資《さねすけ》）を招き呼んで云ったことには、「和歌を詠もうと思う。必ず和《わ》すように」ということだ。答えて云ったことには、「どうして和し奉らないことがありましょう」と。また、云ったことには、「誇っている歌である。但し準備していたものではない。

この世をば我が世とぞ思ふ望月の欠けたる事も無しと思へば

（＝この世を我が世と思う。望月が欠ける事も無いと思うので）」

と。私が申して云ったことには、「御歌は優美《ゆうび》です。酬答《しゅうとう》すること

誦此御哥、元稹菊詩、居易不和、深賞歎、終日吟詠、諸卿響応余言数度吟詠、太閤和解、殊不責和、夜深月明、杖酔各々退出、

もできません。満座《まんざ》がただ、この御歌を誦《ず》してはどうでしょうか。元稹《げんしん》の菊の詩に、白居易《はくきょい》は和することなく、深く賞歎《しょうたん》して、一日中、吟詠《ぎんえい》しました」と。諸卿は私の言葉に響応《きょうおう》して、数度、吟詠した。太閤は許してくれて、特に和することを責めることはなかった。夜が深く月は明るかった。酔いに任せて、各々、退出した。

「この世をば」が詠まれた威子立后の本宮の儀の穏座である。『御堂関白記』の記事は、上《しょう》卿《けい》を務めた顕光《あきみつ》の失態を記した立后宣命《りつごうせんみょう》、中宮大夫斉信以下が任じられた宮司除目《みやづかさじもく》を記した後、多くが土御門第における本宮の儀と穏座に費やされている。やはり自らが自邸において主宰したことによるものであろう。

賜禄《しろく》の儀の後、道長は和歌を詠み、皆がこれを詠唱した、としか『御堂関白記』には記されていない。その理由は、あまりに拙《つたな》い歌なので記録するのが恥ずかしかったとか、傲慢《ごうまん》な歌なので記すのを憚《はばか》られたとか考えられているが、単純に忘れてしまったと考えてもよさそうである。道長は儀式の際にメモを取っていないのであるし、立后の儀式のなかでは、記録しなければならない重要な事柄は、もっと他にたくさんあるからである。元々道長は、公任《きんとう》とのやりとり以外の和歌を『御堂関白記』に記録することは、ほとんどない。

しかし、実資が珍しくこの宴に参列し、この歌を記録した『小右記』のこの部分が散逸《さんいつ》せずに広本《こうほん》（抄略《しょうりゃく》せずに原本を多く伝えた写本）で残っているおかげで、道長が歌を詠んだ

経緯や、摂関期《せっかんき》を代表するこの歌が今日まで伝わっているのである。一般的な道長や摂関政《せっかんせい》治《じ》に対する後世のイメージも、この歌とともに語られているのではないだろうか（ただし、それがいいことだったかどうかは、また別の問題である）。なお、『小右記』のもっとも一般的な古写本である前田本《まえだぼん》はひどい焼損《しょうそん》を受けていて、この歌は「望月乃虧」しか残っていない。幸い、前田本が焼損を受ける前に、陽明文庫本《ようめいぶんこぼん》など数々の新写本が書写されていて、我々はこの和歌の全貌を知ることができるのである（□は新写本で補った部分）。

一般には、実資が道長の拙い歌に和す気になれなかったとか、傲《おご》りたかぶった道長の態度に嫌気がさして和さなかったとか考えられているようであるが、『小右記』を虚心《きょしん》に読むかぎりでは、別にそういったわけではなさそうである。

この和歌の意味を、道長が自らの栄華の翳《かげ》りを予測したものという考えも出されたが、それはとんでもない誤解である。「次の夜からは欠ける満月」などという発想が、道長の脳裡《のうり》に浮かぶはずもないであろうことは、『御堂関白記』を少し読めば容易に理解できるところである。栄華の翳りを予測した和歌を皆で吟詠するというのも、あり得ない話である。

この後、十月二十二日には後一条の土御門第行幸《ぎょうこう》と三后《さんこう》（彰子・妍子《けんし》・威子）・東宮敦良の対面がおこなわれた。倫子や六女（倫子所生では四女）の嬉子《きし》、禎子《ていし》内親王も並んで坐した。それを眺めた道長は、「私は心地が不覚《ふかく》（人事不省）になるほど、生きてきた甲斐《かい》が有る者である。言語には尽くし難い。未曽有《みぞう》の事である」と、その感慨を記している（『御堂関白記』）。

寛仁三年（一〇一九）　出家

前年から胸病《きようびよう》と眼病《がんびよう》に悩まされていた道長は、この寛仁三年正月早々の十日、胸病を患《わずら》い、前後不覚《ぜんごふかく》となった。十七日には一日中、辛苦《しんく》し、自ら手足を打っている（『御堂関白記』『小右記』）。

このような病悩《びようのう》のなかにあっても、二月二十八日には六女（倫子《りんし》所生では四女）嬉子《きし》の着裳《ちやくも》の儀を執りおこなうなど（『御堂関白記』『小右記』）、次代の権力構築には余念がなかった。

三月二十一日、道長はついに出家《しゆつけ》を遂げた。九月には東大寺《とうだいじ》で受戒《じゆかい》している。訪れた実資《さねすけ》は道長の様子を、「容顔《ようがん》は老僧のようであった」と記している。なお、実資が道長に、山林に隠居《いんきよ》するのではなく、月に五、六度は天皇の顔を見に参内《さんだい》したらどうかと提案している点は重要である（『小右記』）。実資とすれば、頼通《よりみち》一人に任せるよりも道長が権力を行使しつづけた方が、宮廷の安定につながると考えたのであろう。

『御堂関白記』は三月十七日の記事まで記されているが、その後は八月二十六日の記事まで残っておらず、九月十八日の記事で、この年の記録を終えている。この年の四月には、刀伊《とい》の入寇《にゆうこう》という大事件が起こっているのであるが、道長は何の記事も記していない。

道長はじつはその頃、四月二十日に桟敷《さじき》で賀茂祭《かものまつり》を見物したりしていた。道長や頼通の禄《ろく》は甚だ過差《かさ》であって、実資は、「人の狂乱、世の衰亡」と怒っている（『小右記』）。

二月六日条（古写本〈平定家筆〉）　霍乱、平復／眼病のため魚肉を食す／法華経書写始

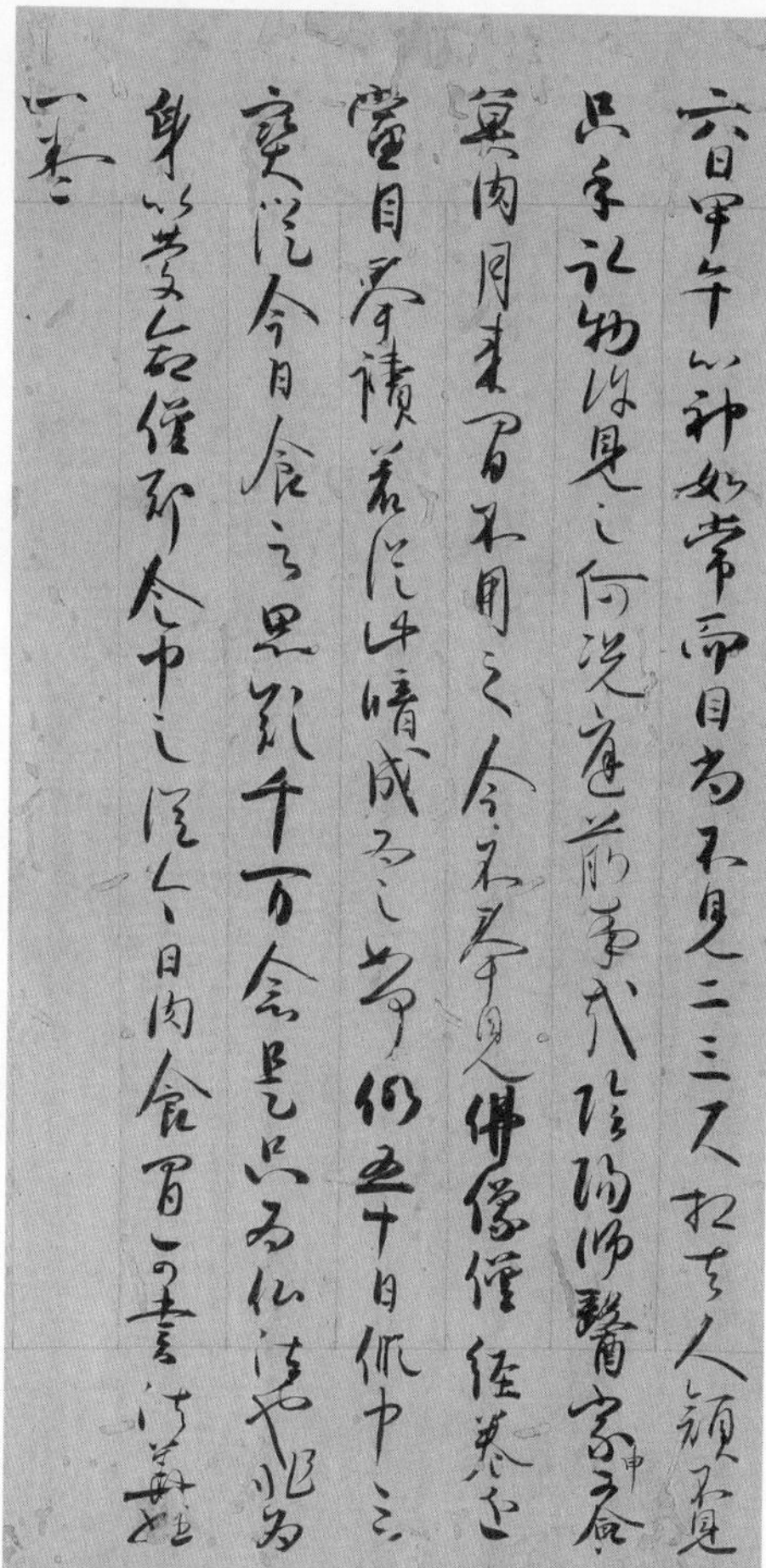

六日、甲午、心神如常、而目尚不見、二三尺相去人顔不見、只手取物許見之、何況庭前事哉、陰陽師・医家可食魚肉、月来間不用之、今不奉見仏像・僧、経巻近当目奉読、若従此暗成、為之如何、仍五十日假申《申》三宝、従今日食之、思歎千万念、是只為仏法也、非為身、以慶命僧都令申之、従今日肉食間、可書法華経一巻、

六日、甲午。心神《しんしん》の具合は、尋常と同じとなった。ところが、目がまだ見えなかった。二、三尺を隔てた人の顔も見えなかった。ただ、手に取る物だけが見えた。ましてや庭前《ていぜん》の事を見ることができるであろうか。陰陽師《おんみようじ》や医家《いか》は、「魚肉を食されよ」と申した。何箇月の間、これらを食さなかった。今、仏像《ぶつぞう》も僧も、見奉ることができない。経巻《きようかん》は近く目に当てて読み奉ることができる。もしもこれ以上、目が暗くなったならば、どうすればよいのであろうか。そこで五十日の假《か》を三宝《さんぼう》に申し上げて、今日から魚肉を食すこととした。思い歎くこと千万念《せんまんねん》であるが、これもただ、仏法《ぶつぽう》のためである。我が身のためではない。慶命僧都《きようみようそうず》を招請《しようせい》して、このことを申《しん》上《じよう》させた。今日から肉食《にくじき》を行なう間、法華経《ほけきよう》一巻を書くこととする。

『御堂関白記』には、三月二十一日の出家の記事も、七月からはじまった阿弥陀堂《あみだどう》（後の法《ほう》成寺《じようじ》）造営《ぞうえい》の記事も、記されていない。三月十七日条までは、これまでと変わらない記述を記しているのであるから、やはり出家に際して、深く期すところがあったのであろう。またこれは、『御堂関白記』という日記の性格を考えるうえでも、大きなヒントとなるものであ

る。

唯一、宗教的な心性《しんせい》を記しているのが、この二月六日の記事である。霍乱《かくらん》が平復《へいふく》したものの眼病のために経巻が見えなくなると困るというので、しかも陰陽師や医家の勧めがあるので、仕方なく魚肉を食すことにしたというものである（いつもの言い訳癖である）。

寛仁四年（一〇二〇）　無量寿院落慶

この年の記事は、三月二十二日、二十三日の無量寿院《むりょうじゅいん》（後の法成寺《ほうじょうじ》）落慶《らっけい》と、六月二十九日の法華《ほっけ》三十講《さんじっこう》と仏像の無量寿院搬入だけである。寛仁三年の後半と寛仁四年の前半は自筆《じひつ》本《ぼん》が残っているのであるが、ほとんど空白である。逆に言えば、道長がこれだけはどうしても記録しておきたかったのであろう。

現世《げんせ》の栄耀《えいよう》をきわめた道長は、これで臨終正念《りんじゅうしょうねん》を迎える場を準備することができ、来世《らいせ》についても心配の種はなくなった、はずであった。

この年、後一条《ごいちじょう》天皇は重く病んだ。そして九月二十九日、もっとも恐れていた事態が出来《しゅったい》した。後一条（敦成《あつひら》）のために立太子《りったいし》できないまま、寛仁二年（一〇一八）に薨《こう》じてしまっていた敦康《あつやす》親王の霊が、後一条に顕現したのである。「また種々の物気《もののけ》（物怪）が顕露した」とあるが（『小右記』）、後一条に襲いかかった数々の霊（敦康の外戚《がいせき》たちであろうか）に接して、道長は何を思ったであろうか。

十月十六日には、後一条に病悩《びょうのう》が重く発《おこ》っていた際に、道長が祈禱《きとう》をおこなっている。後一条に取り憑《つ》いた邪気《じゃけ》（物怪）は人に移り、その声が時々聞こえてきたが、道長の様子は、あたかも験者《げんざ》（加持祈禱《かじきとう》をして霊験《れいげん》をあらわす行者）のようであったという（『小右記』）。

その後、十二月に道長は比叡山《ひえいざん》に登り、廻心菩薩戒《えしんぼさつかい》を受けている。

三月二十二日条（自筆本）　無量寿院落慶供養／三后行啓

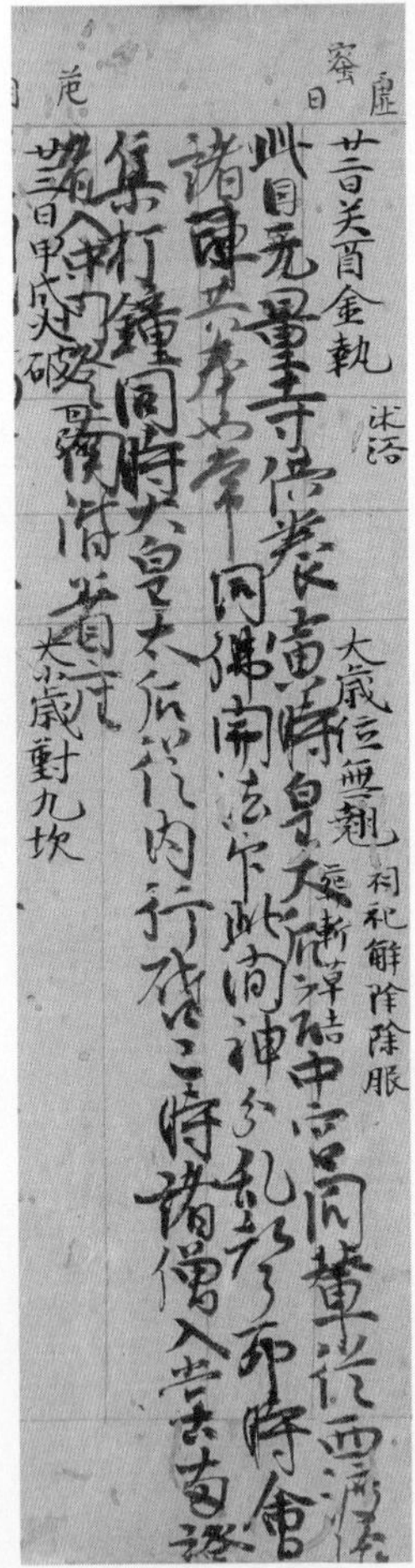

廿二日、癸酉、此日无量寺供養、寅時皇太后宮・中宮同輦従西渡給、諸司共奉如

二十二日、癸酉。この日、无量寺《むりょうじ》（無量寿院）の供養《くよう》を行なった。寅《とら》刻に、皇太后宮《こうたいごうぐう》（藤原妍子《けんし》）と中宮《ちゅうぐう》（藤原威子《いし》）が、同輦《どうれん》して西側の土御門第《つちみかどてい》から遷御《せんぎょ》された。諸司《しょし》が供奉《ぐぶ》したことは、常と同じで

常、同仏開、法印、此間神分・乱声、卯時会集打鐘、同時大皇太后従内行啓、巳時諸僧入堂、両證者入中門、登南階着座、

あった。同じ時剋《じこく》に、仏の開眼《かいげん》を行なった。法印《ほういん》（院源《いんげん》）を招請《しょうせい》した。この時、神祇《じんぎ》への経の読誦《どくじゅ》と、笛の演奏があった。卯《う》刻に会集《かいしゅう》して、鐘を打った。同じ時剋に、太皇太后宮《たいこうたいごうぐう》（藤原彰子《しょうし》）が内裏《だいり》から行啓《ぎょうけい》された。巳《み》刻に、諸僧が堂に入った。二人の証者《しょうじゃ》（済信《さいしん》・深《しん》覚《がく》）は、中門《ちゅうもん》から入り、南階《みなみのきざはし》を登って着座《ちゃくざ》した。

前年七月から土御門第のすぐ東側に造営《ぞうえい》をはじめていた中河御堂《なかがわみどう》は、土御門第の時と同じく、受領《ずりょう》に柱間《はしらま》一間ずつの造営を割り充てたものであった（『小右記』）。九月には仏像五体が造顕《ぞうけん》され、十一月には丈六《じょうろく》の阿弥陀仏《あみだぶつ》九体の開眼供養がおこなわれた。公卿《くぎょう》以下の全員に人夫《にんぷ》の調達が命じられ、摂政頼通《せっしょうよりみち》以下の僧俗が力役《りきえき》に従った結果、翌寛仁四年三月二十二日、彰子以下三后《さんごう》の行啓を仰いで、ついに新堂の落慶供養《らっけいくよう》にこぎつけたのである。

この寺院は、無量寿院という号に改められ、その後も治安《じあん》元年（一〇二一）に奝然《ちょうねん》が宋《そう》からもたらした宋版一切経《いっさいきょう》を奪って経蔵《きょうぞう》に収め、治安二年（一〇二二）には大日如来像《だいにちにょらいぞう》を本尊《ほんぞん》とする金堂《こんどう》と密教《みっきょう》の五大尊像《ごだいそんぞう》を本尊とする五大堂《ごだいどう》が完成し、法成寺《ほうじょうじ》の寺号が定められた。その落慶供養には、天皇・東宮《とうぐう》・三后が参列している（『諸寺供養類記《しょじくようるいき》』所引『権記』）。

法成寺は二町四方の寺域を持ち、その後も講堂《こうどう》、薬師堂《やくしどう》、十斎堂《じっさいどう》、経蔵、僧房《そうぼう》、五重塔《ごじゅうのとう》、東北院《とうほくいん》、西北院《せいほくいん》などがつぎつぎに落成し、定朝《じょうちょう》を中心とする仏師《ぶっし》たちによって造作された

莫大な数の仏像が安置された。これでこの寺は、鎮護《ちんご》国家《こっか》や国土・万民の平穏を願う寺院として、仏教界を統合する総合寺院としての性格を有することとなったのである。

なお、長和元年（一〇一二）秋冬巻から寛仁元年（一〇一七）秋冬巻まで、自筆本は残っておらず（鷹司家《たかつかさ》に譲ったのではないかと先に推測した）、この間、道長も四十七歳から五十二歳へと年齢を重ねた。久しぶりに見る寛仁年間の自筆本の字は、以前よりも随分と大きくなっている。おそらくは老眼によるものと考えられる。現代よりも照明が少なく、栄養状態が偏っていた当時、具注暦《ぐちゅうれき》の細かい文字を読んだり、日記の細かい字を書いたりすることは、さぞやたいへんだったことであろう。

治安元年（一〇二一）　念仏

九月一日―五日条（古写本〈平定家筆〉）　念仏

一日、癸酉、初念仏、十一万遍、
二日、甲戌、十五万遍、
三日、己《乙》亥、十四万遍、
四日、丙子、十三万遍、
五日、丁丑、十七万遍、

一日、癸酉。念仏《ねんぶつ》を始めた。十一万遍であった。
二日、甲戌。十五万遍であった。
三日、乙亥。十四万遍であった。
四日、丙子。十三万遍であった。
五日、丁丑。十七万遍であった。

すっかり宗教人になったかの道長は、日記を記すこともなくなった。わずかに治安元年の記事として残っているのは、九月初頭に唱えた念仏の回数である。この年、五十六歳であった。

（上）法成寺・土御門第故地　（下）法成寺・土御門第模型（京都市平安京創生館展示、京都市歴史資料館蔵）

それにしても、五日間で計七十万遍というのも、実際の数字とすると、すごいものである。いったい一日二十四時間で、十七万遍もの念仏を唱えられるものなのであろうか（一秒に二回の念仏を二十四時間、唱え続けた計算になる）。

この治安元年は、世情は不穏だったのであるが、三月十九日に無量寿院《むりようじゆいん》を訪ねてそれを訴えた斉信《ただのぶ》に対し、道長はいっさい耳を貸すことなく、競馬《くらべうま》やとりとめもないことだけを談《かた》ったという。実資《さねすけ》は、「人々は障垣《しようがい》の外にある」と、道長の態度を非難しているが（『小右記』）、これが道長なりの出家《しゆつけ》者としての矜持《きようじ》だったのであろう。

一方では、十月五日に実資が無量寿院を訪ねて道長と謁談《えつだん》したが、多くは公事《くじ》（政務や儀式）についてであったという。十一月六日にも、実資は無量寿院に道長を訪ね、官奏《かんそう》について協議している（『小右記』）。いまだ道長は、世事にも関心を持ちつづけていたのである。

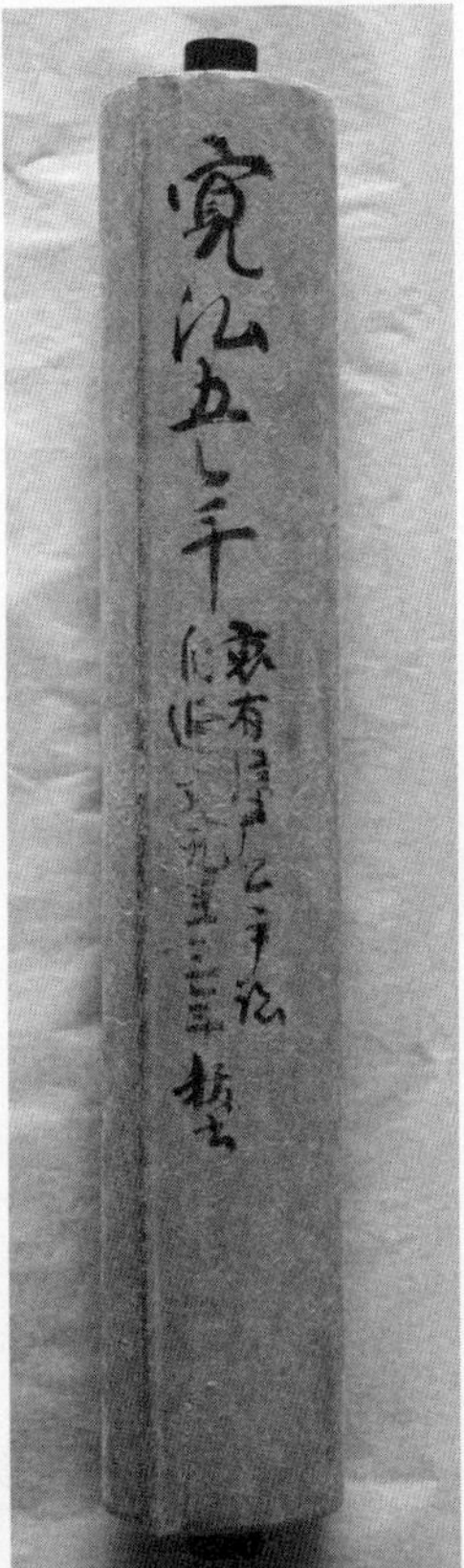

自筆本寛弘五年秋冬巻標紙外題

番外　『御堂関白記』自筆本の紙背に写された『後深心院関白記』

寛弘五年（一〇〇八）という年は、道長《みちなが》家にとって、もっとも重要な年であった。道長の長女である一条《いちじょう》天皇中宮《ちゅうぐう》の彰子《しょうし》がついに皇子（敦成《あつひら》親王。後の後一条《ごいちじょう》天皇）を出産し、一条の土御門第《つちみかどてい》行幸《ぎょうこう》、敦成親王御五十日《いか》の儀、御百日《ももか》の儀が華々しくおこなわれ、後世、「寛弘の佳例《かれい》」と讃えられた時期であった。

しかし、『御堂関白記』自筆本《じひつぼん》の寛弘五年秋冬巻の褾紙《ひょうし》の外題《げだい》には、「裏有信尹《のぶただ》公手跡／自延文元至三年抜書」と記されている。私も活字本（大日本古記録）や写真版（陽明叢書）を見ただけでは気づかなかったのであるが、これには信じられない事情が隠されていたのである。

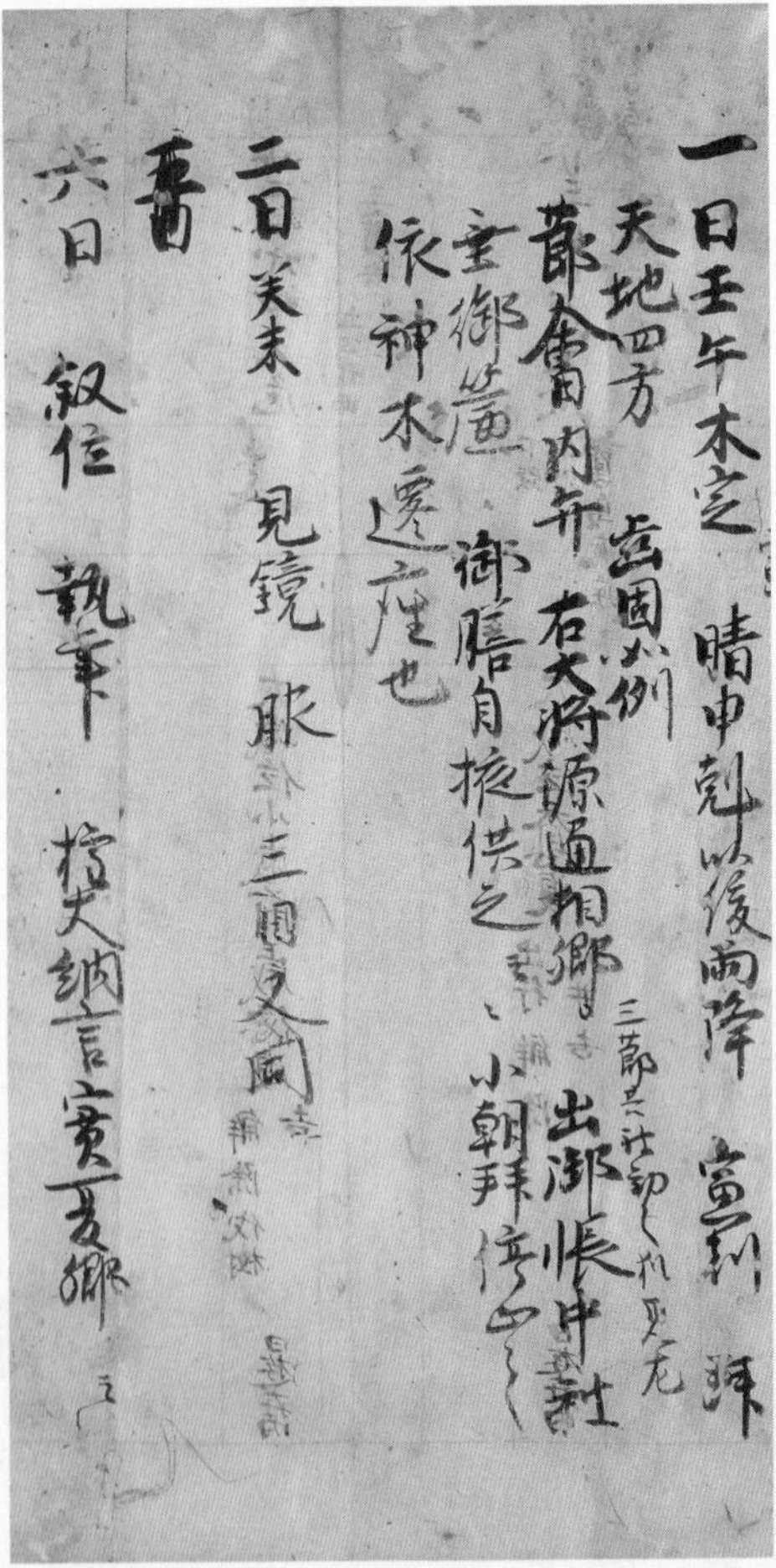

寛弘五年十二月二十日条紙背書込・裏書（自筆本）

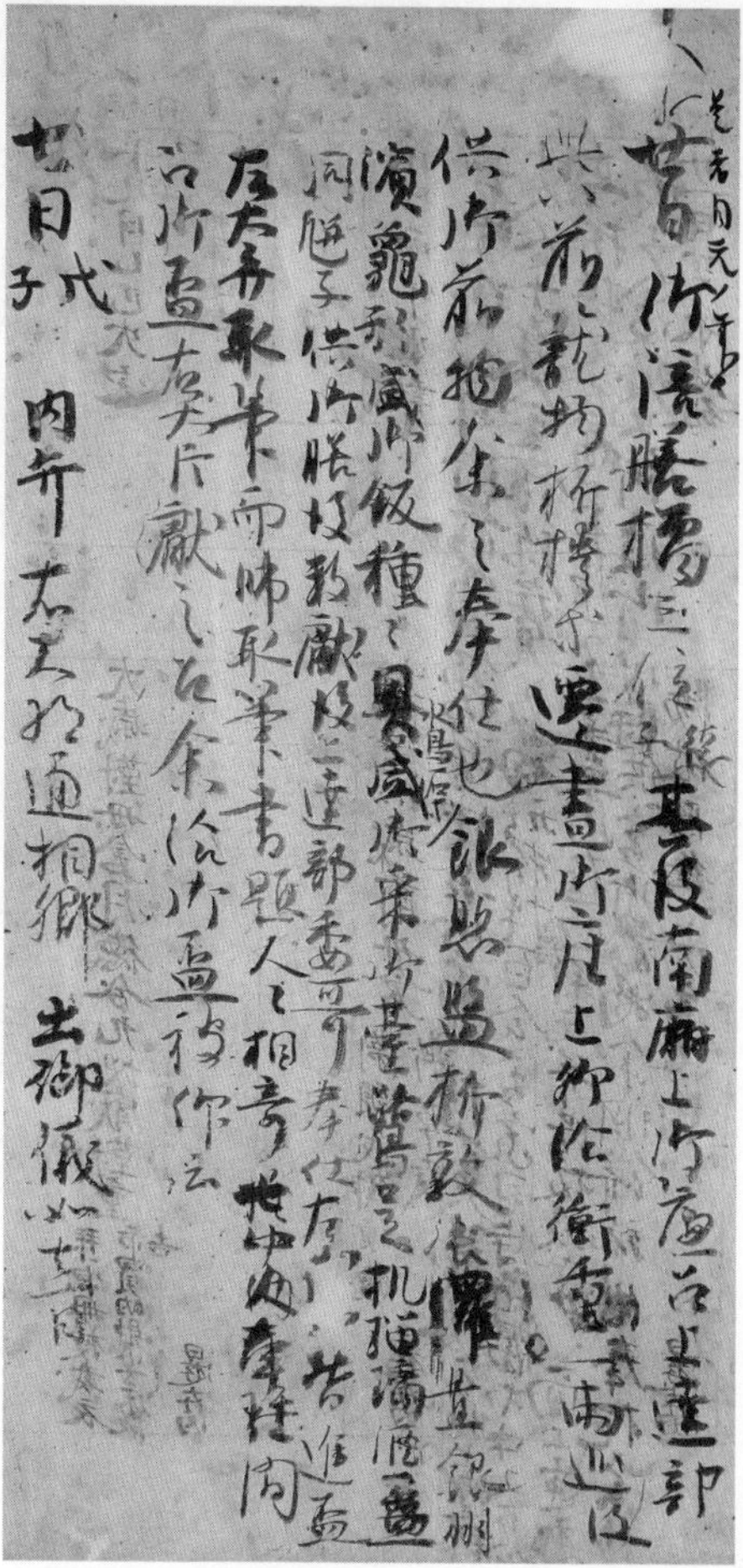

一日〈壬午〉木定、晴、申剋以後雨降、寅刻拝天地四方、歯固如例、節会、内

一日〈壬午〉木定　晴れた。申剋《さる》以後、雨が降った。寅剋《とら》、天地《てんち》四方《しほう》を拝した。歯固《はがため》は通例のとおりであった。「節会《せちえ》が行なわれた。内弁《ないべん》は右大将《うだいしょう》源通相《みちすけ》卿であった〈三節共に被部《ひぶ》の机は左にあっ

弁、右大将源通相卿、三節共被部之机見左、出御帳中被垂御簾、御膳自掖供之云々、小朝拝停止之、依神木遷座也、
二日〈癸未〉見鏡、服、
三日　又同、
~~五日~~
六日　叙位、執筆権大納言実夏卿云々、
是者自元ノ筆也、
（『御堂関白記』寛弘五年十二月二十日条裏書七行）
七日〈戊子〉内弁右大将通相卿、出御儀如去一日、

た〉。出御《しゅつぎょ》の帳の中に御簾《みす》を垂れられた。御膳は腋《わき》から供した」と云うことだ。小朝拝《こちょうはい》は停止《ちょうじ》となった。神木《しんぼく》の遷座《せんざ》によるものである。

二日〈癸未〉　鏡を見た。服《ふく》であった。三日　また同じであった。

~~五日~~

六日　「叙位《じょい》が行なわれた。執筆《しゅひつ》は権大納言《ごんだいなごん》（洞院《とういん》）実夏《さねなつ》卿であった」と云うことだ。

これは元からあった筆である。

（『御堂関白記』寛弘五年十二月二十日条裏書七行）

七日〈戊子〉　内弁は右大将通相卿であった。出御の儀は、去る一日と同じであった。


じつは、一条の土御門第行幸・皇子敦成への親王宣下・行幸叙位がおこなわれた十月十六日条と、敦成親王家別当《べっとう》を定めた十月十七日条、そして敦成御百日の儀がおこなわれた十二

月二十日条の裏書《うらがき》を夾《はさ》んで、道長とはまったく異なる筆で、別の日記が写されているのである。

その顚末《てんまつ》を記すと、安土桃山時代の公家《くげ》である近衛《このえ》信尹（永禄《えいろく》八年〈一五六五〉―慶長《けいちょう》十九年〈一六一四〉）は、『御堂関白記』自筆本のうちの長徳四年（九九八）下、長保元年（九九九）下、寛弘五年（一〇〇八）下、寛弘八年（一〇一一）上、寛仁四年（一〇二〇）上の五巻分を折本《おりほん》の状態とした。そして寛弘五年秋冬巻の紙背《しはい》に、南北朝時代の北朝《ほくちょう》の廷臣《ていしん》である近衛道嗣《みちつぐ》（元弘《げんこう》二年〈一三三二〉―嘉慶《かきょう》元年〈一三八七〉）の日記である『後深心院関白記《ごしんじんいんかんぱくき》』（『愚管記《ぐかんき》』とも）を抜書したのである。

信尹は『御堂関白記』具注暦《ぐちゅうれき》の末尾の裏、すなわち寛弘五年十二月三十日の暦の裏から記しはじめた（したがって、『御堂関白記』の表の日付とは逆に進むことになる）。それは『後深心院関白記』延文《えんぶん》元年（一三五六）正月一日の記事にはじまり、延文三年六月三十日の記事にまでおよぶ。

延文元年正月一日条から写しはじめた信尹であったが、六日条を抜書した後に、『御堂関白記』寛弘五年十二月二十日条の裏書七行が現われた（ここで折り目になっている）。信尹は『御堂関白記』の裏書に気づき、六日条を写した後、道長の記した「廿日」という日付の傍らに、「是者自元ノ筆也（是は元よりの筆なり）」という注記をおこない、日付の「廿」と圏線《けんせん》で結んでいる。そして『御堂関白記』寛弘五年十二月二十日条の裏書を飛ばし、ふたたび七日条以下を写しはじめたのである。

この信尹という人、二十一歳で左大臣《さだいじん》となるが、豊臣秀吉《とよとみひでよし》、ついで秀次《ひでつぐ》が関白《かんぱく》となると、参内《さんだい》もしなくなり、文禄《ぶんろく》の役がはじまると、朝鮮に渡ると称して肥前名護屋《ひぜんなごや》に赴いたので、後陽成《ごようぜい》天皇の勅勘《ちょくかん》を蒙《こうむ》り、薩摩坊津《さつまぼうのつ》に配流《はいる》された。慶長元年（一五九六）に許されて帰京、同十年に関白となった。嗣子《しし》がなかったので後陽成第四皇子信尋《のぶひろ》が家を継いだ。諸芸に優れ、ことに書道においては三藐院流《さんみゃくいんりゅう》を成し、本阿弥光悦《ほんあみこうえつ》・松花堂昭乗《しょうかどうしょうじょう》とともに寛永《かんえい》の三筆《さんぴつ》と称された。

という人物であるが、寛弘五年の紙背にだけ日記を写したうえで、折本を元の巻子本《かんすぼん》に戻し、褾紙を付けた。『御堂関白記』の紙背に信尹が抜書をおこなったことを発見し、褾紙の外題に、「裏有信尹公手跡／自延文元至三年抜書」と書き付けたのは、嗣子の信尋であったという。

以上、ほとんどは名和修氏のご教示によるものである。

終章　再び『御堂関白記』とは何か

これまで、『御堂関白記』の様々な記事を取り上げ、道長《みちなが》の記録の仕方や、記事の内容について解説してきた。ここで改めて、古記録全般について、またその中で『御堂関白記』のもつ特殊性について、いくつかの視点から述べてみたい。

平安貴族と古記録

本来、平安貴族が日記を記した主な目的は、政務や儀式などの公事《くじ》の式次第《しきしだい》を、法令や先例どおりにおこなったかどうかを詳細に記録し、違例《いれい》があればそれを指摘して、後世の子孫や貴族社会、場合によっては同時代の公卿《くぎょう》連中に伝えるということであった。「日記」と呼ばずに「古記録」とか「記録」という呼称の方が、学界では主流である。

元々、中国では「日記」という語は、日付をともなわない考証・随筆・語録・家集などを指すことが多かった。一方、日本では、六国史《りっこくし》など編年体《へんねんたい》の史書や、『西宮記《さいきゅうき》』『北山抄《ほくざんしょう》』などの儀式書《ぎしきしょ》、外記《げき》日記・殿上《てんじょう》日記・近衛府《このえふ》日記など役所の日記、事件の調書としての勘問《かんもん》日記、報告書や注 進状《ちゅうしんじょう》としての事発《じはつ》日記、行事記文や旅行記、日記文学なども、「日記」と称されることもあったものの、日付の有無が日記の要件と考えられたために、日付のある日次《ひなみ》記《き》のことを「日記」と称することが圧倒的に多かった。

平安時代に入ると、天皇以下の皇族、公卿以下の官人が日記を記し、後の時代になると、武家、僧侶、神官、学者、文人から庶民に至るまで、各層の人びとによって記録されている。これは世界的に見ても日本独特の特異な現象であって、日本文化の本質に触れる問題なのである。特に君主が自ら日記を記すということは、日本王権の特性と言えよう。

じつは私は勤務先において、「日記の総合的研究」という共同研究をおこなっている。本来は国際的・学際的・総合的な研究をおこなうのが日文研の共同研究の目的なのだが、どれだけ調べてみても、世界的に見て、ヨーロッパはもちろん、中国や朝鮮諸国にも、古い時代の日記は、ほとんど残っていない。中国では紀元前の漢簡《かんかん》（竹または木の札に書かれた中国漢《かん》時代の文書《もんじょ》や記録）などに記された出張記録などは存在するものの、それ以外では、唐《とう》代の編年体歴史書『大唐創業起居注《だいとうそうぎょうききょちゅう》』が標題通りに唐の起居注（皇帝や国家の重大事の記録）であったとしても、その程度のわずかな起居注や日録《にちろく》をのぞいては清《しん》朝になるまで、朝鮮でも李《り》朝になるまで、まとまった日記は残っていないのである。

中国で日記が書かれなかった最大の理由は、正史《せいし》（『史記《しき》』以下の、王朝による正式な歴史書）が連綿と作られつづけてきたことである。中国では、昔の先例を調べるには、本紀《ほんぎ》・列伝《れつでん》・志《し》・表《ひょう》などからなる紀伝体《きでんたい》で書かれた膨大な正史をひもとけば、だいたいのことはわかるようになっている。

先ほど述べた起居注も、後世にまで残すような性格のものではなかった。皇帝が崩御《ほうぎょ》すると、起居注をまとめた実録《じつろく》が編纂され、王朝が滅んだ際に、次に正統を継いだ（と称する）王朝が国家事業として、前王朝の皇帝ごとの実録を基に正史を編纂した。起居注も実録の原《げん》史料《しりよう》としての役割を終えれば、後は廃棄されることが多かったものと思われる。

これに対し、日本で平安時代以来、宮廷貴族の公家日記が数多く記録されているのは、『日本書紀《にほんしよき》』から始まる正史（六国史）の編纂が延喜《えんぎ》元年（九〇一）に選上された『日本三代実録《にほんさんだいじつろく》』で廃絶してしまったことに起因している。正史が絶えてしまったために、貴族たちが当時の政治の根幹である政務や儀式などの公事の式次第の遂行を確かめたくても、正史を調べることができなくなっていた。

また、それに加えて、単行法令集としての格《きやく》、施行細則としての式《しき》、『内裏式《だいりしき》』『貞観儀《じようがんぎ》式《しき》』など勅撰《ちよくせん》の儀式書も編纂されなくなっていた。

当時は政務や儀式を法令や先例どおりにおこなうことが重んじられたから、正史や格式、儀式書を参照することができない以上、それに代わる先例の准拠《じゆんきよ》として、日記の蓄積が求められたのである。六国史や三代格式、三代儀式が作られていた九世紀以前の日記がほとんど残されていないことからも、それが裏付けられよう。

とはいえ、個々の貴族が日記を書く目的や動機、それに日記そのものの有り様も、じつにさまざまである（『雑筆要集《ざつぴつようしゆう》』という文例集には、「日記には必ずしも式法は無い。ただ日の所に要事を注記するものである」とある）。日記を書き付けた料紙《りようし》もさまざまなら、文字や書きぶりや文法も人によって異なる。我々は残された記事をただ漠然と読むだけではなく、それぞれの日記の記述目的や、その性格や特徴、それぞれの日の記事の意味や背景、さらには写本の違いを、つねに念頭に置きながら、読み解く必要があるのである（時には、何故にこの日のこの出来事を書かなかったのかさえも）。

さて、道長の祖父にあたる藤原師輔《もろすけ》の『九条殿遺誡《くじょうどのゆいかい》』には、朝起きてからおこなうべき行動が記されているが、それによると、属星《ぞくしょう》（生まれた年の干支《かんし》によって決まる北斗七星の中の星）の名を称し、鏡に自分の姿を映して形体の変化をうかがい、次に暦書（具注暦《ぐちゅうれき》）を見て日の吉凶を知り、楊枝《ようじ》（歯の垢をのぞく道具）を取り、手を洗い、仏名《ぶつみょう》を誦し神社を念じ、それから日記を記すようにとある（信じられない話だが、朝飯の前にである）。その詳細は、

年中の行事は、大体はその暦に書き記し、毎日それを見る毎《ごと》に、まずそのことを知り、かねて用意せよ。また、昨日の公事、もしくは私的な内容でやむを得ざる事などは、忽《こつ》忘《ぼう》（すぐ忘れること）に備えるために、いささかその暦に書き記せ。ただし、その中の要枢《ようすう》の公事と君父《くんぷ》（天皇と父）所在の事などは、別に記して後に備えよ。

というものである。この暦の余白（間明《まあ》き）に記したものを暦記《れきき》、別に記したものを別記《べつき》という。

記事が暦面に書ききれない場合や、特に紙背《しはい》（裏面）に記したい事項の場合には、紙背に

記したり（裏書《うらがき》）、白紙を暦に切り継いで書いたり、関連する文書《もんじょ》類を貼り込んだりすることもおこなわれた。また、儀式毎に日記を分類した部類記《ぶるいき》や目録《もくろく》が作られることもあった。記主《きしゅ》本人の記した自筆原本も、道長の『御堂関白記』をはじめ、源俊房《としふさ》の『水左記《すいさき》』（康《こう》平《へい》五年〈一〇六二〉—天仁《てんにん》元年〈一一〇八〉）、吉田《よしだ》経俊《つねとし》の『経俊卿記《つねとしきょうき》』（嘉禎《かてい》三年〈一二三七〉—建治《けんじ》二年〈一二七六〉）、花園《はなぞの》天皇の『花園天皇宸記《はなぞのてんのうしんき》』（延慶《えんきょう》三年〈一三一〇〉—元弘《げんこう》二年〈一三三二〉）などが残されているが、多くはさまざまな人によって書写された写本《しゃほん》の形によって、後世に伝えられた。その際、ただ単に自筆本《じひつぼん》を転写するのではなく、一定の意図をもって記文を選別して書写することがおこなわれた。平信範《のぶのり》の『兵範記《へいはんき》』（長承《ちょうしょう》元年〈一一三二〉—承安《しょうあん》元年〈一一七一〉）や藤原定家《さだいえ》の『明月記《めいげつき》』（治承《じしょう》四年〈一一八〇〉—嘉禎元年〈一二三五〉）のように、記主が自ら記文を選別して清書した自筆本が残されている例もある。

　また、何故に日記を書いたかという問題とは別に、何故に日記が残ったかという問題も存在する。これは私の専門分野から離れるのであるが、何故日記が残ったのかは、先祖の日記を保存しつづけた「家」の存在と、記録＝文化＝権力であるという、日本文化や日本国家の根幹に通じる問題に関わっているのであろう。日本の日記はまさに、個人や家の秘記ではなく、同時代や後世の貴族社会に広く共有された政治・文化現象だったのである。

　なお、道長四世の直系の孫にあたる忠実《ただざね》の言談を筆録した『中外抄《ちゅうがいしょう》』には、摂関《せっかん》の心得と、公事を学ぶための日記を記録する練習法が、大江匡房《おおえのまさふさ》の言葉として、次のように説かれている。

関白《かんぱく》・摂政《せっしょう》は詩を作っても無益である。朝廷の公事が大切である。公事の学び方は、紙三十枚を貼り継いで（巻子《かんす》にして）、大江通国《みちくに》のような学者を傍らに据えて、「只今、馳せ参る」などと書きなされよ。また、「今日は天気が晴れた。召しによって参内《さんだい》した」などと書きなされよ。知らない字があったならば、傍らの学者に問われよ。このような文を二巻も書けば、立派な学者である。四、五巻に及んだならば、文句の付けようのないことである。

当時の摂関に対する認識、日記に対する認識がよくわかる話である。別の箇所では、摂関は漢才《からざえ》がなくても「やまとだましひ（大和魂）」（「漢才」に対比される語。現実に即応して人心を掌握し、実務を処理できる能力）さえあれば天下を治められる。日記を（こちらは）十から二十巻書けばいい、とも言っている。「やまとだましひ」の人であった道長と、その日記である『御堂関白記』を踏まえて言っているのではないかと思えるくらいである。

『御堂関白記』『小右記』『権記』

さて、道長の時代には、『御堂関白記』だけでなく、同時代に書かれた実資《さねすけ》の『小右記《しょうゆうき》』、行成《ゆきなり》の『権記《ごんき》』という、道長の近辺に生きた三人を含めた三種の日記が存在した。この時代

正暦三年	4
四年	1 2 3 4 5 7 11
五年	1
長徳元年	5 6 10
二年	7 8
三年	6 7 9 10 12
四年	3 7
長保元年	3 7 8 9 10 11 12
二年	1 2 3 4 5 9 11 12
三年	1 2 3 10
四年	2 9 10 11
五年	3 12
寛弘元年	1 2 3 4 5 6 7 8 9 ⑨ 10 11 12
二年	1 2 3 4 5 6 7 8 9 10 11 12
三年	1 2 3 4 5 6 7 8 9 10 11 12
四年	1 2 3 4 5 ⑤ 6 7 8 9 10 11 12
五年	1 2 3 4 5 6 7 8 9 10 11 12
六年	1 3 4 5 6 7 8 9 10 11 12
七年	1 2 ② 3 4 5 6 7 8 9 10 11
八年	1 2 3 4 5 6 7 8 9 10 11 12
長和元年	1 4 5 7 8 9 10 ⑩ 11 12
二年	1 2 3 4 5 6 7 8 9 10 12
三年	
四年	4 5 6 ⑥ 7 8 9 10 11 12
五年	1 2 3 4 5 6 10
寛仁元年	1 4 7 8 9 10 11 12
二年	1 2 3 4 ④ 5 6 8 10 11 12
三年	8
四年	
治安元年	1 2 3 12
二年	4 5 7
三年	9 ⑨ 10
万寿元年	6 7
二年	
三年	1

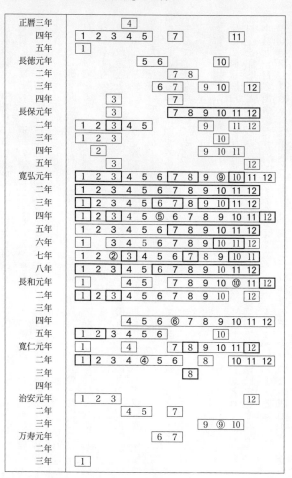

が日本の歴史の中でも、ある意味ではもっとも輝いていた時代であるとも言えるし、同時代の実資と行成という、道長の周辺に生きた二人を含めた三人の優れた日記が残され、同じ出来事についての三者三様の記述を読み解くことができるという、幸運な時代でもあったのである。

ここで『御堂関白記』『小右記』『権記』の三者が揃う年月、そのうちのどれか二つが揃う年月を示してみよう。**□**は『御堂関白記』『権記』『小右記』が揃う月、□はどれか二つが揃う月を示すものである（細字は逸文《いつぶん》を含む月、○囲みは閏月）。

摂関政治と王朝文化の最盛期について、我々はこれらの優れた日記によって、正確かつ精密に知ることができるのである。これはたとえば、前後の兼家《かねいえ》執政期や頼通《よりみち》政権期と比較すると、大きな違いであるが、これはけっして偶然ではない。後世の人びとが、道長と一条《いちじょう》天皇を中心とする時代に関する史料を、准拠すべき先例として意識的に残してきた、あるいは書写してきた結果なのである。

『御堂関白記』の記録状況

次に『御堂関白記』の記録状況を少し分析してみよう。主として道長がどれくらいの割合で日記を記し、どれくらいの分量を書いたかを見てみたい。各年の記録日数とその割合、記録字数と一日の記事あたりの平均字数を数えてみたので、グラフで表示してみる。

ごく初期の長徳・長保年間と、出家《しゅつけ》後の寛仁三年以降をのぞき、だいたい四割から九割の

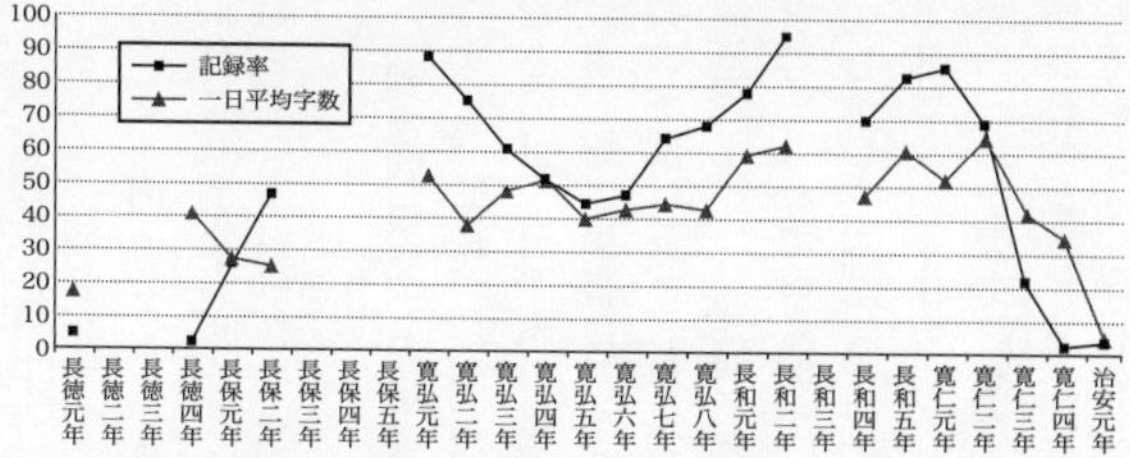

記録率と一日平均字数

間の割合で、道長は日記を記録している。すべての期間を合計すると、六九四〇日のうち、三八三五日に記録しており、五五・二六パーセントになる。寛弘元年と長和年間、寛仁初年に高いのが特徴的である。

寛弘八年の三条《さんじょう》天皇の即位にともなう行事が、公卿社会における儀式の確立をもたらし、記録量の増大につながったことは、先に『権記』を考察した際に推定したことがあるが、それは『御堂関白記』にも当てはまることであった。

また、総字数は一八万八二九〇字、一条あたりの平均は四九・一〇字である。一年毎で平均すると、これも長徳・長保年間と、出家後の寛仁三年以降をのぞいて、一条あたり四十から六十字くらいになる。具注暦の一行に二十から二十五字くらいを書くのが普通であるから、およそ二行から三行くらいになるのであろうか。

ただし、毎日、コンスタントに同じくらいの字数を記していたわけではない。「雨下、」とか「参内、」しか書かない日もあれば、膨大な量の記事を記す日もある。また、たくさん書いた日の次は、少ない字数しか記さないか、休むことが多い。あくまで、平均するとこれくらいという目安である。

さらに、病悩《びょうのう》がつづくと、長期間、書かないことがある。それに何より、自分に都合の悪いこと、怖いこと、どうでもいいことは、記録しないことが多いのである。返す返すも、同時代に実資と行成が生きていてくれて、それぞれ詳細な日記を残しておいてくれたことに感謝せずにはいられない。

『御堂関白記』の裏書

次に、道長が『御堂関白記』を記録した目的について考えてみたい。その問題を解く鍵となるのは、自筆本の紙背《しはい》に記した裏書《うらがき》である。

古記録の裏書に対する従前のイメージは、一般的には、たとえば「書ききれない時は次日条の下部に及び、更に裏書に続くこともある」とあるように（大日本古記録『御堂関白記』解題）、表（具注暦）に書ききれなかったから、仕方なくつづきを紙背（裏）に書いたものと考えられているのではないだろうか。

しかし、『御堂関白記』自筆本に八十一例見られる裏書は、「表に書ききれない→次日条の下部に及ぶ→仕方なく紙背に裏書として記す」といった事情で記されたものは少なく、逆に表の記述を表で終えたうえで、改めて特定の内容を紙背に記録したものが多い。

具体的には、表書と裏書で文脈が切れているものは五十七例を数え、その裏書の内容は、儀式や法会《ほうえ》への出席（時には欠席）、賜禄《しろく》や引出物《ひきでもの》の明細、饗宴《きょうえん》・法会の開始、表の記載とは別の場面といったものである。

まだ表にスペースがあるのに紙背に記したものが十七例（裏書の部分は、紙背に書きたかったからこそ、表をスペースいっぱい使わなかった）、表で切りをよくしたうえで裏書を記したものが四十三例（紙背に書きたい部分のみ、紙背に書いた）、裏書を回避して無理に表だけに記したもの（次日条への「なだれ込み」）が四十八例、という勘定からは、表（具注暦）に書きたくない特別な記事を、わざわざ紙背（裏）に記録したのではないのかという、道長の心性《しんせい》がうかがえる。

また、裏書を回避しようとしたものの、表に書ききれなくて裏書を記したものは、四例に過ぎない。これだけの例しかないということは、裏書は紙背に書きたい部分だけを、紙背に書いたものであることがわかる。

あえて推定してみたが、自筆本を書写した系統の長和二年の平松本《ひらまつぼん》でも、裏書と考えられるものが少なくとも二十四例見られるし、古写本《こしゃほん》や、古写本を書写した系統の寛弘年間の平松本でも、改行があったり、文章が長かったり、内容が切れていたりした場合には、そこから裏書であると考えられる。試みに勘定したところ、少なめに見積もって、古写本で裏書と推定できるものは百七十七例、古写本を書写した寛弘年間の平松本で裏書と推定できるものは五十例を数えた。全部を合わせると、三百三十二例の裏書が推定できる。

すでに述べたように、道長は『小右記』や『権記』など、他の一般的な古記録とは異なり、自分の日記を他人や後世の人びとに見せることを想定していなかった。寛弘七年暦巻上

の標紙《ひようし》見返に、

件《くだん》の記等、披露《ひろう》すべきに非ず。早く破却《はきやく》すべき者なり。

という道長自身による書き付けがあるのが、道長の認識をよく示している。道長はこの日記を、後世に伝えるべき先例としてではなく、自分自身、せいぜい直系の摂関のための備忘録《びぼうろく》として認識していたのであろう。文字の乱雑さや文体の破格さ、抹消のいい加減さは、すべてこの点から説明できる。

そしてわざわざ、紙背に裏書として特別に記録した儀式や法会への出欠、賜禄や引出物の明細、表の記載とは別の場面こそが、道長が意識的に、あるいは無意識に記録して後年（後世ではない）に参考にしようとした項目なのではあるまいか。

自分の主宰した儀式に誰それが出席し（逆に誰それが欠席し）、どの身分の者に何をどれだけ下賜《かし》したか。これこそが、道長が後年にまで記録しておくべき出来事と認識していた事柄であろう。それは儀式の式次第を精確に記録し、それを集積することによって自己の家の存立基盤としようとした実資や、政務や儀式の詳細な記録とともに「王権の秘事」を記録しておくことによって子孫に有利な政治条件を作り出そうとした行成とは、決定的に異なる、まさに王者の日記なのである。

しかし考えてみれば、儀式にどれだけの人を集められるか、その人たちに何を与えるかは、政治の根本でもある。天才的な政治家である道長は、それを鋭敏に察知していたのであろう。

『御堂関白記』における仮名の使用

基本的に漢文で記録する古記録であるが、ごく稀にではあるものの、仮名で記録する場合もある。『権記』などは平仮名を使うのを潔《いさぎよ》しとしないのか、片仮名で記すことが多いのであるが（『小右記』や『権記』は自筆本が残っているわけではないので、実際に記主がどのような仮名で記したのかはわからないが）、『御堂関白記』ではどうであろうか。

考えてみると、日本人である平安貴族が漢文で日記を記すというのは、外国語で日記を記すことなのであり、道長のように大学教育も実務経験もない人にとっては、たいへんな営為だったに違いない。難しい微妙なニュアンスを記録しなければならない文脈において仮名を使いたくなるというのも、わからないでもないのである。

以下に和歌をのぞいて、道長が仮名を使用した箇所を、古写本がどのように書き替えたかも含めて列挙してみよう。これらは網羅的に並べたのではなく、すべての例ではない。特に、「と申」と台詞《せりふ》を終わらせる例は、他にも多数ある。

・寛弘元年（一〇〇四）六月九日（自筆本、頭痛）
　帥来たり、（古写本〈平定家筆〉「帥来、」）

・寛弘元年（一〇〇四）七月十一日（古写本〈平定家筆〉、一条天皇の夢想）
　今朝被御夢、「飲酒御覧せり」者、
・寛弘三年（一〇〇六）七月十四日（平松本〈古写本系〉、興福寺大衆退去）
　衆人奇、「我能行」と思へり、
・寛弘六年（一〇〇九）七月七日（自筆本、賀茂斎院、中宮に琵琶・琴を献上）
「……使者にくるを捕留給禄」云々、（古写本〈師実筆〉「「……使者にくるを捕留給禄」
云々、」）
・寛弘八年（一〇一一）正月六日（自筆本、叙位の大臣の座）
依之上達部ひか事云也、（古写本〈師実筆〉「依之上達部ひか事云也、」）
・寛弘八年（一〇一一）六月二日（自筆本、一条天皇、東宮と対面）
「次東宮御か」云々、（古写本〈師実筆〉「「次東宮御か」云々、」）
又仰云、「彼宮申せ申と思給つる間、早立給つれは不聞也、……」（古写本〈師実筆〉
「又仰云、「彼宮申せ申と思給つる間、早立給つれは更以不聞也……」、」）
御返事云、「暫も可候侍りつるを、承御心地非例由て、久候せむに有憚て、早罷つるな
り、有仰親王事は、無仰とも奉仕事、恐申由可奏」者、（古写本〈師実筆〉「御返事云、
「暫も可候侍りつるを、承御心地非例由せ、久候せむに有憚せ、早罷つるなり、有仰親
王事は、無仰とも可奉仕事、恐申由可奏」者、」）
・寛弘八年（一〇一一）六月十五日（自筆本、一条院、讒言を仰す）

時たは事を被仰、（古写本〈師実筆〉「時たは事を被仰、」）

・寛弘八年（一〇一一）六月二十一日（自筆本、一条院、中宮に御製を賜う）

「……」とおほせられて臥給後、不覚御座、（古写本〈師実筆〉「「……」とおほせ《被仰》られて臥給後《之》、平《不》覚御座、」）

・長和元年（一〇一二）正月十六日（自筆本、藤原顕信、出家）

命云、「有本意所為にこそあらめ、今無云益、早返上、可然事等おきて、可置給者也、」—（古写本〈平定家筆〉「命云、「有本意所為、今云無益、早帰上、可然事等可定置給者也、」」）

・長和元年（一〇一二）正月二十七日（自筆本、右大臣、遅参）

時々かゝる事云人也、（古写本〈平定家筆〉「時々云如是《事》人也、」）

・長和元年（一〇一二）二月三日（自筆本、三条天皇、馬寮の馬を御覧）

是馬興給、はやる馬也、（古写本〈平定家筆〉「是馬興《有》給由馬也、」）

・長和元年（一〇一二）三月二十四日（自筆本、内裏触穢）

「……只一人侍りけり」云々、（古写本〈平定家筆〉「「……只一人侍」云々、」）

・長和二年（一〇一三）三月二十四日（平松本〈自筆本系〉、降雪）

雨降如常、似しぐれ、（古写本〈平定家筆〉「雨降如常、似時雨、」）

・長和二年（一〇一三）四月十四日（平松本〈自筆本系〉、皇太后宮、贈物を中宮に返給）

其詞云、「人有志けるものを」と云々、又返奉給、其詞云、「此返給ゑらはここに侍物も返や奉む」云々、皆、御書あり、（古写本〈平定家筆〉「又返奉給、皆有御書、」）

・長和四年（一〇一五）七月八日（古写本〈師実筆〉、藤原教通、二星会合を見る）

左衛門督云、「夜部二星会合見侍りし」と、「其有様は、……」

・長和四年（一〇一五）十一月十三日（古写本〈師実筆〉、敦平親王、禎子内親王を見る）

「兵部卿親王《向給》枇杷殿おはしぬ」と云々、

・寛仁二年（一〇一八）三月二十四日（自筆本、摂政春日詣の際の闘乱）

「……仍三日無着馬場思侍りしかと源大納言などの尚可着由相示侍りしか着侍り」

云々、（古写本〈平定家筆〉、裏書すべてなし）

・寛仁二年（一〇一八）五月十三日（自筆本、二条第修善）

今日朝間参太内思つるを、依此修善不参入、（古写本〈平定家筆〉「今日朝間欲参大内、依此修善不参入、」）

いずれも、台詞に関わるものが多い。複雑な感情や台詞の微妙なニュアンスは、漢文では表わすことができなかったためにおこなったものであろう。古写本（特に平定家筆）でこれらを漢文風に書き直したり、省略したりしている例が多いのも、容易に読み取れよう。

寛弘八年六月二日の例では、東宮《とうぐう》居貞《おきさだ》親王の一条天皇に対する伝言を、より精確に、漏らすことなく記録するために、一条と居貞の台詞の部分を、それぞれ仮名で記したのであろう。裏書として、文字も大きく、綺麗に記していることは、先に述べた。

寛弘三年七月十四日や寛弘八年六月二十一日の例では、道長が仮名で記したものを、古写本の書写者が仮名を抹消し、漢文に直して傍書《ぼうしょ》している。

また、長和二年四月十四日の例は、彰子《しょうし》と妍子《けんし》の間に交わされた書状を記録したものであるが、女性の手になる仮名書きの書状を、道長が写したものであろう。古写本（平定家筆）では、この書状の中味は、すべて省略されている。

以上、仮名書きを通して、道長の記録の心性の一端を探ってみた。なお、原文の多くは独《どく》草体《そうたい》の「草仮名《そうがな》」（半平仮名《はんひらがな》とも）と呼ばれる、万葉仮名《まんようがな》から平仮名へ発達する中間段階として用いられた仮名と平仮名が混在したものである。自筆本の仮名表記と古写本の仮名表記の時代による違いを楽しんでみるのも一興であろう。

『御堂関白記』の長い記事

最後に、道長が例外的にきわめて長い記事を記録した例を表示してみることにしよう（それでも『小右記』や『権記』にくらべると短いし、『小右記』などではこのくらいは毎日のことだったのではあるが）。道長にとって、これらこそが、自己と自己の家にとって、必ず残しておくべき先例としての「盛儀」だったのである（やる気と記憶と手許の資料と健康状態にもよったのであろうが）。

長和元年から長い記事が増えてくるのがわかるが、道長がどのような行事に対して、長大な記録を残そうとしていたかが読み取れよう。

寛弘元年	二月五日	頼通春日祭勅使出立の儀（531字）
寛弘二年	十月十九日	木幡浄妙寺三昧堂供養（653字）
寛弘三年	三月四日	東三条第花宴・一条院内裏遷御（520字）
寛弘三年	七月三日	神鏡改鋳定（445字）
寛弘三年	九月二十二日	一条天皇土御門第行幸（562字）
寛弘四年	四月二十五日	内裏密宴（442字）
寛弘四年	八月十一日	金峯山詣（397字）
寛弘五年	十月十六日	土御門第行幸（548字）
寛弘七年	正月十五日	皇子敦良五十日の儀（524字）
寛弘七年	三月十八日	内裏仏経供養（583字）
寛弘七年	七月十七日	敦康親王元服（704字）
寛弘七年	十一月二十八日	一条院内裏遷御（435字）
寛弘八年	八月十一日	一条院七七日法会／内裏遷幸（456字）
長和元年	二月十四日	姸子立后（456字）
長和元年	四月二十七日	姸子内裏参入／娍子立后／教通婚儀（449字）
長和元年	十月二十日	威子着裳（402字）
長和元年	閏十月二十七日	大嘗会御禊（1101字）
長和元年	十一月十七日	御馬御覧（567字）
長和元年	十一月二十二日	大嘗会（412字）

長和二年	正月十日	東宮朝覲行啓（６２８字）
長和二年	三月二十三日	敦儀・敦平親王元服（７０４字）
長和二年	四月十三日	妍子土御門第還啓（６８９字）
長和二年	九月十六日	三条天皇土御門第行幸（９５５字）
長和四年	四月七日	禎子内親王着袴（４６１字）
長和四年	十月二十五日	道長五十歳算賀（６３８字）
長和四年	十月二十八日	頼通任大将（４８２字）
長和四年	十二月四日	敦良親王読書始（４９３字）
長和五年	正月二十九日	三条天皇譲位／後一条天皇践祚／道長摂政（６３６字）
寛仁元年	四月三日	教通任大将（５４５字）
寛仁元年	八月二十一日	東宮慶賀参内（４７６字）
寛仁元年	十二月四日	道長任太政大臣（６４８字）
寛仁二年	正月三日	後一条天皇元服（１１３４字）
寛仁二年	三月二十四日	摂政春日詣の際の闘乱（４９０字）
寛仁二年	十月十六日	威子立后（６３３字）
寛仁二年	十月二十二日	後一条天皇土御門第行幸／三后対面（１８６９字）

ただし、『御堂関白記』の書きはじめの頃は漢文にも習熟しておらず、長い記事を書くことはできなかった。彰子立后《しょうしりつごう》などが比較的短く記されているのは、そのためであろう。ま

た、いったいに皇子誕生の記事は短い。男性である道長は、いくら自分の女《むすめ》の御産だとはいっても、出産の場に立ち会うことができないことによるものであろう（嬉しくて日記どころではなかったであろうが）。

しかし、式次第《しきしだい》を記したメモを持って儀式に参列し、違例や出席者、細かい所作をそれに書き記して、それを基に日記を記録した、あるいはそのメモをそのまま貼り継いだであろう実資とは異なり、道長はどのようにしてこれらの長い記事を記したのであろう。

ほとんどの儀式をみずから主宰していたのであるから、その最中にメモを取るわけにもいかず、何か式次第を記した書き付けでも基にして記したのであろうか。そもそも、あれだけのスペースしかない具注暦に、たとえ紙背にまで記したとしても、どうやってこれらの長い記事を記したのであろう。現存する自筆本では、具注暦を切ってその間に紙を挿んで貼り継いだものは見られない。

特に、長い裏書を記した場合、次の日に裏書を記そうとすると、一日分のスペース（三行分）しか、紙背には残されていない。しかし道長は、このような場合でさえも、次の日の裏書を記しはじめる箇書をうまく案配して、具注暦の中で収めている。そうすると、そのまた次の日には裏書を記すスペースはなくなるわけであるが、その次の日に裏書を記した例は、現存する自筆本では見られない。まとめて何日分かを記したのでないかぎり、どうすれば、そのようなことが可能となるのであろうか。

『御堂関白記』の謎は、ますます深まるばかりである。

おわりに

寛仁《かんにん》二年（一〇一八）に「一家三后《いっかさんごう》」を現出させ、寛仁三年（一〇一九）に出家《しゅっけ》し、寛仁四年（一〇二〇）に無量寿院《むりょうじゅいん》の落慶供養《らっけいくよう》をおこなった道長《みちなが》の日記は、治安《じあん》元年（一〇二一）九月の念仏の記事で終わっている。

しかし、道長自身は、あと六年の余生を送っている。その間、万寿《まんじゅ》二年（一〇二五）七月には小一条院《こいちじょういん》（敦明《あつあきら》親王）女御《にょうご》となっていた寛子《かんし》、八月には東宮敦良《とうぐうあつなが》親王妃《ひ》の嬉子《きし》、万寿四年（一〇二七）五月には出家していた顕信《あきのぶ》、九月には三条《さんじょう》天皇中宮《ちゅうぐう》であった妍子《けんし》を、つぎつぎと喪《うしな》っている。結果的には、「望月」は確実に欠けていったのである。道長が法成寺阿弥《ほうじょうじあみ》陀堂《だどう》の九体阿弥陀像《くたいあみだぞう》の前で極楽《ごくらく》（『栄花物語』によると下品下生《げぼんげしょう》だとか）に旅立ったのは、妍子崩御《ほうぎょ》の三ヵ月後、十二月四日のことであった。

道長の墓は、木幡《こはた》に造営《ぞうえい》した浄妙寺《じょうみょうじ》の東に営まれた。現在、浄妙寺は、本堂である法華《ほっけ》三昧堂《さんまいどう》と多宝塔《たほうとう》の遺構が、木幡小学校敷地の発掘調査によって確認されている。

頼通《よりみち》が康平《こうへい》五年（一〇六二）に道長の墓を訪れた際に平定家《さだいえ》が記した『定家朝臣記《さだいえあそんき》』（『康《こう》平記《へいき》』）によると、浄妙寺の大門から東行して道長の墓に到り、奉拝《ほうはい》してから改めて寺門を入り、三昧堂に到っている。木幡小学校の東側の茶畑は「ジョウメンジ墓」と通称されていたことから、このあたりに道長の墓があった可能性が高い（「ジョウメンジ」は「浄妙寺」

ジョウメンジ墓

の転訛《てんか》したもの）。おそらくは茶畑の東側のフェンスで囲まれた某修道院の敷地あたりであろう。

なお、昭和十二年（一九三七）にこの茶畑から出土したと伝える青磁水注《せいじすいちゅう》（高二一・七センチ、底径八センチ、口径九・六センチ、京都国立博物館蔵）は、五代《ごだい》（九〇七―九六〇）もしくは北宋《ほくそう》時代（九六〇―一一二七）のごく初期に、中国浙江省《せっこうしょう》の越州窯《えつしゅうがま》で焼かれたものと考えられ、藤原氏の誰かの墓に副葬されたものとされる。越州窯青磁の輸入品でも、これほどの大型品は多くなく、当時、「秘《ひ》色《そく》」と呼ばれた優品である。これを道長の骨壺であると指摘する考えもあることを付記しておく。

道長の死後半年を経た長元《ちょうげん》元年（一〇二八）六月、東国で平忠常《ただつね》の乱が勃発した。長元九年（一〇三六）四月には後一条《ごいちじょう》天皇、九月には威子《いし》が崩御。そして永承《えいしょう》六年（一〇五一）には前九年《ぜんくねん》の役が勃発し、翌永承七年（一〇五二）に末法《まつぽう》の世に入った。頼通は宇治別業《うじのべつぎょう》を平等院《びょうどういん》とし、翌天喜《てんぎ》元年（一〇五三）に阿弥陀堂《あみだどう》（「鳳凰堂《ほうおうどう》」）を落成している。康平元年（一〇五八）には法成寺も全焼してしまった。彼らの世は、確実に終焉を迎えていたのである。

それでは最後に長年の夢を述べて、この本を閉じることにしよう。道長は源倫子《りんし》と土御門《つちみかど》第《てい》で同居していたが、もう一人、室がいた。近衛御門《このえみかど》に住んでいた源明子《めいし》である。道長が『御堂関白記』を記した具注暦《ぐちゆうれき》は、通常は土御門第に置かれていたのであるが、道長は明子のいた近衛御門には具注暦は置いていなかったのであろうか。道長が明子の許《もと》を訪れた際には日帰りのことが多いのであるが、泊まる場合もあった。

一々具注暦を持って明子の許を訪れるというのも面倒であろうから、もう一セット、具注暦を造らせて、そちらにも置いておくというのは、あながち荒唐無稽な想像ではあるまい。とすれば、道長が明子の許にいた期間の日記は、土御門第に帰ってきてから記すというよりも、近衛御門に置いてある具注暦に記すと考えた方が自然であろう。

そう、「もう一つの『御堂関白記』」ということである。道長はそこにどのような記事を記していたのであろうか。そして明子や倫子のことをどのように記していたのであろうか。

私の夢は、いつの日か、「もう一つの『御堂関白記』」の断簡《だんかん》か逸文《いつぶん》が発見されて、それを読むことである。明子が産んだ頼宗《よりむね》や能信《よしのぶ》、長家《ながいえ》の子孫が伝えていてくれればと、願うばかりである。頼宗の子孫には『中右記《ちゆうゆうき》』を記した宗忠《むねただ》、長家の子孫にはあの定家《さだいえ》がいるのである。

二〇一二年九月　　金峯山にて　　　　著者識す

年譜

年次	西暦	天皇	年齢	官職	事績	参考事項
康保三年	九六六	村上	一		是歳、藤原兼家の五男として誕生	
安和二年	九六九	冷泉／円融	四			二月、兼家中納言
天元元年	九七八	円融	一三			十月、兼家右大臣
天元三年	九八〇	円融	一五		正月、叙爵	正月、母時姫卒去 六月、懐仁親王誕生
永観元年	九八三	円融	一八	侍従		
永観二年	九八四	円融／花山	一九	右兵衛権佐	四月、東宮昇殿	
寛和二年	九八六	花山／一条	二一	蔵人 少納言 兼左少将	二月、昇殿 六月、昇殿 十一月、禁色	六月、花山天皇出家／一条天皇即位 兼家摂政 七月、居貞親王立太子
永延元年	九八七	一条	二二	兼左京大夫	十二月、源倫子と結婚	
永延二年	九八八	一条	二三	権中納言	是歳、源明子と結婚	十一月、尾張国郡司百姓、守を愁

					是歳、倫子、彰子出産	訴
永祚元年	九八九	一条	二四	兼右衛門督		二月、道隆内大臣
正暦元年	九九〇	一条	二五	兼中宮大夫		五月、道隆摂政 七月、兼家薨去 十月、定子中宮
正暦二年	九九一	一条	二六	権大納言		二月、円融院崩御 九月、詮子出家、東三条院となる
正暦三年	九九二	一条	二七		正月、倫子、頼通出産	
正暦四年	九九三	一条	二八		是歳、明子、頼宗出産	四月、道隆関白
正暦五年	九九四	一条	二九		三月、倫子、妍子出産 是歳、明子、顕信出産	五月、東宮王子敦明誕生 八月、道兼右大臣、伊周内大臣
長徳元年	九九五	一条	三〇	兼左大将 内覧 右大臣	六月、氏長者 是歳、明子、能信出産	四月、道隆薨去 五月、道兼薨去
長徳二年	九九六	一条	三一	左大臣	六月、倫子、教通出産	四月、伊周・隆家左遷 七月、公季女義子入内 十一月、顕光女元子入内 十二月、定子、脩子内親王出産

長徳三年	九九七	一条	三二		夏、病悩	十二月、伊周帰京
長徳四年	九九八	一条	三三		十一月、頼通童殿上	二月、道兼女尊子入内
長保元年	九九九	一条	三四		二月、彰子着裳 十一月、彰子入内、女御 十二月、倫子、威子出産	十一月、定子、敦康親王出産
長保二年	一〇〇〇	一条	三五		二月、彰子中宮	二月、定子皇后 十二月、定子、媄子内親王出産、崩御
長保三年	一〇〇一	一条	三六			閏十二月、詮子崩御
長保五年	一〇〇三	一条	三八		二月、頼通元服	
寛弘二年	一〇〇五	一条	四〇		八月、明子、長家出産 十月、浄妙寺三昧堂落慶	十一月、伊周朝議に参与
寛弘三年	一〇〇六	一条	四一		十二月、教通・能信元服 十二月、法性寺に五大	三月、東三条第で花宴 十二月、紫式部、彰子に出仕

					堂建立	
寛弘四年	一〇〇七	一条	四二		正月、倫子、嬉子出産 八月、金峯山詣、金銅経筒を埋納 十二月、浄妙寺多宝塔落慶	三月、土御門第で曲水宴
寛弘五年	一〇〇八	一条	四三		九月、彰子、敦成親王出産	二月、花山院崩御
寛弘六年	一〇〇九	一条	四四		十一月、彰子、敦良親王出産 是歳、頼通、隆姫女王と結婚	二月、伊周の朝参停止
寛弘七年	一〇一〇	一条	四五		二月、妍子、東宮妃となる	
寛弘八年	一〇一一	一条／三条	四六	内覧	六月、敦成親王立太子 八月、関白を固辞し内覧となる 八月、妍子女御	六月、一条院崩御 八月、娍子女御 十月、冷泉院崩御

長和元年	一〇一二	三条	四七		二月、妍子中宮	四月、娍子皇后
長和二年	一〇一三	三条	四八		七月、妍子、禎子内親王出産	
長和四年	一〇一五	三条	五〇	准摂政	十月、五十歳の算賀 十月、摂政に准じ除目・官奏を行なう	
長和五年	一〇一六	三条／後一条	五一	摂政	七月、土御門第焼亡 十二月、左大臣を辞任	正月、敦明親王立太子
寛仁元年	一〇一七	後一条	五二	太政大臣	三月、摂政を辞任、頼通摂政	五月、三条院崩御 八月、敦明親王東宮を辞し、敦良親王立太子
寛仁二年	一〇一八	後一条	五三	辞官	正月、後一条天皇元服、彰子太皇太后 三月、威子入内 十月、妍子皇太后、威子中宮	十二月、敦康親王薨去

寛仁三年	一〇一九	後一条	五四	出家	五月、准三宮 十二月、頼通関白	四月、刀伊の入寇
寛仁四年	一〇二〇	後一条	五五		三月、無量寿院落慶	
治安元年	一〇二一	後一条	五六		二月、倫子出家	
治安二年	一〇二二	後一条	五七		七月、法成寺金堂落慶	七月、後一条天皇、法成寺行幸
万寿二年	一〇二五	後一条	六〇		七月、寛子薨去 八月、嬉子薨去	
万寿三年	一〇二六	後一条	六一		正月、彰子出家、上東門院となる	
万寿四年	一〇二七	後一条	六二		五月、顕信薨去 九月、妍子崩御 十二月四日、薨去 七日、鳥辺野で葬送、木幡に埋葬	十一月、後一条天皇、法成寺行幸

略系図

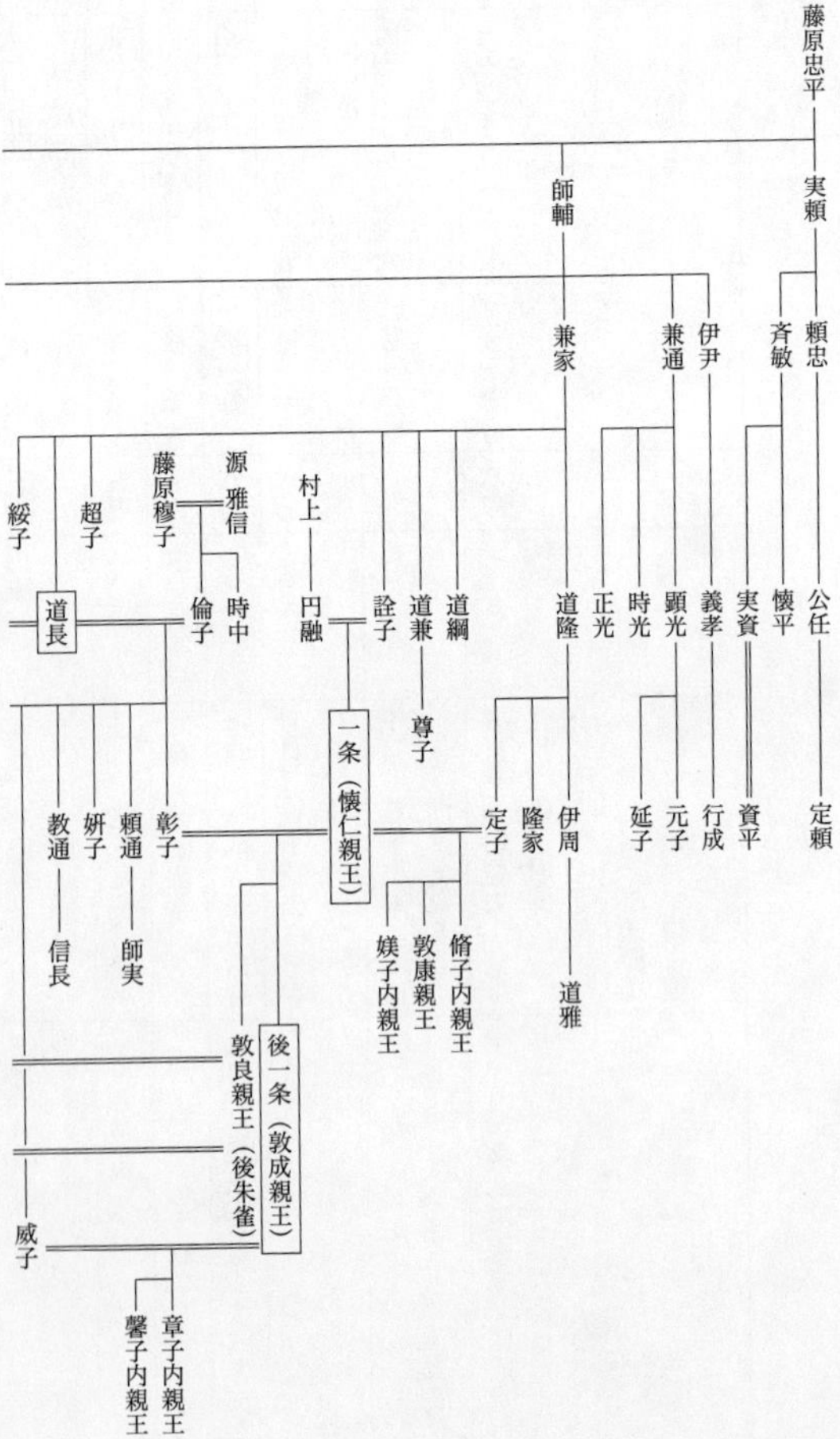
藤原忠平
実頼
師輔
頼忠
斉敏
伊尹
兼通
兼家
公任
懐平
実資
義孝
顕光
時光
正光
道隆
道綱
道兼
詮子
円融
村上
源雅信
藤原穆子
時中
倫子
超子
綏子
道長
定頼
資平
行成
元子
延子
伊周
隆家
定子
尊子
一条（懐仁親王）
脩子内親王
敦康親王
媄子内親王
道雅
彰子
頼通
妍子
教通
師実
信長
後一条（敦成親王）
敦良親王（後朱雀）
威子
章子内親王
馨子内親王

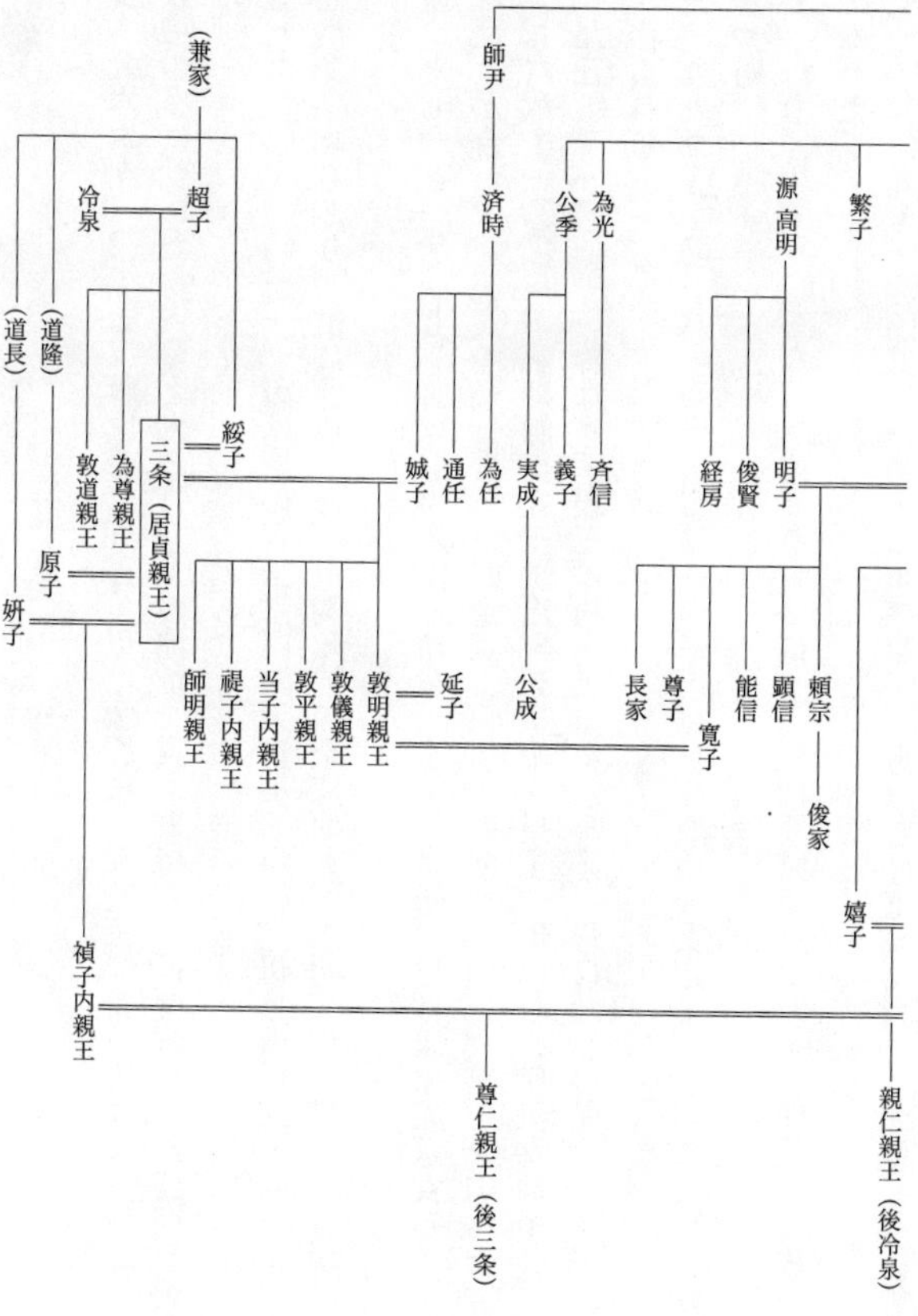
（兼家）
超子
冷泉
綏子
（道隆）
（道長）
為尊親王
敦道親王
三条（居貞親王）
原子
妍子
禎子内親王
師尹
済時
為任
通任
娍子
公季
義子
実成
公成
為光
斉信
源高明
明子
俊賢
経房
繁子
頼宗
顕信
能信
寛子
尊子
長家
俊家
嬉子
敦明親王
延子
敦儀親王
敦平親王
当子内親王
禔子内親王
師明親王
尊仁親王（後三条）
親仁親王（後冷泉）

主な登場人物

藤原道長　九六六〜一〇二七　藤原兼家五男。母は藤原中正女時姫。長徳元年に内覧となって、政権の座に就いた。内覧と太政官一上の地位を長く維持し、摂関政治の最盛期を現出させた。

一条天皇　九八〇〜一〇一一　諱は懐仁親王。円融天皇第一皇子。母は藤原兼家女詮子。温厚な性格で学才もあり、笛に練達した。摂関政治の全盛期と、王朝文化の最盛期を現出させた。

三条天皇　九七六〜一〇一七　諱は居貞親王。冷泉天皇第二皇子。母は藤原兼家女超子。道長とは反りが合わず、実資を頼りとした。道長は天皇の眼病を理由に、譲位を迫った。

花山院　九六八〜一〇〇八　諱は師貞親王。冷泉天皇第一皇子。母は藤原伊尹女懐子。

冷泉院　九五〇〜一〇一一　諱は憲平親王。村上天皇第二皇子。母は藤原師輔女安子。狂気説話が作られる。

敦康親王　九九九〜一〇一八　一条天皇第一皇子。母は藤原道隆女定子。ついに東宮とはなれなかった。

敦成親王　一〇〇八〜一〇三六　一条天皇第二皇子。母は藤原道長女彰子。即位して後一条天皇となった。

敦良親王　一〇〇九〜一〇四五　一条天皇第三皇子。母は藤原道長女彰子。即位して後朱雀天皇となり、皇統を伝えた。

脩子内親王　九九六～一〇四九　一条天皇第一皇女。母は藤原道隆女定子。一品に叙され、准三宮となった。

媄子内親王　一〇〇〇～一〇〇八　一条天皇第二皇女。母は藤原道隆女定子。清少納言も媄子女房として出仕した。

敦明親王　九九四～一〇五一　三条天皇第一皇子。母は藤原済時女娍子。東宮となったが、後に辞退した。

禎子内親王　一〇一三～一〇九四　三条天皇第三皇女。母は藤原妍子。東宮敦良親王（後の後朱雀天皇）の妃となり、尊仁親王（後の後三条天皇）を産む。長暦元年に中宮、更に皇后、永承六年に皇太后となり、治暦四年に後三条天皇の即位に伴い、太皇太后となった。延久元年に陽明門院の称号を受け女院となった。

藤原詮子　九六二～一〇〇一　藤原兼家二女。一条天皇生母で、東三条院となった。道長の政権掌握に果たした役割は大きかった。

藤原定子　九七六～一〇〇〇　藤原道隆一女。一条天皇皇后。敦康親王等を産む。彰子立后に伴い皇后となった。

藤原彰子　九八八～一〇七四　藤原道長一女。母は源倫子。一条天皇中宮。敦成親王（後の後一条天皇）、敦良親王（後の後朱雀天皇）を産む。後に上東門院の称号を受け女院となった。

藤原妍子 九九四〜一〇二七 藤原道長二女。母は源倫子。三条天皇中宮。禎子内親王を産む。

藤原威子 九九九〜一〇三六 藤原道長三女。母は源倫子。後一条天皇中宮。立后によって一家三后が現出した。

藤原娍子 九七二〜一〇二五 藤原済時一女。東宮妃として入侍、敦明親王等を産んだ。三条天皇皇后となる。

藤原元子 生没年未詳 藤原顕光女。一条天皇女御。後に源頼定の妾妻となった。

藤原頼通 九九二〜一〇七四 藤原道長一男。母は源倫子。五十一年間も摂関の座にあった。平等院を造営した。

藤原道隆 九五三〜九九五 藤原兼家一男。母は時姫。藤原兼家の関白を継いだ。中関白と称された。

藤原道綱 九五五〜一〇二〇 藤原兼家二男。母は藤原倫寧女。政治的な手腕や才能には乏しかった。

藤原伊周 九七四〜一〇一〇 藤原道隆嫡男。父関白病間の内覧宣旨を受けたが、後に大宰府に左遷された。

藤原顕光 九四四〜一〇二一 藤原兼通一男。母は昭子女王。左大臣に至る。官人としての資質に乏しかった。

藤原公季 九五七〜一〇二九 藤原師輔十一男。長く内大臣を勤め、太政大臣に至った。閑院流の祖となった。

藤原実資　九五七〜一〇四六　藤原斉敏三男、藤原実頼養子。右大将を長く兼帯。「賢人右府」と称された。日記『小右記』を残した。

藤原公任　九六六〜一〇四一　藤原頼忠一男。歌人、歌学者としても有名。多才で有能な政務家でもあった。

藤原行成　九七二〜一〇二七　藤原義孝男。一条天皇・道長の側近的立場にあった。日記『権記』を残した。

源倫子　九六四〜一〇五三　源雅信女。道長の嫡室として頼通・彰子等を儲けた。准三宮となった。

源明子　九六五頃〜一〇四九　源高明女。道長の室となったが、倫子に比べ低く扱われていた。

安倍晴明　九二一〜一〇〇五　陰陽師。摂関家をはじめとする当時の貴紳に重用され、勘申や祭を行なった。

観修　九四五〜一〇〇八　天台寺門派の僧。貴紳の病に際しては度々加持を行ない、特に道長の信任を得た。

関係地図（平安京北半・北辺）

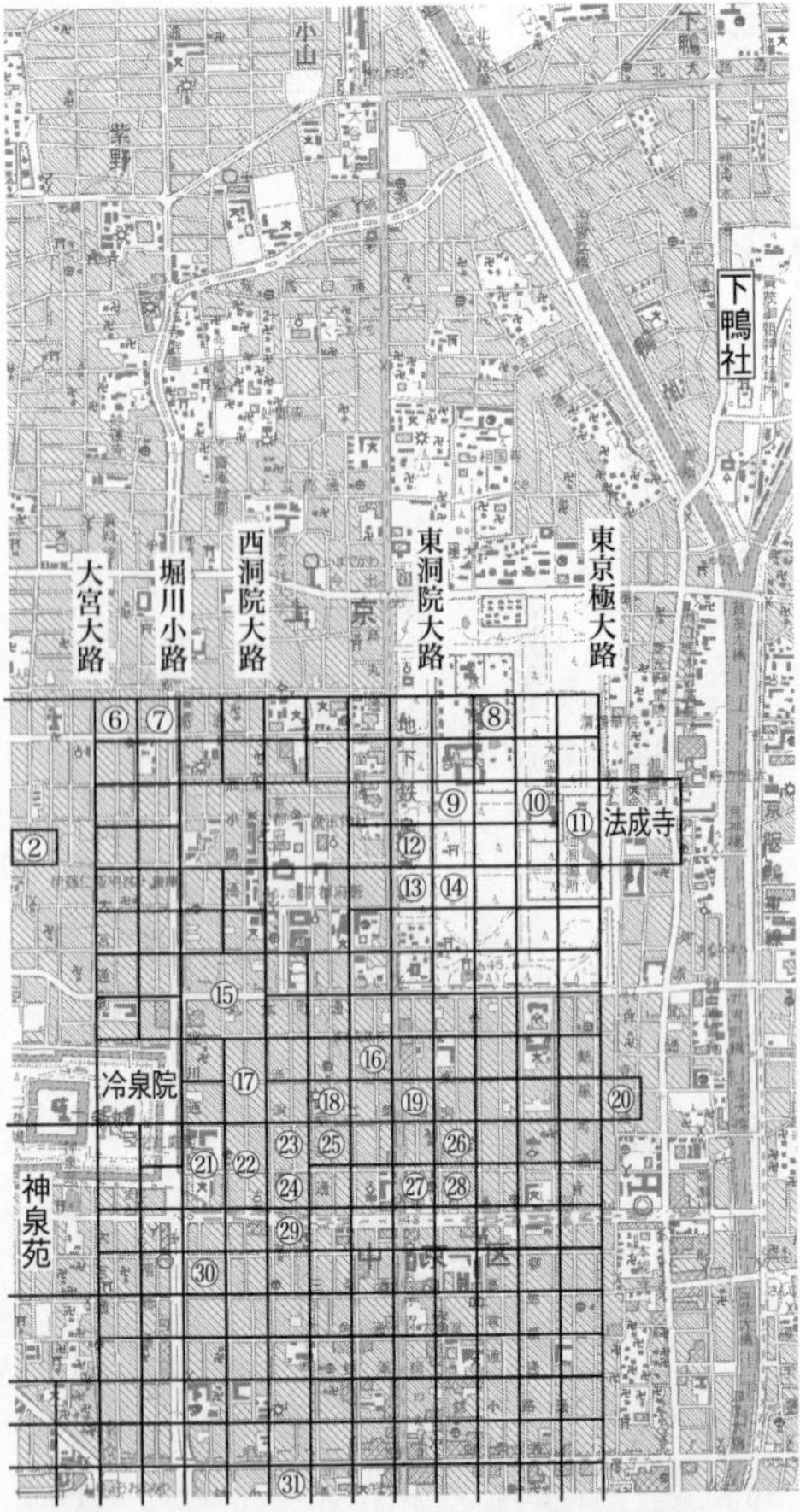

国土地理院発行1/25,000地形図「京都東北部」「京都西北部」を基に、縮小・加筆して作成。

（道隆）㉖小二条第（教通）㉗三条院（道長）㉘竹三条宮 ㉙高松殿（源明子）
㉚三条第（行成）㉛四条宮（公任）

①中和院　②職曹司　③小安殿　④大極殿　⑤太政官庁　⑥一条院（道長）⑦一条院別納（道長）⑧一条第（道長）⑨高倉第（頼通）⑩鷹司殿（源倫子）⑪土御門第（道長）⑫枇杷殿（道長）⑬小一条院　⑭花山院　⑮高陽院（頼通）⑯小野宮（実資）⑰陽成院　⑱町尻殿（道兼）⑲二条第（道長）⑳法興院　㉑堀河殿（顕光）㉒閑院（公季）㉓東三条第（道長）㉔東三条第南院（道長）㉕室町第

主要参考文献

『日本古典全集　御堂關白記』與謝野寛・正宗敦夫・與謝野晶子編纂校訂　日本古典全集刊行會　一九二六年
『近衛公爵家世寶　御堂關白記　具注暦・自筆本』立命館出版部編（黒板勝美解説）　立命館出版部　一九三六年
『大日本古記録　御堂関白記』　東京大学史料編纂所・陽明文庫編纂　岩波書店　一九五二～一九五四年
『陽明叢書　御堂関白記』　陽明文庫編　思文閣出版　一九八三～一九八四年
『御堂関白記全註釈』　山中裕編　国書刊行会・高科書店・思文閣出版　一九八五～二〇一〇年
『藤原道長「御堂関白記」全現代語訳』　倉本一宏訳　講談社　二〇〇九年
『藤原行成「権記」全現代語訳』　倉本一宏訳　講談社　二〇一一～二〇一二年
『現代語訳　小右記』　倉本一宏編　吉川弘文館　二〇一五～二〇二三年
国際日本文化研究センター「摂関期古記録データベース」（https://rakusai.nichibun.ac.jp/kokiroku/）
倉本一宏『摂関政治と王朝貴族』　吉川弘文館　二〇〇〇年
倉本一宏『一条天皇』　吉川弘文館　二〇〇三年
倉本一宏『平安貴族の夢分析』　吉川弘文館　二〇〇八年
倉本一宏『三条天皇』　ミネルヴァ書房　二〇一〇年
倉本一宏『藤原道長の日常生活』　講談社　二〇一三年
倉本一宏『藤原道長の権力と欲望　「御堂関白記」を読む』　文藝春秋　二〇一三年
倉本一宏『『御堂関白記』の研究』　思文閣出版　二〇一八年

倉本一宏『紫式部と藤原道長』 講談社 二〇二三年
上島享『日本中世社会の形成と王権』 名古屋大学出版会 二〇一〇年
大津透『日本の歴史06 道長と宮廷社会』 講談社 二〇〇一年
尾上陽介『中世の日記の世界』 山川出版社 二〇〇三年
田山信郎『記録―特に平安期の日記について―』 岩波書店 一九三五年
土田直鎮『日本の歴史5 王朝の貴族』 中央公論社 一九六五年
藤本孝一『中世史料学叢論』 思文閣出版 二〇〇九年
松薗斉『日記の家』 吉川弘文館 一九九七年
松薗斉『王朝日記論』 法政大学出版局 二〇〇六年
峰岸明『平安時代古記録の國語學的研究』 東京大学出版会 一九八六年
桃裕行『桃裕行著作集 第四巻 古記録の研究 上』 思文閣出版 一九八八年
古川麒一郎・岡田芳朗・伊東和彦・大谷光男編『日本暦日総覧 具注暦篇 古代後期』 本の友社 一九九二年
山中裕編『古記録と日記』 思文閣出版 一九九三年
阿部秋生「藤原道長の日記の諸本について」『日本学士院紀要』第八巻第二・三号 一九五〇年
池田尚隆「『御堂関白記』ノート」『山梨大学教育学部研究報告 第一分冊 人文社会科学系』第三八号 一九八七年
倉本一宏「『御堂関白記』古写本を書写した「某」」『日本歴史』第八九六号 二〇二三年
名和修「『御堂関白記』余話」『土車』第六八号 一九九三年

KODANSHA

本書の原本は、二〇一三年に講談社選書メチエより刊行されました。

倉本一宏（くらもと　かずひろ）

1958年，三重県津市生まれ。東京大学文学部国史学専修課程卒業。同大学大学院人文科学研究科国史学専門課程博士課程単位修得退学。博士（文学，東京大学）。国際日本文化研究センター名誉教授。専門は日本古代政治史，古記録学。主な著訳編書に『藤原道長の日常生活』『戦争の日本古代史』『平安京の下級官人』『一条天皇』『藤原氏』『藤原道長「御堂関白記」全現代語訳』『藤原行成「権記」全現代語訳』『現代語訳　小右記』など。

講談社学術文庫

定価はカバーに表示してあります。

藤原道長《ふじわらのみちなが》「御堂関白記《みどうかんぱくき》」を読《よ》む

倉本一宏《くらもとかずひろ》

2023年11月7日　第1刷発行
2024年10月3日　第4刷発行

発行者　篠木和久
発行所　株式会社講談社
東京都文京区音羽 2-12-21 〒112-8001
電話　編集（03）5395-3512
販売（03）5395-5817
業務（03）5395-3615

装　幀　蟹江征治
印　刷　株式会社広済堂ネクスト
製　本　株式会社国宝社
本文データ制作　講談社デジタル製作

© KURAMOTO Kazuhiro　2023　Printed in Japan

落丁本・乱丁本は，購入書店名を明記のうえ，小社業務宛にお送りください。送料小社負担にてお取替えします。なお，この本についてのお問い合わせは「学術文庫」宛にお願いいたします。
本書のコピー，スキャン，デジタル化等の無断複製は著作権法上での例外を除き禁じられています。本書を代行業者等の第三者に依頼してスキャンやデジタル化することはたとえ個人や家庭内の利用でも著作権法違反です。Ⓡ〈日本複製権センター委託出版物〉

ISBN978-4-06-532229-1

「講談社学術文庫」の刊行に当たって

これは、学術をポケットに入れることをモットーとして生まれた文庫である。学術は少年の心を養い、成年の心を満たす。その学術がポケットにはいる形で、万人のものになることは、生涯教育をうたう現代の理想である。

こうした考え方は、学術を巨大な城のように見る世間の常識に反するかもしれない。また、一部の人たちからは、学術の権威をおとすものと非難されるかもしれない。しかし、それはいずれも学術の新しい在り方を解しないものといわざるをえない。

学術は、まず魔術への挑戦から始まった。やがて、いわゆる常識をつぎつぎに改めていった。学術の権威は、幾百年、幾千年にわたる、苦しい戦いの成果である。こうしてきずきあげられた城が、一見して近づきがたいものにうつるのは、そのためである。しかし、学術の権威を、その形の上だけで判断してはならない。その生成のあとをかえりみれば、その根は常に人々の生活の中にあった。学術が大きな力たりうるのはそのためであって、生活をはなれた学術は、どこにもない。

開かれた社会といわれる現代にとって、これはまったく自明である。生活と学術との間に、もし距離があるとすれば、何をおいてもこれを埋めねばならない。もしこの距離が形の上の迷信からきているとすれば、その迷信をうち破らねばならぬ。

学術文庫は、内外の迷信を打破し、学術のために新しい天地をひらく意図をもって生まれた。文庫という小さい形と、学術という壮大な城とが、完全に両立するためには、なおいくらかの時を必要とするであろう。しかし、学術をポケットにした社会が、人間の生活にとってより豊かな社会であることは、たしかである。そうした社会の実現のために、文庫の世界に新しいジャンルを加えることができれば幸いである。

一九七六年六月

野間省一

日本の古典

1814
松尾芭蕉著／ドナルド・キーン訳
英文収録 **おくのほそ道**

元禄二年、曾良を伴い奥羽・北陸の歌枕を訪い綴った文学史上に輝く傑作。磨き抜かれた文章、鏤められた数々の名句、わび・さび・かるみの心を、いかに英語にうつせるか。名手キーン氏の訳で芭蕉の名作を読む。

1943
白石良夫全訳注
本居宣長「うひ山ぶみ」

「漢意《からごころ》」を排し「やまとたましい」を堅持して、真実の「いにしえの道」へと至る。古学の扱う範囲や目的と研究方法、学ぶ者の心構え、近世古学の歴史的意味等、国学の偉人が弟子に教えた学問の要諦とは？

1947〜1949
倉本一宏訳
藤原道長「御堂関白記」（上）（中）（下）全現代語訳

摂関政治の最盛期を築いた道長。豪放磊落な筆致と独自の文体で描かれる宮廷政治と日常生活。平安貴族が活動した世界とはどのようなものだったのか。自筆本・古写本・新写本などからの初めての現代語訳。

1967
糸賀きみ江全訳注
建礼門院右京大夫集

建礼門院徳子の女房として平家一門の栄華と崩壊を目の当たりにした女性・右京大夫が歌に託した涙の追憶。『平家物語』の叙事詩的世界を叙情詩で描き出した日記的家集の名品を情趣豊かな訳と注解で味わう。

2014・2015
森田　悌訳
続日本後記（上）（下）全現代語訳

『日本後紀』に続く正史「六国史」第四。仁明天皇の即位（八三三年）から崩御（八五〇年）まで、平安初期王朝社会における華やかな国風文化や摂関政治の発達を解明するための重要史料、初の現代語訳。原文も付載。

2072
市村　宏全訳注
風姿花伝 全訳注

「幽玄」「物学（物真似）」「花」など、能楽の神髄を語り、美を理論化した日本文化史における不朽の能楽書を、精緻な校訂を施した原文、詳細な語釈と平易な現代語訳で読解。世阿弥能楽論の逸品『花鏡』を併録。

《講談社学術文庫　既刊より》

日本の古典

2084～2086
藤原行成「権記」(上)(中)(下) 全現代語訳
倉本一宏訳

一条天皇や東三条院、藤原道長の信任を得、能吏として順調に累進し公務に精励する日々を綴った日記。宮廷の政治・儀式・秘事が細かく記され、平安中期の貴族の多忙な日常が見える第一級史料、初の現代語訳。

2096
芭蕉全発句
山本健吉著(解説・尾形 仂)

俳諧を文学の高みへと昇華させた「俳聖」松尾芭蕉。その全発句九七三句に詳細な評釈を施し、巻末に三句索引と季語索引を付す。研究と実作の双方を見すえ、学者と表現者の感受性が結晶した珠玉の芭蕉全句集。

2113
愚管抄 全現代語訳
慈円著/大隅和雄訳

天皇の歴代、宮廷の動静、源平の盛衰……。摂関家に生まれ、仏教界の中心にあって、政治の世界を対象化する眼を持った慈円だからこそ書きえた稀有な歴史書を、読みやすい訳文と、文中の丁寧な訳注で読む!

2140
新井白石「読史余論」現代語訳
横井 清訳(解説・藤田 覚)

「正徳の治」で名高い大儒学者による歴史研究の代表作。古代天皇制から、武家の発展を経て江戸幕府成立にいたる過程を実証的に描き、徳川政権の正当性を主張。先駆的な独自の歴史観を読みやすい訳文で。

2149
荻生徂徠「政談」
尾藤正英抄訳(解説・高山大毅)

近世日本最大の思想家、徂徠。将軍吉宗の下問に応えて彼が献上した極秘の政策提言書は悪魔的な統治術に満ちていた。反「近代」の構想か。むしろ近代的思惟の萌芽か。今も論争を呼ぶ経世の書を現代語で読む。

2202
吉田松陰著作選 留魂録・幽囚録・回顧録
奈良本辰也著・訳

至誠にして動かざる者は未だ之れ有らざるなり——。幕末動乱の時代を至誠に生き、久坂玄瑞、高杉晋作、伊藤博文らの人材を世に送り出した、明治維新の精神的支柱と称される変革者の思想を、代表的著述に読む。

《講談社学術文庫 既刊より》